中国区域经济周期的经验研究

张文彬　著

商务印书馆
创于1897　The Commercial Press
2012年·北京

图书在版编目(CIP)数据

中国区域经济周期的经验研究 / 张文彬著. —北京：商务印书馆，2012
ISBN 978-7-100-08456-7

I. ①中… II. ①张… III. ①区域经济—经济周期分析—研究—中国 IV. ①F124.8

中国版本图书馆 CIP 数据核字(2011)第 130417 号

中国区域经济周期的经验研究
张文彬 著

商 务 印 书 馆 出 版
(北京王府井大街36号 邮政编码100710)
商 务 印 书 馆 发 行
三河市尚艺印装有限公司印刷
ISBN 978-7-100-08456-7

2012 年 4 月第 1 版 开本 880×1230 1/32
2012 年 4 月北京第 1 次印刷 印张 9 1/2
定价：28.00 元

目　录

图

表

序

在经济学领域，研究经济波动往往将一个国家视为一个整体，这种研究视角存在明显缺陷。国家经济是由所有区域经济总合而成的，一国国民经济总量的形成和波动是建立在区域经济基础上的，只有对各区域经济波动的形成和差异有足够的认识，才能更加清晰地找出冲击的来源、传播的途径和影响强度，进而为各级政府科学的经济决策提供有力的支持。

作为转型期的发展中大国，我国区域差异明显，不同类型区域引起经济波动的冲击来源、传播机制和反应程度不尽相同。因此，不考虑区域差异的“一刀切”宏观经济稳定政策难以达到对症下药的效果，并容易误伤相对落后的中西部地区，使得统一的稳定政策带来区域差距扩大的副产品。对中国区域经济周期的系统经验研究，既是宏观经济研究的拓展，也是区域经济研究的新尝试，可以为宏观经济调控政策在区域层面细化和区域经济周期理论发展提供必要的经验事实，进而有助于协调中央和地方、地方和地方之间的关系，促进宏观经济稳定与和谐社会构建。因此，张文彬博士的《中国区域经济周期的经验研究》一书具有重要的理论和现实意义。作为他博士论文的指导老师，我欣然为本书作序。

在我看来，这本专著具有如下三个方面的特点：

首先，本书研究视角新颖。中国是转型中的发展中国家，工业化、市场化和国际化进程是现代中国经济变迁的重要特征，深刻影响中国宏观经济的动态演变，但上述进程在不同类型区域的表现存在明显差异。本书结合改革开放以来工业化、市场化、国际化进程的背景，分析中国区域经济周期总体特征及其与上述背景的关系，并从产业周期、投资周期与出口周期三个方面进行深入分析，进而对财政政策的区域经济稳定效应做了规范的经验研究，从而系统地描述了中国区域经济周期的特征与成因。

其次，本书研究方法科学。本书注重量化分析，基于中国区域层面的年份、月度数据，采用目前国际上先进的计量方法和模型，如马尔科夫区制转换模型、时变参数模型、多动态因子模型、面板VAR、空间计量、动态相关系数等，对中国区域经济周期进行了深入细致的经验研究，形成了与国际主流研究的对话平台。定量分析结论为本书的观点提供了科学的论证。

第三，本书的研究结论具有决策参考价值。本书提出应该建立健全区域经济周期的监控预警机制；四大板块等区域划分并不是相机抉择宏观经济调控政策细化所适宜的空间层次；继续推进市场一体化建设，提高基于市场化因素的省份投资波动的同步性；要进一步完善中央和地方财政关系的体制建设，根据省份的关键性特征，利用转移支付、建立地方稳定基金、发行地方债券等手段，调整省份财政支出波动的力度、方向，实现省份经济的稳定。这些政策建议具有坚实的经验研究结论的支持，为制定与实施差别化经济政策提供了科学的决策依据。

综上所述，本书在研究视角、方法与政策结论方面有突出的创新，是中国区域经济学与宏观经济学领域难得的佳作。我相信本书的出版有助于推进学术研究者、政策制定者对区域经济周期理论和经验研究的深入探讨。同时,我更希望本书能对宏观经济调控政策在区域层面细化、促进区域经济协调稳定发展有所贡献。

张可云

2011 年 10 月 18 日

第1章 导论

1.1 本书研究的意义

本书以中国区域经济周期为选题，重点研究三个方面的问题：一是从总体经济视角出发，分析中国区域经济周期的总体特征；二是从区域产业周期、区域投资周期、区域出口周期三个视角出发，对中国区域经济周期的重要特征做进一步的细化、深入分析；三是对中国宏观政策的区域稳定效应进行分析。本书对于进一步丰富经济周期理论和区域经济学理论有重要的意义，对在科学发展观的指导下协调区域发展、促进和谐社会构建也具有积极的实践意义。

经济问题可以从多种层面进行研究，尽管宏观经济研究主要集中在国家层面。这和宏观经济政策的制定集中于中央政府（如共同的货币政策、中央财政政策等）的现实需求、理论模型在单一区域处理上的方便以及国家层面高质量、高时效的经济数据供给等有关（O'Meara，2002）。但是，一国的经济是由多样化的地理单元组成，往往在经济发展水平、产业结构、技术适用阶段、对外依赖程度、基础设施等方面存在一定的差异，这种差异可能会造成区域经济周期在阶段转换时机、持续期以及振幅等方面的差异，所以我们难以根据国家层面的加总数据来理解区域和地方的经济波动。

而且，国家层面的数据是区域加总的结果，显然，区域之间、区域和国家之间的协动性既不是相互独立的，也不是完全相关的，而是因为贸易、资本流动、人口迁移、技术传播和投入产出等关系，呈现复杂的反馈效应，所以，只有清晰了解区域经济周期，才能更好地理解加总的宏观经济运行。最后，共同的宏观政策可能因为区域经济波动的差异形成不同的效应，这将影响宏观经济政策的有效性，并且可能导致区域差距扩大和区域矛盾加剧。所以，区域经济周期的相似性、区域之间以及区域和国家之间的相互关系一直是区域经济周期研究的核心问题。相对于总体经济周期理论的研究而言，现代区域经济周期理论还处于起步阶段，对区域经济周期的认识、研究方法、理论模型构建，尤其是宏观稳定政策在区域层面的细化等，都有待进一步研究发展。同时，有别于发达国家，市场化、分权化的体制改革和国际化进程是现代中国经济变迁的重要特征，深刻影响着中国宏观经济的动态演变，本书也将重点考虑上述因素（存在明显区域差异），这将有助于理解转型发展中国家宏观经济波动的区域性差异，为相关的理论模型构建提供必要的经验事实，从而为区域经济学理论、经济周期理论发展作出贡献。

本书的研究为维护宏观经济稳定（包括各区域的经济稳定）、利用宏观经济稳定政策避免区域差距扩大提供必要的经验依据，这对党的十七大报告提出的“推动区域协调发展，优化国土开发格局”、“深化财税金融等体制改革，完善宏观调控”等实现有重要的现实意义。第一，根据经验研究，中国省份经济周期成本不容忽视，经济稳定的重要性并不弱于经济增长，对区域、省份经济周期的研究，具有积极的现实作用（详见附录一的正式分析）。第二，作为发展中大国，我国区域差异明显，引起各区域经济波动的冲击来源、传播机制和反应程度不尽相同。因此，不考虑区域差异的“一刀切”式的宏观经济稳定政策难以达到对症下药的效果。第三，分权体制下，地方政府官员在政治晋升和财政收入的激励下，其行为往往引发经济过热，中央和地方在经济稳定上的利益不一致性成为影响中国经济周期的重要因素。区域协调包含中央政府和地方政府之间的纵向协调，这一关系协调有助于解决上述问题，避免“上有政策、下有对策”的现象，减少宏观经济不必要的波动以及由此带来的效率损失，降低稳定经济的成本。第四，部分研究表明，“一刀切”式的宏观经济稳定政策容易误伤相对落后的中西部地区，使得稳定政策导致区域差距扩大。因此，很有必要对宏观政策的影响在区域层面进行细化，比如，在2008年的两会上，部分代表就提出了宏观调控东西部区别对待的提案。[①] 因而，在中国经济非均衡特征明显的情形下，破解上述问题仅靠总量分析是不够的，更需要结构分析，需要我们对区域经济周期波动基本事实、特征有细致的分析，对宏观政策的区域经济稳定效应有深入的探讨。因此，这一研究的开展，在预防和治理经济大幅波动的政策制定中，为更好地平抑区域经济波动、更好地协调中央和地方、区域和区域之间的关系提供必要的经验事实依据，进而尝试为构建和谐社会，特别是为统筹区域发展的理论和实践贡献绵薄之力。

1.2　文献综述

以McLaughlin(1930)在《经济学季刊》(*Quarterly Journal*

① 周雪松:《部分人大代表呼吁宏观调控东西部区别对待》，国研网，http://www.drcnet.com.cn/DRCNet.Common.Web/DocViewSummary.aspx?LeafID=14099&DocID=1672047。

of Economics）上发表的《美国城市的产业多元化》（*Industrial Diversification in American Cities*）和随后 Vining 于 1940 年代在《计量经济学》（*Econometrica*）和《美国经济评论》（*American Economic Reviews*）等杂志上发表一系列文章为标志，区域经济周期研究基本形成。因此，区域经济周期研究产生于区域经济学形成之初，是区域经济学传统的研究领域之一（Domazlicky，1980）。

20 世纪 90 年代以来，区域经济周期的经验研究受到了区域经济学家和宏观经济学家空前的重视，这一变化主要有以下三个方面的原因。首先，随着 20 世纪 90 年代欧洲货币一体化进程的加快，以及 2002 年欧元正式诞生和欧元区的最终形成，关于最优货币区的标准和共同货币政策区域经济稳定效应的争议，引发了宏观经济学家对欧元区各成员国经济周期趋同性的讨论。比如，若成员国之间的经济周期不同步，"一刀切"的共同货币政策可能产生很高的货币同盟运行成本。而一国内部区域经济周期的差异性作为准自然实验参照物，也受到关注（Croux，et. al.，2001）。其次，国际一体化程度不断提高，国家在贸易和资本流动上设置的壁垒在宏观经济中的影响力不断下降，分析一国内部区域间的宏观经济活动，对于更好地理解这一趋势下国家间经济的相互作用和相互关系是非常重要的，并形成了相对于国际宏观经济学（International Macroeconomics）的国内宏观经济学（Intranational Macroeconomics），其着眼于对国家壁垒在宏观经济中的作用以及在国际一体化下国家间的经济关系进行分析和预测（Hess and van Wincoop，2000）。比如，在国际经济周期理论分析中，典型的国际实际经济周期（I－RBC）模型的理论预测和经验数据并不匹配，如著名的"数量异常"（quantity anomaly）和"价格异常"（price anom-

aly)(Backus,et. al. ,1993)。通过对区域经济周期的研究可以分析国家壁垒在其中的作用,从而为提高 I-RBC 理论模型与现实的拟合度提供改进的方向(Hess and Shin,1998)。最后,随着区域数据的丰富和完善,尤其是适于经济周期分析的季度、月度等高频经济数据在样本长度、数据质量等方面的提高,以及时间序列技术等经济计量方法的完善,为区域经济周期的深入研究提供了必要的数据和方法支撑。比如 20 世纪 80、90 年代发展成熟的 VAR、动态因子、面板数据等模型对于分析区域间、区域与国家间的相互关系提供了很好的技术条件。

考虑到 Domazlicky(1980)从理论模型、经验研究和相关政策三方面出发,对 1980 年以前的区域经济周期文献做了一个非常详细的回顾,因此,在本书中,没有必要对 1980 年之前的文献做过多的评述。据笔者所知,关于 20 世纪 90 年代以来区域经济周期研究的进展,除了 De Haan,et. al.(2008)对欧元区经济周期经验研究所做的精彩评述之外,还没有专门的综述文章,只有散落在一些文献中的文献回顾部分,服务于这些文献的主题,因而并不全面。所以,在本书中,我将重点放在 20 世纪 90 年代以来的区域经济周期研究的进展上。下文将分为几个部分阐述:第一部分介绍区域经济周期理论模型在实际经济周期理论和新凯恩斯主义周期理论方面的新进展;第二部分对区域经济周期经验研究中的方法做点评,介绍部分关于美国等国家的典型研究结论,进一步对有关区域经济周期影响因素的研究进行总结,并分别从中央政府货币政策和财政政策出发讨论宏观政策的区域效应问题;第三部分是对中国已有经验研究的评述;最后是总结性评述。

1.2.1 区域经济周期理论模型研究

在早期的研究中，区域经济周期理论模型主要是以凯恩斯主义经济周期理论为基础，拓展到开放经济情形或者多区域经济模型。比如，Vining(1946)根据输出基础(Export-Base)模型，即凯恩斯国民收入理论的开放经济版本[①]，分析了影响区域经济周期敏感性的因素；Airov(1963)考虑到区域之间的反馈效应和相互关系，将典型凯恩斯主义经济周期模型——乘数加速数模型(经济周期形成机制)和 Metzler(1950)的多区域贸易收入模型(经济周期的区间传播机制)结合起来，构建了区域间经济周期模型；van Duijn(1973)在此基础上做了进一步的修正。显然，这一类理论模型具有浓厚的凯恩斯主义色彩，强调需求在区域经济波动和区域间传播的作用。但是，从 20 世纪 60 年代末以来，随着凯恩斯主义在主流宏观经济学的逐渐隐退和货币主义理论、基于理性预期的新古典经济周期理论(Lucas,1972;1973)相继粉墨登场以及 20 世纪 80 年代以来实际经济周期(RBC)理论的大行其道，缺乏必要微观基础、基本假定与凯恩斯主义一致的传统区域经济周期理论模型在随后的几十年中也没有得到很好的发展。不过，随着开放版本和多国 RBC 模型的构建(Backus, Kehoe and Kydland, 1992; Baxter and Crucini, 1995)，为区域经济周期理论模型的新发展提供了必要的理论工具；而新凯恩斯主义在微观基础上的努力也将为传统区域经济周期理论的进一步发展提供了必要的微观基础，区域经济周期理论模型的发展在这两个方向上作了一些尝试。

---

① 本书关注的区域问题是指一国内部的区域，因此，不考虑汇率因素。

RBC 理论从供给方面解释经济周期波动形成的原因，强调包含技术冲击在内的全要素生产率外生冲击的重要性，利用代表性主体跨时优化模型，在动态一般均衡框架下讨论了全要素生产率冲击通过影响经济主体闲暇的跨时替代、进而引发经济波动的作用机制。Backus，Kehoe 和 Kydland(1992)将这一理论的研究视角拓展到开放经济，为国际经济周期研究提供了很好的理论框架，这一框架可以很容易地移植到区域经济周期研究中，能够较好地解释区域之间产出、储蓄、投资的协动性。而且，随着国际实际经济周期理论的进一步发展，多国多产业等模型的构建，对于理解具有不同产业结构的区域经济波动行为及其相互关系提供了很好的理论框架。总之，除了对汇率问题的关注之外，国际 RBC 模型基本上适用于对区域的分析，而且因为资本、商品、劳动力的流动成本更低以及共同的基本制度和宏观经济政策，使得区域模型的假定比一般的国际经济周期模型更接近于新古典的特征，从而方便分析。值得一提的是，Kouparitsas(1998)构建了一个考虑到区域(国家)差异的"南北经济周期"模型。在该模型中，Kouparitsas 将经济发展水平不同的地区(国家)在贸易结构、技术变迁以及产业结构等方面的不对称纳入到传统的国际 RBC 模型中，讨论发达国家和欠发达国家之间经济变量的协动性，并重点分析了不同国家、部门的经济冲击所产生的影响。对于一些区域差异明显的国家而言，这一模型的应用具有很强的适用性。但是，从已有的研究来看，很少有用专门的区域 RBC 模型来研究具体区域经济周期的相似性以及区域间传播机制[①]，而这一类研究将能和目前这方面的

① Crucini 和 Hess(2000)在动态一般均衡框架下建立多区域模型，构建区域风险共享理论，讨论福利损益问题。

经验研究进行很好的相互补充和修正,对于加深我们对区域经济周期的理解很有意义。

新凯恩斯主义经济周期理论致力于将更加符合现实的微观经济假设融入到一般均衡框架中,强调实际刚性、名义刚性或者需求外部性,给出凯恩斯式命题。Greenwald, Levinson 和 Stiglitz(1993),Stiglitz 和 Greenwald(2002)都将强调实际刚性的经济周期模型用于区域经济周期分析。新古典理论假定区域间资本自由流动、利率均等,因而货币政策具有中性的区域效应。而他们的理论模型以 Stiglitz 和 Weiss(1981)基于信息不对称的信用配给模型为基础,强调信贷基于的信息,特别是关于中小企业的信息具有明显的地域性,相对于其他区域,地方投资者和金融机构对本区域内的投资机会具有信息优势。根据 Stiglitz—Weiss 模型,这种区域间信息不对称,抑制了区域间资本流动和套利行为,造成了金融市场的区域分割,地方性金融机构在本地区经济活动中起到绝对性的重要地位,形成了次优的资本配置。在经济衰退中,区域经济和区域性银行可能形成"一损俱损"的结果。一个区域遭受负面冲击,会导致部分企业经营失败,恶化当地银行的资产负债表,因为借款人的信息不完全和不能通过出售新股来分散贷款风险,银行不愿发放贷款。同时,由于区域间信息不对称,区域外资金流入受限,本地经济活动融资主要依赖于本地金融市场,资本短缺导致衰退区域利率提高,进而降低了一些优秀项目的回报率或阻碍项目的进展,从而加剧了该地区衰退的可能性和幅度。这一理论模型的意义在于,首先有助于我们理解为什么即使在像美国那样高度一体化的经济体中,区域经济周期问题仍然重要;其次,给出了货币政策的必要性以及对于区域经济增长和金融稳定的意义;最后,该模型具有丰富的政策含义，包括是否应该以及如何对区域性银行进行补贴来发挥其在地方信贷中的信息优势，以及如何理解银行一体化对衰退地区复苏和发展的影响等。不过，该理论模型尽管关注区域经济，但是在模型构建上（Greenwald，Levinson and Stiglitz，1993）仍是一个单区域的模型，难以纳入区域间和区域与国家之间关系的分析。尽管可能在理论观点上千差万别，但是将动态一般均衡模型作为建模基础是当前经济周期理论发展的重要趋势，该理论模型在这一方面需要做进一步的完善，从而与其他经济周期理论形成一个共同的理论对话平台。

1.2.2 区域经济周期的经验研究

限于数据可得性以及分析技术的相对落后，早期经验研究的方法过于简单且容易出现偏误；由于研究对象覆盖面小，主要关注一个州或者少数城市，分析所得结论难以全面（Carlino and DeFina，2004）。20世纪90年代以来，区域经济周期的研究进展也主要集中在经验研究方面，研究的话题仍集中在区域经济周期的相似性以及相似性的影响因素分析等方面。

1.2.2.1 区域经济周期的相似性

这是目前区域经济周期经验研究最为活跃的领域，尤其是同步性的研究。但是因为在变量选择、数据频率、经济周期度量方法、同步性评价方法和相互关系的衡量方法等方面的差异，往往会得出不同的结论。

区域层面经济周期的研究进展受到了数据可得性的限制。Crone和Clayton-Matthews（2005）在区域经济周期研究的数据方面做了大量基础性工作，选取非农有薪就业、失业率、制造业的平均工作小时数、实际工资等数据，利用动态单因子模型，构建了美国州一级的月度合成指数，该指数被 Crone(2005)、Owyang, et. al.(2005)等应用于美国区域经济周期研究中，取得了较好的效果。

早期关于同步性的度量主要使用各区域经济变量周期成分的皮尔逊相关系数，近年来的研究，更多的使用动态相关系数(Croux, et. al., 2001)、一致指数(Concordance Index)、动态因子模型以及基于 VAR 技术的“冲击核算”，以期对经济周期同步性作更精确、更细致的度量。动态相关系数是由两列时间序列的共同谱除以各序列自身谱的乘积给出的。与一般相关系数比较而言，该方法可以捕获到样本期内两列时间序列在不同频率点和频带上的相关性。Harding 和 Pagan(2002)的一致指数，即用两个经济体处于同一阶段的时间比重来度量两个经济体经济周期波动的同步程度，因为这一指标汇总了拐点集群的信息，故这一方法的前提是对经济活动扩张和收缩阶段进行划分，其计算结果很少受到序列平稳与否的影响，适宜于研究经典周期的同步性。

这类文献的另一个重要分支则试图直接对经济波动的冲击来源进行分类，比如分为共同冲击和区域异质性冲击，即为“冲击核算”法(De Haan, et. al., 2008)，主要有基于 VAR 技术的相关模型和动态因子模型两类方法(Carlino and DeFina, 2004)。VAR 技术的发展为研究区域间经济波动的相互关系提供了很好的平台(Carlino and DeFina, 1995)，根据已有的理论模型或者经验性结论，通过对误差项(经济冲击)的结构化设定，可以识别出不同类型的冲击。比如 Bayoumi 和 Eichengreen(1993)利用 Blanchard 和 Quah(1989)的供给/需求冲击框架，对 VAR 实施长期条件约束，识别各区域供给冲击和需求冲击，讨论冲击的同步性，这一方法的前提是 Blanchard 和 Quah(1989)框架的适用性。Vahid 和 Engle(1993)设计了在协整关系存在的基础上检验共线性相关周期的方法，认为如果一阶差分序列存在共同特征向量，则存在共同周期。这一类基于秩缩减策略的共同周期框架无法给出区域经济波动同步性的强度，而且也难以应用于数量众多的区域研究上(Carlino and DeFina,2004)。

动态因子模型利用最大似然估计、贝叶斯估计等方法将区域经济周期分解为共同周期和区域特定周期。该模型本质上是一种线性模型，可以利用各区域经济变量在共同因子上的载荷以及基于线性模型的方差分解来评价共同周期以及异质性周期的相对重要性。与前面所提的方法比较而言，前述方法往往为了避免参数过多，不得不降低区域分层的水平，减少各区域经济变量使用类型，或者降低区域间、区域和国家间相互关系的复杂度，而动态因子模型的估计不受变量数目的限制，因而更适宜于区域和国家之间关系的分析(Owyang, et. al. ,2009)。上述模型通常认为共同冲击形成共同周期，但是事实上共同冲击(比如货币政策)，可能会对不同行业形成不同的冲击，而区域间产业构成差异明显，因而共同冲击也会最终形成异质性的效果。因此，这类模型对共同冲击的认识是从最终的效应角度而不是从起源进行定义的。

Clark 和 Shin(2000)和 Kouparitsas(2002)等将动态因子模型和 VAR 模型相结合，根据各类冲击的结构特征，分别把基于 VAR 估算的经济冲击分解为共同冲击、区域特定冲击、产业特定冲击和异质性冲击四部分或者共同冲击、其他区域的冲击溢出和区域自身异质性冲击三部分。Clark 和 Shin(2000)对共同、区域和产业冲击之间独立性假定的限制，导致该度量结果实际上给出了区域特定冲击重要性的下界，可能存在低估区域特定冲击重要性的问题。此外，VAR 技术的缺陷在于其对样本量的要求较高，因而限制了其对更低层次区域的分析。最后，在宏观数据样本量有限的情形下，估算结果对模型的设定（如滞后阶数的确定）可能比较敏感，结论的稳健性有待提升；而且因为样本量的限制，难以进行同步性演进的分析（Partridge and Rickman，2005）。

也有一些文献也讨论了其他经济周期特征的区域相似性，比如经济波动的幅度、平均位势、持续时间、经济周期波动的非对称性等。区域经济波幅的差异影响共同政策的有效性，对于同一力度的宏观经济政策，周期变动幅度大的区域可能产生较弱的效应，而幅度小的区域产生较大的反应。对于这类特征的区域相似性研究，通常需要在完成经典（增长）经济周期阶段划分后进行，比如 Owyang，et. al.（2005）利用马尔科夫区制转换模型对美国各州经济周期的拐点进行识别，分析了州之间在衰退期、扩张期增长率上的差异，给出了各州扩张期和衰退期的持续性以及经济周期的期望持续期。Bergman（2004）提出了一个简单的分析框架，讨论了区域经济周期同步性和经济波动幅度差异之间的关系。通过简单的统计分解发现，以外溢系数为媒介，在一定的条件下，区域间波动的同步性和波幅的差异之间可能呈正相关，这一结果被其对欧盟的经验研究所证实，这种正相关关系提高了共同政策实施的难度。

对于区域经济周期相似性及相关性的分析方法很多，难以一一列举，在此评述了一些较为常用的方法。根据上文的分析，各种方法并不是简单的替代关系，各有其适用的条件、擅长解决的问题和存在的局限，而且部分方法之间是相互补充的，比如相关系数给出了总体的同步性程度，而各种“冲击核算”方法则可以讨论各种冲击在共同周期和异质周期形成中的作用，而对经济波动幅度区域差异的关注可以丰富我们对区域经济周期问题的认识。最后，研究中具体方法的确定，取决于研究者所关注的问题、数据频率、样本容量、经济周期类型等因素。

关于区域经济周期的经验研究主要集中于美国，这和美国地域辽阔、区域产业结构差异较明显有关；而且，美国国内市场一体化程度高，可以作为国际经济周期研究和欧元区经济周期研究的参照标准。从已有研究的结论来看，在国内市场高度一体化的美国，区域间的经济波动相似性较高，但是并没有想象中的那么高(Partridge and Rickman，2005)，区域异质性问题也较为突出，在宏观政策制定过程中需要重视这一差异(Owyang，et. al.，2005)。从动态演进来看，区域间的同步性逐步下降，这可能和美国整体经济波动下降有关(Partridge and Rickman，2005)。从冲击核算来看，平均而言，共同周期能够解释50%以上的州级区域经济波动和70%的8个BEA区域经济波动，但是对不同区域的解释程度不同。共同周期形成中，传导效应问题并没有达成一致。最后，在具体研究中，数据频率的下降和区域加总层次的提高，都将提高区域经济波动的相似性。

从关于日本、新西兰、澳大利亚、加拿大以及意大利的经验研究来看(Wall，2007；Hall and McDermott，2007；Mastromarco and Woitek，2007)，其结论也基本上支持区域经济周期中存在明显的共同周期成分。上述部分国家也存在有别于美国经济的突出特点，比如加拿大对美国经济高度依赖，意大利区域经济差距和市场化程度差异明显，这些文献在分析中非常重视这些特点，将之纳入到区域经济周期计量模型的讨论中。此外，从上述研究来看，对于那些农业比重较高（如新西兰）、国土面积狭小（如日本、新西兰）或者区域经济发展差距明显（意大利）的国家以及国土面积辽阔的加拿大、澳大利亚而言，也都面临一定程度的区域经济周期差异。①

1.2.2.2 区域经济周期相似性影响因素分析

从上文研究来看，各国区域经济周期的同步性和差异性共存，且均较为显著，是什么因素造成这一现象呢，部分文献做了进一步的分析。这一方面是经济现象解释的需要，另一方面也具有明显的政策含义，理解了是什么因素推动区域经济周期的相似性，可以为如何提高同步性的政策措施提供依据。

区际市场一体化和区域经济周期

区际市场一体化包括产品市场、金融市场和劳动力市场的一体化。产品市场的一体化对区域经济同步性的影响取决于两个方面：一个方面，一个地区的经济波动将产生对外需求波动，并通过进出口联系传导到另一个地区，促进经济波动的同步性提高；另一方面，标准贸易理论认为，对外开放程度的提高，可以提高各区域基于比较优势的专业化程度，当特定产业冲击是影响经济波动的主要力量时，贸易强度的提升将导致同步性下降（Krugman，1993）。由于一国内部很难获取区域间的贸易流量，因此很难对这一问题做出相应的经验分析，部分研究选择货运量作为替代变量，这一变量可能高估贸易水平从而降低估计系数（Clark and van Wincoop，2001）。

---

① 本书在附录二中列出近年来美国及其他国家区域经济周期经验研究主要结论。

金融市场一体化对经济周期同步性的影响也取决于两方面：一方面，在高度一体化的金融市场上，某一区域金融市场的负面冲击可能通过需求效应引起其他金融市场连锁反应，因而促成经济周期的传播；另一方面，区际金融市场一体化也会通过促进区域生产专业化程度的提高而降低同步性(De Haan,2008)。目前很少有一国内部区域层面的经验研究。Morgan,et. al.(2003)对银行一体化之于区域经济波动幅度的影响作了具体的理论分析，认为其效应是不确定的，一体化有助于抑制银行资本性冲击对州经济活动的影响，但是却放大了企业担保冲击的影响，其根据美国州级数据的经验研究表明，银行一体化有助于降低州级经济波动。

劳动力区际流动也是区域经济周期同步性的重要影响因素，劳动力流动的顺周期性会强化非对称区域冲击对产出和就业的效应，从而降低经济周期同步性；另一方面，劳动力的流动有助于区域对异质性冲击做出调节。Fatás(2000) 对美国的经验研究表明，劳动力流动是重要的调节方式。Mastromarco 和 Woitek (2007)在对意大利的数据描述中发现，北部地区经济周期对于南部地区的领先，在一定程度上伴随着劳动力从南部流向北部，不过这一过程因受到区域劳动力类型供求匹配等问题的干扰而不明显。

区域产业结构和区域经济周期

区域产业结构特征是研究区域经济周期相似性驱动因素的重要变量，产业结构的区域差异通常被认为是区域经济周期差异最重要的原因(Carlino and Sill,2001)。特定产业冲击的存在，区域间产业结构的差异会导致各区域异质性经济周期的形成(Krugman,1993)。从经验研究来看，Clark 和 Shin(2000)发现美国区域就业波动20%—30%的预测误差方差与区域产业结构的差异有关。Owyang, et. al. (2009)以根据动态因子模型获取的载荷作为美国州和国家经济周期之间相关程度的度量，利用空间计量模型分析了州级产业结构（各行业的比重）对相关度的影响，其结论表明产业结构的影响在统计上是显著的，制造业比重、专业商务服务比重与相关度呈正比，政府部门比重高的州与国家经济周期的相关度较低。从产业结构对波动幅度的影响来看，Owyang, et. al. (2005)发现制造业、采矿和建筑业比重较高的地区，经济衰退的幅度相对较深，但上述产业对扩张期的影响在统计上不显著，因此，根据美国的数据，产业结构对区域经济周期波幅的影响呈现出明显的阶段非对称性。除了产业特定性冲击之外，产业间的关系，包括投入产出关系和外溢效应也会影响区域经济周期的形成和传导。投入产出之间存在一个序贯过程，可能形成区域间经济波动的滞后/领先关系。

上述研究往往从区域产业结构差异对区域经济波动相似性的影响出发，而且，根据其经验研究结论可以得出所谓的马歇尔构想(Marshallian Idea)，即经济波动负相关或者相关性较低的产业间的集群有利于地方需求的稳定。不过，Shea(2002)的研究表明，空间上聚集在一起的各种行业的波动，逐渐呈现出协动性的特征，这可能和地方外溢性或者外部性规模经济有关。某一区域某一行业的最优经济活动水平取决于该区域其他产业，且往往因为知识溢出、交易成本下降等机制而成正相关关系。因而，某一产业的波动也会通过溢出效应而引致其他行业同向波动。基于Shea的测算，产业间的协动性相当一部分来自于投入产出关系和地方溢出效应，这一结论和马歇尔构想存在明显的区别。

不过，目前的研究仍主要停留在笼统的总体分析中，缺乏基于区域/产业数据的经济周期形成和传播的细节性分析，比如投入产出关系对区域和产业活动协动性和领先/滞后关系的影响过程，这需要理论和经验研究的进一步发展。

其他区域特征与区域经济周期

Clark(1998)指出，即使在控制住产业效应之后，美国统计区就业增长变动的近40%是区域特定的，因此，也很有必要考虑非产业因素对区域经济周期差异的影响。从省份经济波动和加总经济波动的关系来看，Owyang，et. al.(2009)讨论了人力资本、对外开放水平、企业规模和聚集经济四个主要变量。根据Hoynes(2000)，高人力资本者其就业、工资基于经济周期的波动幅度较低，因而人力资本相对高的区域相对于全国加总经济而言更加稳定。其次，根据Gertler和Gilchrist(1994)，相对于小企业，大企业融资能力强，金融市场的可进入性强，可以降低经济波动的影响，所以，大企业较多的区域，其经济可能相对稳定。此外，海外市场的需求可能在一定程度上有助于降低省份经济对国内经济周期的反应程度，因而，出口比重高的地区的经济波动可能有别于总体经济波动。最后，聚集效应(用企业密度或者城市人口比重来衡量)在区域和国家经济波动之间关系的形成上发挥了重要的作用，一方面，基于经济聚集形成的劳动力市场汇集，可以使劳动力与企业的匹配过程更富弹性和效率，减弱了劳动力市场对国家经济波动的反应程度；另一方面，聚集可以形成较大规模的本地市场，从而降低了本地企业对国内其他区域需求的依赖。因而，高聚集区域经济的波动相对于全国经济波动的差异可能也较大。该研究基本上证实了上述关系。关于意大利的经验研究表明，区域市场化程度的差异造成地方政府经济干预能力的不同，当存在明显区域政治经济周期时，这种差异会造成异质性区域经济波动的形成。因此，在研究区域经济周期的过程中，除了关注产业因素之外，区域自身的其他特征也不容忽视。而且，在具体的分析过程中，要结合具体国家的经济发展阶段和特征进行深入分析。

1.2.2.3 宏观经济政策的区域效应

宏观经济政策通常是由中央政府制定的，用于平抑经济波动（包括实际产出和价格水平波动），对于发展中国家而言，还存在促进经济长期发展的需要。宏观经济政策主要包括货币政策和财政政策。通常，此类政策依据国家加总的经济形势制定，而没有或者难以顾及区域层面。但是，基于上述文献，由于区域经济周期和区域经济特征的差异，宏观经济政策的实施可能存在不同的区域效应，从而引发了一系列的经验研究。

货币政策的区域效应

货币政策的区域效应一直是区域经济学界研究的热点问题，Dow 和 Rodriguez-Fuentes(1997)对在其之前区域金融领域的文献作了非常详尽的综述。在 20 世纪 70 年代前后，在凯恩斯主义和货币主义论战的背景下，货币政策的区域效应分析也具有明显的流派分歧。经验研究方法主要基于简化式进行回归，比如货币主义学派通常选用 St. Louis 型简化式将区域产出变量对国家货币供给做回归，分析货币政策对区域名义收入的影响以及区域间的差异，比如 Beare(1976)基于上述方法对加拿大的经验研究支持货币主义学派的观点，并认为货币政策效应的区域差异可以被区域产出的需求收入弹性差异所解释。不过，Garrison 和 Chang(1979)同时纳入财政和货币政策变量，对基于输出基础理论的区域凯恩斯主义模型进行经验研究，认为美国8个BEA区域1969—1976年间的季度数据分析结果支持凯恩斯主义观点，而且货币政策效应具有明显的区域差异。不过，这种单方程的简化式估计，必须假定货币供给是外生的，从而可以得到一个无偏的估计，但这和货币政策操作的事实有明显出入（瓦什，2001）。

在宏观政策效应分析中，各经济变量存在相互影响的关系，VAR技术的使用能够捕获相关变量之间的相互影响，有效地克服单方程估计的缺陷，在货币政策效应分析领域得到广泛的应用（Sims，1980）。在Carlino和DeFina（1998）之后，这一方法也被用于货币政策区域效应的经验研究。Carlino和DeFina（1998）构建了一个区域VAR系统，通过短期约束将冲击结构化，识别出货币政策冲击、价格冲击以及各区域特定冲击。相对于前述研究，这一方法的突出优点在于可以将区域间的反馈效应纳入分析，根据Carlino和DeFina（1995）的研究，美国BEA区域之间的反馈效应在区域经济波动中不容忽视。根据脉冲响应结果，各BEA区域对于永久性货币政策冲击的反应可以分为明显的核心区域和非核心区域，前者的反应和总体经济的反应大致相同，而后者则表现出明显的差异。Carlino和DeFina（1998）的研究掀起了新一轮货币政策区域效应的研究高潮，其方法被应用到很多其他国家的分析上（Mihov and Sibert，2002），限于篇幅，在此不再详述。此外，Owyang和Wall（2005，2006）的研究方法与Carlino和DeFina（1998）存在明显的不同之处，前者考虑一次性的货币冲击，从而可以给出一次性紧缩货币政策引致的经济衰退如何探底直至复苏的U型过程。货币政策引致的区域经济衰退大致在6或7个季度见底，但是在持续时间、幅度、产出损失等方面呈现出一定程度的区域差异。

货币政策区域效应的差异是货币政策作用渠道与区域特征差异相互作用的结果。货币政策对实体经济的作用渠道可以分为"货币渠道"(Money channels)和"信用渠道"(credit channels)(Owyang and Wall,2005)。货币渠道作用的发挥,主要是中央银行的紧缩性政策通过货币乘数作用降低货币供给或者提高利率,从而减少资本和耐用品的需求,进而降低总需求(Cecchetti,1995)①。因而,资本品和耐用消费品生产行业对利率变动最为敏感,可以预期区域制造业比重越高,对货币政策变动的反应越敏感。信用渠道是指货币政策通过影响银行的信贷影响实体经济(Gertler and Gilchrist,1994),可以从企业获取贷款能力〔广义信用渠道(Broad credit channels)〕和银行贷款能力〔狭义信用渠道(Narrow credit channels)〕两个角度考虑。与银行间相对更高的信息和交易成本,使中小企业面临更高的融资成本(Bernanke,1993),而且在紧缩性的货币政策下,抵押物价值的缩水使得企业的负债能力取决于借款人的净值(Bernanke and Gertler,1995),因此,中小企业比重越高或者企业平均规模越小的区域,对货币政策的反应亦越敏感。对于中小银行而言,在紧缩的货币政策下,获取资金的能力远弱于大型银行,因此其放贷能力相对更弱(Kashyap and Stein,1995)。所以,如果这一货币政策作用渠道重要的话,小银行重要性突出的区域对货币政策的反应更为敏感。而且,区域间信息不对称(Greenwald, Levinson and Stiglitz,1993)以及区域流动性偏好的差异(Dow and Rodriguez-Fuentes,

① Carlino 和 DeFina(1998)将其归结为"利率渠道"。

1997)在一定程度上加剧金融市场的区域分割,提高地方企业对地方银行贷款的依赖性,进而强化了区域性特征的重要性。Carlino和DeFina(1998)以及Owyang和Wall(2005)的研究均证实了利率渠道和广义信用渠道的存在性。此外,可能由于美国区域经济差距问题不突出,已有的经验研究很少涉及区域发展水平、对外开放水平等方面的差异在形成货币政策区域异质性效应方面的作用。

财政政策的区域效应

类似于货币政策的区域效应差异,由于各地区产业结构、经济周期波动存在一定差异,以及中央政府支出的区域分配差异①,中央财政支出可能也会形成不同的区域效应。但是,不同于极为丰富的货币政策区域效应研究,中央政府财政政策区域效应的经验研究非常少见,已有的研究基本上集中于地方财政收支和地方经济周期之间的关系(Bayoumi and Eichengreen,1995;Sorensen et al,2001;Wagner and Elder,2002;Pappa,2005)。比较典型的是,Sorensen,et. al.(2001)给出了详尽的美国州和地方政府财政政策的周期性特征,顺周期的预算盈余(赤字)来源于财政收入的强顺周期性和支出的弱顺周期性;联邦财政补贴相对于州级产出波动,仅仅在剔除总体影响之后呈反周期性;地方预算盈余的波动性特征受到选举等政治性制度的影响。此外,Pappa(2005)基于美国州级数据的结果表明,正向州级政府消费和投资冲击增加了实际工资和就业,且其扩张幅度大于相同力度的联邦政府支出。

① Schiller(1999)的研究表明,在相对透明的美国联邦政府支出和转移支付体系下,分配到各州的人均支出存在显著的区域差异。

Garrison 和 Chang(1979)根据凯恩斯主义输出基础模型的估计结果表明,很有必要将国家政策纳入到区域经济分析中。联邦政府支出对区域经济具有明显的作用,而且各区域呈现明显的差异。制造业比重高的区域,对中央政府财政支出的反应程度大于农业、矿产业比重高的区域。VAR 模型也被应用于财政政策效应分析,Owyang 和 Zubairy(2009)构建了区域 VAR 模型,变量包括 Ramey 型军费支出,石油价格冲击虚拟变量、联邦政府支出、本州之外的其他区域人均收入、就业之和以及本州的人均收入与就业,根据上述变量顺序利用考勒斯基(Cholesky)分解进行冲击识别,结果表明,州级实际经济活动对未预期到联邦政府支出和军费支出冲击的反应(包括幅度和反应时滞),具有明显且重要的差异,而且这种差异在一定程度上具有地理集群性。根据回归结果,产业结构是政府支出区域效应的主要决定因素,此外,州级财政政策和人口特征也影响地区对支出的反应程度。总体而言,军费支出的正向冲击有利于制造业比重和零售业比重较高的区域,而非军费联邦政府支出正向冲击则有利于城市化水平高、收入水平低以及财政能力弱的区域。

由于财政政策区域效应的经验研究仍处于起步阶段,而且在财政体系中,中央和地方政府的关系,比如转移支付、税收返回等制度性关系远远比货币政策复杂,中央政府支出规模、结构等都将深刻影响区域经济,特别是支出结构,远比军费支出和非军费支出的区分要复杂,并涉及中央政府和地方政府、地方政府之间的利益关系,因此,这一领域的研究还有待进一步的深入。需要指出的是,由于财政政策被广泛应用于稳定宏观经济,特别是在经济大幅衰退时,凯恩斯主义式的财政支出政策成为政府恢复经济的重要选择，中央政府的财政政策的区域效应直接影响政策在整体上的有效性，所以，这一领域的研究需要受到重视。

1.2.3 中国区域经济周期的相关经验研究

中国区域经济周期研究起步较晚，几乎没有区域经济周期理论方面的文献，甚至也没有对国外已有研究的介绍。相对而言，仅在经验研究方面有一定的进展。根据已有文献的研究动机，我们可以将中国区域经济周期的经验研究划分为两大类型，第一类是关于中国区域经济波动的相似性，目前主要是同步性的描述以及驱动因素的分析，也有部分研究还考虑了包括波幅等其他经济波动特征的区域差异；第二类是讨论宏观政策的区域效应，尤其是货币政策的区域效应是目前这一领域经验研究最集中的方面。

1.2.3.1　中国区域经济周期的相似性

就中国区域经济周期相似性而言，同步性仍是这一领域最受重视的问题。从国内学者的研究来看，刘树成等(1991)关于中国工业短期波动的地区不平衡格局分析，可能是国内这一领域最早的学术性研究。其根据省份工业总产值增长率的月度数据，利用简单相关系数判别各省份与全国波动的同步性，结果表明同步性呈东、中、西递减。刘树成、龚益(1997)将样本扩展至1997年发现，在其划定的1995年8月—1997年4月的波谷期中，各省份工业经济波动与全国的同步性有所下降。袁钢明(1996)利用简单的数据对比，认为东西部地区经济的冷热差异明显。孙天琦(2004b)比较全面地研究了我国各省与全国经济景气的同步性，基于1953—2004和1978—2004两个时间段的GDP增长指数、固定资产投资名义增长率等省级宏观数据，利用相关系数给出了各省份与全国的相关系数，结果表明绝大部分省份与全国经济波动的同步性高，但仍有一定的差异，发达省份快复苏、慢回调，欠发达省份则慢复苏、快回调，因此宏观经济调控可能加大区域差距的扩大。但是年度数据的使用可能丧失了大量与周期有关的高频信息；简单的相关系数估计可能包含长期趋势，从而提高了相关性。丁纪岗(2006)将全国分为东北、东南、中部和西部四大区域，根据1953—2004年间的GDP年度增长率，基于格兰杰因果检验表明，改革开放以来，经济周期同步性下降，20世纪90年代前后，中西部和东部地区经济波动的先行地位发生轮替，前者让位于后者。与国内部分已有研究不同，郭庆旺和贾俊雪(2006)的研究在方法处理上较为细致，其基于1979—2003年间的年度名义GDP、消费、投资增长率数据，遵循Kose，et. al.(2003)的多动态因素模型，利用吉本斯抽样法，提取全国、地区(东、中、西三大地带)、省份动态因子来解释中国省份经济波动的特征。分析结果表明，全国动态因子对我国省份产出和消费波动解释力度很强，对发达省份波动的解释力度相对更强；而省份投资的波动更具特异性和独立性，地区、省份和特异因素对投资波动的解释力度显著高于全国动态因子，相对而言，欠发达省份投资动态更具特异性和地区性，而发达省份的投资动态则主要表现为省份特征，丁纪岗(2006)的研究也表明认为产出和消费的区域同步性高于投资的同步性。这一研究为我们理解中国区域经济周期提供了很好的经验事实。不过，郭庆旺和贾俊雪(2006)的研究存在如下缺陷：名义数据无法给出实际经济波动的信息，根据已有经验研究，我国省份价格指数的同步性高于实际经济变量的同步性，因此，包含价格因素的同步性测度，实际上在一定程度上高估了部分变量的同步性水平，比如其估算的消费波动的高同步性，可能相当一部分是来自 CPI 高度同步的贡献。

需要指出的是，海外学者对中国区域经济周期的同步性也较为关注。Tang(1998)的研究可能是国外最早涉及中国区域经济周期同步性方面的学术性经验研究，其根据 1990—1995 年间省份工业产出和零售价格指数的月度数据，利用 Blanchard 和 Quah (1989)的供给/需求冲击框架，对 VAR 实施长期条件约束，识别各区域实际冲击和名义冲击，分别用实际冲击相关系数和名义冲击相关系数衡量经济周期和通货膨胀率的同步性，省份间的同步性差异较大。总体而言，省份间的经济周期和通货膨胀率冲击的同步性较低，基于经济冲击衡量的区域一体化程度仍处于较低的水平，甚至不满足共同货币区的要求。Lan(2007)利用相同的方法，但选取了 1978—2003 年间的年度 GDP 和 CPI 为变量，分析结果表明，得益于集中的货币和财政政策，省份之间需求冲击的同步性较高，但是供给冲击的同步性相对较弱，欠发达的西南和西北地区供给冲击的异质性成分相对较高。两项相同方法的研究在结论上的反差可能主要是因为数据频率的差异。前者使用月度数据，可能包含大量高频的异质性波动，简单的相关系数方法无法剔除这些高频成分的影响；后者使用年度数据，不含高频波动的影响，但可能造成一些重要的短于一年的周期性信息损失，而且简单相关系数结果中包含了长期趋势部分，这些因素造成经济冲击同步性水平的提高。Poncet(2004)根据 1992Q2—2004Q2 的省级就业季度数据，通过 HP 滤波剔除趋势项，并利用简单相关系数给出省份间经济周期的同步性，并以 1997 年为界，将样本期分为两个子样本。研究结果表明，省份间经济周期的同步性在样本期内明显提升，且与部分发达国家比较而言，1997 年之后的同步性水平也较高，但是部分相对偏远省份，比如甘肃、贵州、宁夏、青海、陕西、四川、云南以及西藏与其余省份的同步性较弱。因此，Tang(1998)的结论可能与其样本期的选择有一定的关系。Zhang 和 Sato(2008)将分析视角拓展至中国大陆之外的中国香港、中国台湾等地区，根据 1980Q4—2006Q2 季度数据，利用长期约束条件的结构 VAR 识别出供给冲击、汇率冲击和货币冲击，并利用卡尔曼滤波技术给出时变相关系数，从而可以分析相关性的演变过程，结果表明大中华区各经济体的经济冲击的对称性不断提高，一体化程度加强。Gerlach-Kristen(2008)根据 1962—2003 年的年度数据，利用主成分分析方法提取中国大陆和中国香港实际产出缺口和通货膨胀率的共同周期，两区域近年来在产出缺口和通胀率波动方面的同步性显著加强。从通货膨胀率来看，共同周期的重要性稳步提升，样本最后的 10 年中，大陆近 90%省份的通胀被共同周期所解释，且在这一期间，通胀率的同步性远高于经济周期的同步性。

其他经济周期特征的区域相似性，比如经济波动的幅度、平均位势、持续时间、经济周期波动的非对称性等问题也深刻影响共同政策有效性。一些国内学者在这一方面作了部分尝试。刘树成等(1991)以增长率的标准差作为省份工业经济波动的幅度，东部地区和西部地区波幅较大，而中部地区和三大直辖市的波幅较弱。孙天琦(2004b)特别强调了省份经济波动幅度的差异问题，根据标准差的度量，发达地区的波幅显著高于欠发达省份。因此，波幅的差异对统一的宏观经济政策力度提出了质疑。对于这类特征的区域相似性研究，通常需要在完成经典(增长)经济周期阶段划分后进行。丁纪岗(2006)以增长率开始回升的年份为周期起点，以增长率的谷底年份为周期终点，并通过设定增长率的差距超过该周期内平均增长速度的 40%来剔除所谓的经济正常涨落对周期的影响，给出了全国和四大区域的经济周期划分。其将样本期分为改革前、改革后两个时间段，详细分析了各区域经济周期的次数、持续期（扩张期和整个周期）、波动幅度和波动位势的演进和差异。结果表明，中国区域经济波动形态呈趋同化趋势，但是周期扩张动力的区域差异明显，是形成区域差距以及扩大的重要原因。其构建 VAR 模型分析区域经济波动之间的关系以及各区域产出、消费和投资的相互关系，通过考勒斯基分解给出各类冲击的脉冲相应函数，分析各地区的各种变量对其他地区或者其他变量冲击的反应差异。总体而言，作为这一领域最早的国内博士论文，丁纪岗(2006)的分析较为全面，但是在分析方法的处理上存在有待改进之处，在周期划分的标准上，存在明显的随意性，不同于国际通行的标准，这直接影响相关经济周期特征区域相似性的分析；VAR 的考勒斯基分解结果与各变量的顺序密切相关，作者并没有告知如何排序以及为何如此排序，也没有给出不同排序结果相似的稳健性检验，该文关于 VAR 分析的部分结论是不稳健的，甚至是有偏的。①

1.2.3.2　区域经济周期相似性的驱动因素

同步性的驱动因素也是部分文献关注的话题。刘树成等(1991)从工业产值规模的角度解释各省份与全国短期经济波动同步性差异的原因，认为同步性与规模成正比。Poncet(2004)进行了较为全面、细致的分析，考虑到相关因素的内生性问题，该文构

① 附录三给出了中国区域经济周期经验研究主要文献的总结。

建大量工具变量，通过工具变量估计避免估计结果的有偏。其结论与其他国家的相关研究结果基本相同，劳动力市场一体化（用劳动力流动来衡量）、地方贸易一体化（区域间的铁路货运密度）、财政政策的协调等都有助于经济周期的同步性；而距离、产业结构差异将降低经济周期的协动性。考虑到国际化是中国经济变迁的重要因素，可能深刻影响中国宏观经济动态演变，而且区域对外开放程度也存在显著差异，Poncet（2004）也重点讨论了国际经济一体化差异的影响，具体包括国际贸易开放度、国际贸易对象和部门结构三个方面。就理论而言，国际贸易开放度的省际差异对经济周期同步性的影响是不确定的，当各区域面临相似的国际周期时，国际贸易开放度的相似性可以推动经济周期同步性的提升；另一方面，对外贸易可能是一种稳定区域经济的力量，比如 Owyang, et. al.（2009）的分析表明，海外市场的需求可能在一定程度上有助于降低省份经济对国内经济周期的反应程度，因而不同水平的对外开放程度可能引致经济周期的同步性。基于工具变量的回归结果表明，国际贸易在一定程度上起到了平抑区域异质性冲击的作用。而省份间贸易对象结构与部门结构的差异与经济周期同步性呈反比，这和一般的理论预期相同。

徐勇和赵永亮（2007）考虑到中国经济体制变迁中的市场化背景，引入度量区域市场化程度的樊纲指数，构建省份市场化程度差异指标，对 Poncet（2004）的相关系数做回归，可能是因为内生性或者指数自身的问题，该指标在统计上并不显著，无法判断区域市场化程度和同步性的关系。而黄玖立等（2008）根据各省份年度 GDP 的 HP 滤波的相关系数，讨论了同步性的影响因素。与前述研究不同的是，考虑转型国家的现实，其纳入国有经济比重的差异、人均收入差异、工农业比重结构差异等新变量。改革前，国有经济比重高可作为中央政府经济控制松紧程度的衡量，改革后该变量可以作为市场化程度的衡量，回归结果认为国有经济差异程度对经济同步性具有明显的负面影响，与预期相符。区域人均收入差距可以具体表现为资源禀赋等方面的差异，根据国际贸易中的H—O模型，差距较大的区域之间商品和要素流动的可能性比较大，不过，新贸易理论却并不支持这一观点，而回归结果与样本期的选择相关。1980年代中期后，人均收入差距较大的区域间，经济周期同步性也较强。工农业比重的差异这一变量的引入与中国曾长期实施的重化工业赶超战略有关，工业比重高的地区较多受到政策调整的影响，面临更多的资源配置扭曲，因而区域间工业比重差异和同步性呈反比，随着市场化进程的加快，这一影响逐渐减弱，其回归结果支持这一预期。因此，制度变迁问题对经济周期同步性有明显的影响，这不同于徐勇和赵永亮(2007)的结论，这可能因为后者关注的样本期偏短，并没有经历大幅度的制度变迁，而且制度变迁的影响可能是非线性的，存在一定的阀值。不过，黄玖立等(2008)关于产业结构、对外开放度指标的回归结果和 Poncet (2004)也不相同。

此外，就区域经济周期的波幅差异引致因素来看，刘树成等(1991)将之归结为产业结构的区域差异，轻工业产值增长率具有下降快、回升亦快的特点，而重工业则下降慢、回升也慢，因此，轻重工业比重不同的区域，其经济波动的幅度亦有明显的差异。不过，这一方面的研究目前非常缺乏，鲜有标准的计量分析，从而难以得出令人信服的结论。

1.2.3.3 中国宏观经济政策的区域效应分析

根据上文的回顾，中国的区域经济周期仍存在一定程度的差异，因此，统一的宏观政策可能产生不同的区域效应。2000 年以来，国内学者对这一问题的关注主要集中在货币政策的区域效应方面。

孙天琦(2004a)、高新才(2005)和焦瑾璞等(2006)等利用定性研究的方法，探讨了货币政策的区域效应差异问题。其中，焦瑾璞等(2006)的研究最为典型，其根据基于对国外研究的回顾，对我国货币政策传导路径、部门环节以及货币政策传导渠道的区域差异进行分析，认为货币政策执行效果的地区差别是由货币政策传导机制的地区差别引起的，货币政策工具对地区差别的影响取决于具体的政策工具以及实施方式，解决货币政策区域效应差异化问题的前提是改善货币政策传导机制，提高货币政策的有效性。但是，上述定性研究缺乏必要的系统的数据分析支持。因此，货币政策区域性效应的定量研究开始增多。于则(2006)将各省份划分为五大区域，根据省份年度数据(1990—2003)，基于结构 VAR 模型和聚类分析讨论了中国货币政策的区域效应，发现东部地区反应强烈，京津冀地区反应轻微，东北和中部地区的反应程度与全国平均水平接近，西部地区反应的持续时间较短。不过，偏短的样本期可能造成估计结果的不稳健。曹永琴(2007)利用类似的方法，把我国划分为 8 个区域，将样本期拓展为 1984—2004 年，估计结果与于则(2006)存在一定的差异，就经济波动而言，欠发达地区反应的敏感性高于发达地区。宋旺、钟正生(2006)基于 VAR 和考勒斯基分解，也证实了货币政策区域(分东、中、西三大地带)差异化效应的存在，进一步利用计量分析手段，从货币政策传导机制角度出发，分析了中国货币政策区域差异效应形成的原因，指出利率渠道和信贷渠道是主要因素。考虑到区域划分可能导致有效信息的损失，孔丹凤等(2007)从省份的角度分析货币政策的效应，在确定M2作为中国货币政策的有效衡量指标之后，构建无约束VAR模型进行分省份分析。结果表明，省份反应的差异很大程度上可以由地理因素解释，沿海地区反应较大，而西部地区反应较弱，并通过OLS回归证实了国有工业企业比重与省份反应的负相关关系，对工业企业的贷款百分比、一次产业比重以及沿海地区虚拟变量与省份反应的正相关关系。不过，该研究以及上述研究中均忽视了区域间的溢出效应(Carlino and DeFina,1995)。上述研究基本上直接论证货币政策和区域产出之间的关系，卢盛荣(2007)从货币政策有效性的存在前提出发(即总供给曲线的形状决定货币供给是否影响实际经济)，利用卡尔曼滤波方法对产出缺口和预期通货膨胀率进行估计，并在此基础上利用OLS构建各地区的短期总供给曲线，结果表明，各省份的短期总供给曲线向右上方倾斜，但是斜率呈东、中、西递增，对货币政策的反应程度将呈东、中、西递减。最后，耿识博等(2005)以凯恩斯理论为基础，构建了一个货币政策区域效应的理论分析框架，根据两区域的凯恩斯主义国民收入决定模型，推导出区域货币乘数。经济的非均质性导致区域货币乘数的差异，进而造成货币政策调增速度的区域差异，而不考虑区域差异的货币政策可能产生不同的货币政策区域效应。因而，中央政府应该根据各地区的经济周期情况，通过调节区域货币乘数或者区域货币政策力度来实施区域有别的货币政策。

关于中国就经济周期意义上的财政政策的区域效应分析，目前仍不多见。陈安平(2007)在这一方面作了一些尝试，其构建了包括政府投资、银行贷款、价格指数和东、中、西部人均产出等变量的结构 VAR 模型，样本为 1953—2004 年的年度数据，利用政府投资度量财政政策。研究结果表明，财政政策具有明显的区域差异效应，政府投资对产出冲击的影响呈东、中、西递减，将样本以 1978 年为界分为两个子样本之后，模拟结果也支持这一结果。而且，根据其结论，财政政策对地区经济的影响高于货币政策，考虑到财政政策的区域化处理远比货币政策容易，因此，加强对财政政策的区域效应分析很有必要，包括这种区域效应差异的形成机制等，从而在为财政政策的区域化以及与货币政策的协调、避免宏观经济调控扩大区域差距等方面提供必要的经验依据。

1.2.4 总结性评述

20 世纪 90 年代以来，由于经济现实和理论发展的需要，对区域经济周期的研究，尤其是经验研究受到了宏观经济学家和区域经济学家的关注。区域经济数据的质量和可得性的提高，随着经济周期识别方法的不断完善和区域经济周期相似性分析评价方法的不断改进，这一领域的研究得到了很好的发展。

根据对已有文献的回顾，尽管数据和方法存在差异，主要国家区域经济周期在拐点、幅度等方面存在一定程度的差异。根据经验研究，这种差异是系统性的，与区际市场一体化程度、区域产业结构、对外开放程度、市场化程度、人力资本存量、聚集经济、企业规模以及货币政策、财政政策等密切相关，尽管部分关系在经验研究上并不稳健或者不符合预期。而且，在存在区域周期差异以及区域结构特征差异的情形下，货币政策和财政政策存在明显的区域效应。因此，中央政府的宏观政策调控很有必要考虑区域经济周期的差异以及宏观政策的区域效应差异。

从对已有文献的研究来看，对于区域经济周期相似性及相关性的分析方法很多，研究中采取何种具体方法，取决于研究者所关注的问题、数据频率、样本容量、经济周期类型等因素。相较国外学者的研究，我国学者绝大多数的研究在方法和数据的处理上较为简单，难以形成与国际研究相互对比以及交流的共同平台。不过，关于中国区域经济周期的经验研究，无论从逻辑分析的起点还是从最终的结论以及政策落脚点来看，国内学者重视国际化和市场化改革的影响，对区域经济周期差异的分析视角往往落脚在区域差距上，体现了国内学者对中国经济制度变迁过程的独特性和区域差距过大的关注，也使得其分析具有较强的政策取向。因此，这一领域的研究需要很好地考虑上述问题，既要结合中国的实际，也需要采用科学的分析方法，才能得出令人信服的结论，才有助于推进区域经济协调发展政策和国家宏观调控政策的相协调。

从中国区域经济周期经验研究的结论来看，因为数据、方法的差异，结论上也有所差异。就年度数据分析的结论而言，区域经济周期的同步性较高，但是部分偏远省份的同步性较弱，并存在明显的幅度差异；而依据高频月度数据得出的关于同步性上的结论并不一致。空间研究层次主要集中于三大地带和四大板块，空间划分层次较粗，没有研究表明中国区域经济周期呈现明显的上述区域特征，而且这种划分可能会忽视同一区域内部不同省份之间的差异。关于区域经济周期相似性或者差异性驱动因素的研究，主要是同步性方面的研究，而对于影响波幅等重要周期特征的因素还缺乏系统性的分析。此外，已有注重中国时代背景的研究以定性为主，缺乏对具有中国特征变量的定量研究。最后，对中央财政政策区域效应的正式分析非常少。因此,我们很有必要对上述问题作系统深入的分析。

综上所述,我们可以在以下几个方向做进一步的拓展。首先,鉴于我国区域经济周期理论模型发展的缺失,应该构建一个能够抓住我国基本经济特征的区域经济周期理论模型,这有助于区域经济周期经验研究的深入。其次,在数据方面,受限于数据的可得性,高频数据主要是工业产出和就业的数据,难以完全体现区域经济波动(Crone and Clayton-Matthews,2005),而年度数据一般使用单一变量,无法将现代周期特征分析中所强调的协动性问题纳入研究,可以考虑构建类似于 Crone 和 Clayton-Matthews(2005)的区域经济合成指数。第三,周期度量方法局限于一阶差分和 HP 滤波,这两种方法存在一定缺陷,可以考虑 BK 滤波、CF 滤波的使用,至少在稳健性的意义上可对已有研究提供支持。另外,由于缺少对区域经济周期(经典周期和增长周期)的合理划分,对区域经济周期的其他特征的分析也需要进一步加强,考虑采用马尔科夫区制转换模型和 Bry-Boschan 算法进行周期拐点识别。第四,从重点关注的区域经济周期同步性的测度方法来看,简单的相关系数方法广泛应用于同步性的度量,但是该方法在周期频率获取和时变方面存在明显的缺陷;而且,考虑到主流的现代经济周期理论已经将经济周期理解为随机冲击效应经过传播、放大和复合的结果,而目前国内的经验研究对冲击来源的识别主要基于 Blanchard 和 Quah(1989)的框架,可以考虑引入其他类型冲击的分析,比如把经济冲击分解为国家共同冲击、区域特定冲击、产业特定冲击和异质性冲击等。第五,就研究视角而言,目前的研究关注总产出的同步性,考虑到产业周期和产业结构在区域经济周期形成中的重要性,产业结构的影响机制包括不同行业的特定冲击、行业间的投入产出关系传导、地方溢出效应等。因此,可以考虑从区域/产业方面出发,拓宽对区域经济周期的认识。中国市场化体制改革和宏观调控机制的演进是中国处于转型期的突出特征,深刻影响着中央和地方、政府和企业的关系,因此可以考虑分析体制性因素对区域经济周期形成和演进的影响。国际化进程也是中国经济发展过程不容回避的、极为重要的方面,结合国际化进程在省份层面突出的差异,也可以考虑从对外开放的视角研究国际经济冲对区域出口进而对区域产出波动的影响。第六,除同步性之外,对其他区域经济周期差异特征的影响因素分析,仍主要是定性表述,需要以标准的计量分析得出稳健的结论。最后,中央财政政策的区域效应以及具体传导渠道的分析,还有待进一步深入,尤其要深入分析宏观政策对区域差距形成的影响程度,并提出货币政策和财政政策相协调以及缩减区域差异的政策思路。

1.3 研究思路、方法和内容安排

1.3.1 研究思路

根据上文的文献回顾,如何在提高数据可得性的基础上,利用现代经济周期的分析方法,对我国区域经济周期的总体特征、区域产业周期、区域投资周期、区域出口周期的重要特征以及宏观经济稳定政策的区域效应进行分析,是本书重点解决的问题。

需要在此指出并澄清本书研究关键客体的概念。首先,经济学界对经济周期的认识经历一个较长的演变,根据周期的长度和类型,催生了所谓的基钦周期、朱格拉周期、康德拉基耶夫周期、库兹涅茨周期和熊彼特周期的概念。后三类周期跨时较长,更多地表现为经济发展过程的周期,而不是经济波动的周期,因此,目前主流学术界对周期的关注往往是跨度为 1.5 年到 8 年的周期,即基钦周期或者朱格拉周期这种短、中周期,本书亦关注这种周期。随着现代经济周期理论的发展,经济周期被理解为产出偏离长期趋势的序列相关变化(Blinder and Fischer,1981),当然,这种波动的频率是有一定要求的,往往对应于 1.5 年到 8 年的周期长度。因此,经济周期的概念逐渐向经济波动趋近,类似于贾俊雪(2008)的处理,在本书的研究中,我们不对经济周期和经济波动两个概念进行严格区分。

其次,经济周期测度方法可以分为经典(Classical)周期和增长(Growth)周期两种类型。前者以 GDP 水平的绝对下降或者上升为基础识别经济周期的拐点,确定经济周期的扩张和收缩阶段(Burns and Mitchell,1946);而后者则以将经济变量中存在的长期趋势剔除之后的周期部分作为识别的基础(Altavilla,2004)。尽管 NBER 周期识别委员会仍采用经典周期的划分方法,但是在学术研究中,对于周期特征的(参数)度量方法往往要求数据是平稳序列,而且大部分经济体的 GDP 等经济变量长期处于增长状态。与增长型周期相比,经典型的衰退(绝对水平的下降)发生的频率过低,所以 20 世纪 90 年代以来的经验研究基本上选择增长型周期。尤其在中国,改革开放以来基本上没有出现过 GDP 绝对水平下降的情况,因此,对增长型周期的研究更为适宜。事实上,根据已有研究,对于存在大量劳动力过剩的发展中大国而言,每年保持在 7%—8%以上的增长率水平,才能不致形成严重的就业问题。

最后,关于研究客体的空间层次选择,已有研究主要以三大地带、四大板块为基础,忽视了区域内部省份间的差异,而低于省份一级的地市数据可得性和质量均不理想,因此本书研究的空间层次主要以省份为主。另外,考虑到我国港、澳、台地区与大陆地区在宏观经济管理上的相对独立性和体制层面的巨大差异,本书的分析不含港、澳、台地区。

具体而言,本书的结构如图1—1所示,分为三个部分。

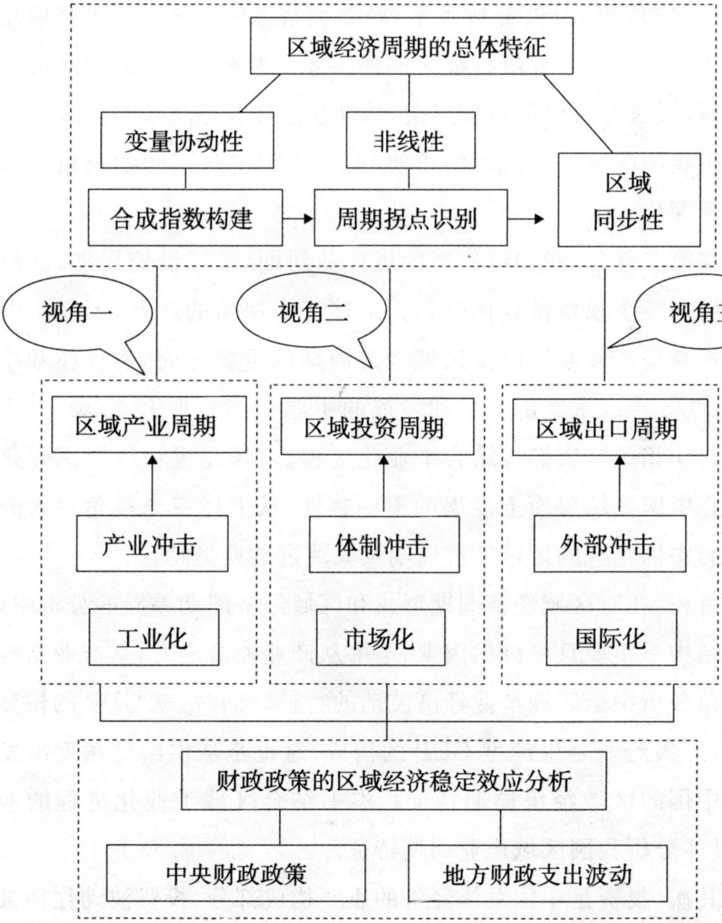

图1—1　本书结构图

第一部分主要是中国区域经济周期的总体特征分析。从总体视角出发，根据区域宏观经济变量的协动性、非线性和区域间经济周期的同步性三个基本特征，构建省份总体经济波动合成指数，进行省份总体经济周期拐点识别和非线性分析，并作对省份间经济周期同步性的描述。进一步，结合省份特征，比如产业结构、政府规模、对外开放水平、经济发展水平，分析上述区域总体经济周期特征和省份特征之间的关系。显然，中国区域经济差异明显，区域经济周期特征复杂，单纯从总体视角无法全面深刻地揭示出我国区域经济波动的重要特征，还需要从不同的视角加以细化和深化。

在第二部分，我们将选择区域产业周期、区域投资周期、区域出口周期三个视角做具体分析。上述三个视角的选择，不仅仅因为其本身是区域经济以及区域经济周期的重要方面，而且亦和中国自 1978 年以来经济改革和发展的主题——工业化、市场化、国际化密切相关。我们将结合工业化进程、市场化进程以及国际化进程在中国区域层面上发展的不一致性，从上述三个视角深入分析具有中国特色的区域经济周期及其演进的典型特征。

首先，在对区域经济周期形成和区域经济周期差异的分析中，产业结构是重要且稳健的因素，本书从产业冲击出发，从产业结构的视角分析中国区域产业经济波动的特征。同时，就 GDP 的核算而言，三次产业是生产型 GDP 的构成，这也是从供给的角度出发分析中国的区域经济周期特征。本书结合区域工业化进程的差异，具体分析我国区域产业周期特征。

其次，投资是中国总体经济的重要构成部分，投资波动往往被认为是我国经济波动最主要的影响因素。同时，中国的投资波动与体制性的因素密切相关，经济周期体制性因素的影响机制也主要依赖于投资这一客体才能实现。所以，有必要从市场化体制变迁冲击出发，以易受体制影响的投资波动为研究客体，结合中国市场化和宏观经济管理制度的变迁，以及区域市场化进程的差异，分析市场化进程中区域投资波动及其演进特征。这对于理解区域经济周期以及全国周期的形成和特征具有积极的意义。

第三，随着国际化程度的加深，出口成为中国经济的三驾马车之一；而且，这种国际化程度在区域层面的差异远大于工业化和市场化进程。所以，为了更好地理解全球化背景下区域经济周期的形成和特征，我们很有必要从国际经济冲击出发，结合区域对外开放水平的差异，分析中国区域出口周期特征以及出口波动对区域经济波动的影响。显然，投资和出口是我国需求的主要构成成分，上述两个角度亦是从需求的角度理解中国区域经济周期特征的。

本书的第三部分转入对宏观经济稳定政策的区域效应评价上。我们以财政政策为例①，结合上述中国区域经济周期运行的基本特征，分析中央财政政策和地方财政支出波动在区域层面的经济稳定效应。

1.3.2 研究方法

本书的研究方法以马克思主义为指导思想，广泛吸收了现代西方经济学的有益有用之处。在分析中，注重理论研究和经验研究相结合，以经验研究为主体；注重定性分析和定量分析相结合，

① 在已有可获得数据的基础上，我国学者对货币政策区域效应分析较为全面、深入，本书的文献综述部分已做详细的描述，因此，在此不再重复已有研究，而将重点放在研究极为薄弱的财政政策方面。

以定量分析为主体；注重规范分析和实证分析相结合，以实证分析为主体，以期能够深入揭示中国区域经济周期的基本事实、主要特征以及形成原因，给出宏观经济政策在区域层面的稳定效应评价。具体而言，本书拟采用的方法包括：动态因子模型、结构 VAR、马尔科夫区制转换模型(MS 模型)、空间计量模型、时变参数模型(Time-Varying-Parameter Model)、面板 VAR 估计、吉本斯抽样、贝叶斯估计模型等。

1.3.3 内容安排

本书共 7 章，除了本章导论之外，第二章是从总体经济视角出发，给出中国区域经济周期的总体特征；第三章到第五章分别从区域产业周期、区域投资周期和区域出口周期三个视角出发，分别结合改革开放以来工业化、市场化、国际化进程以及在区域层面的差异，分析区域经济周期在上述三个角度的典型特征；第六章从以财政政策为例，分析中央财政政策和地方财政政策的区域稳定效应；第七章是结束语。

第二章从宏观经济变量的协动性和经济周期演进的非线性这两个经济波动最突出的特征出发，考虑省份间经济周期的同步性，给出中国各省份经济周期的总体特征。第 2.1 节介绍基于动态因子模型的省份合成指数构建和周期拐点识别方法，交代数据来源。根据年度工业增加值、城镇居民可支配收入、固定资产投资、全社会消费零售额等指标，构建省份年度合成指数；利用月度省份工业增加值、出口额、全社会消费零售额等数据，构建省份月度合成指数。学术研究中常用的拐点识别方法主要有两类：BB 算法和马尔科夫区制转换模型，我们根据本章的数据特征，介绍具体模型的选择和处理。第2.2节根据省份年度合成指数，利用马尔科夫区制转换模型对省份周期进行拐点识别，将各省份经济周期划分为低速、中速、高速增长区制，结合省份特征分析年度省份经济波动的基本特征。第2.3节根据省份月度合成指数的CF滤波值，利用BB算法给出省份月度周期的拐点识别(紧缩和扩张两个阶段)，结合省份特征分析月度省份经济波动的基本特征。第2.4节利用动态因子模型和一致指数，分别进行中国年度、月度省份经济周期的同步性分析，讨论同步性差异和省份特征之间的关系。第2.5节是本章小结部分。

在第三章，考虑到在区域经济周期形成和区域经济周期差异的分析中，产业结构是重要且稳健的因素，从区域产业周期视角出发，以1979—2008年间我国省份三次产业的实际增长率为基础，利用贝叶斯潜在多动态因子模型(Bayesian dynamic latent factor model)估算出基于产业视角的省份经济周期的多动态因子，将三次产业的实际产出波动分解为全国、区域、省份以及异质性成分。第3.1节介绍本章主导模型——贝叶斯潜在多动态因子模型的具体设定和估算以及对相关数据的说明。第3.2节利用三区制的马尔科夫区制转换模型对估算出的全国动态因子特征进行分析，并利用时变相关系数讨论区域动态因子的动态演变特征。第3.3节利用方差分解方法分析各种动态因子对各省份三次产业实际波动的相对贡献，并利用核密度估计其分布，利用回归分析探究动态因子的相对重要性和省份经济特征之间的关系。第3.4节根据三次产业和GDP之间的关系，估算了全国动态因子、区域动态因子和省份异质性因素对各省份总产出波动的影响，并分析可能存在的差异性与省份特征之间的关系。

第 3.5 节是本章小结。

第四章结合市场化改革的体制背景，考虑中国经济周期中投资波动的重要性，从区域投资周期视角出发，分析省份投资波动以及不同所有制省份投资波动的特征。第 4.1 节是关于贝叶斯潜在多动态因子模型的具体设定和估算以及数据的说明。第 4.2 节给出多动态因子模型的估算结果，分析全国固定资产投资动态因子(共同周期)的演进特征；计算得出方差分解结果，分析国家、区域、省份投资共同周期对各省份全社会、国有经济和个体私营经济投资波动的相对贡献，利用核密度估计其分布并探讨省份特征和动态因子重要性的关系。第 4.3 节用单动态因子模型分别对全社会、国有经济、私营个体经济固定资产投资波动进行分析，利用动态相关系数、滚动相关系数、滚动 Cohension 指数，分析不同类型投资波动共同周期的同步性和同一类投资波动省份间的同步性，并结合宏观经济管理体制、所有制结构演进等体制变迁因素对结果进行深入分析。第 4.4 节是本章小结。

第五章结合区域对外开放水平的差异，从区域出口周期视角出发，分析世界经济冲击对区域出口、区域出口对区域经济波动的影响，这对于我们更好地理解全球化背景下区域经济周期的形成和特征，具有非常重要的意义。第 5.1 节利用 CF 滤波提取省份月度出口周期，分析其波动性、持续性和同步性，并加以解释。第 5.2 节首先利用动态因子模型提取发达国家 7 国集团(G7)和主要东亚经济体的共同周期，并进行周期拐点识别，利用一致指数和相关系数分析中国区域出口周期与国际经济周期的同步性以及滞后性，并对省份差异加以解释。第 5.3 节首先根据省份出口依存度将省份划分为高、中、低出口依存度区域，选择省份年度 GDP 和出口的 HP 滤波,利用面板 VAR 模型以及相应的脉冲响应函数以及对预测误差的方差分解,定量分析出口波动对各区域实际产出波动的影响。第 5.4 节是本章小结。

第六章以财政政策为例,尝试分析宏观政策的区域稳定效应。第 6.1 节从关于赤字政策的李嘉图等价之争、财政扩张的挤出效应以及财政稳固的扩张效应(即非凯恩斯效应)三个方面出发,从理论上说明财政政策经济稳定效应及出现区域差异的可能原因。第 6.2 节讨论了中央财政政策和地方财政支出的度量和分析,并给出了基于时变参数模型的区域宏观经济波动模型的具体设定,构建了东北、北部沿海、南部沿海、中部、西南、西北六大区域的宏观经济波动模型。第 6.3 节根据时变参数模型的估计结果,比较各区域在 1994—2008 年间的实际产出波动、不存在宏观赤字财政政策的模拟产出波动和不存在地方财政支出波动的模拟产出波动,给出在 1994—1997 年间适度从紧的财政政策、1998—2003 年间积极的扩张性财政政策和 2004—2008 年间财政政策及其转变中,中央财政政策和地方财政支出波动的区域稳定效应评价,并从中央财政支出金额、项目的区域分布、地方财政支出波动力度、区域协调战略和区域经济特征等因素出发分析出现区域差异的原因。第 6.4 节根据省份宏观经济波动模型,分析中央财政政策和地方财政支出波动的省份稳定效应,并利用 Probit 和 Logit 模型分析财政政策省份稳定效应和中央项目占基本建设投资比重、固定资产投资中国有经济比重和工业比重、地方财政支出依赖度、地方财政支出政策力度等省份特征变量之间的关系。第 6.5 节是本章小结。

第七章是结束语,第 7.1 节是对本书基本研究结论的总结;第 7.2 节是基于本书研究的一些政策含义;第 7.3 节是本书的主要不足之处和进一步研究方向。

1.4 难点与创新

1.4.1 本书中所要突破的难点

本书面临最大的难点是数据的可得性和数据质量。相较于国家加总层次的研究，区域层面经济周期的研究进展受数据可得性的限制(Owyang, Piger and Wall, 2005)。衡量经济活动最重要的指标是GDP，但在区域层面一般只能获得年度数据，且往往还有一到两年的滞后期。通常意义上的经济周期长度为6个季度到32个季度，因此，年度数据难以获取一些高频的经济波动事实，尤其是在以季度衡量的拐点识别上，年度数据难以发挥作用。而区域层面的季度、月度等高频数据存在样本期偏短、统计指标内容不一致、数据质量不高等问题，严重限制了分析的深入和一些重要经济周期研究方法的应用。面对这一难题，不得不以年度数据为主，结合近期的季度、月度数据，进行相应长期、短期分析。此外，针对统计数据在2004年全国经济普查后的调整问题，我们的年度历史数据主要来自2005年之后的《中国统计年鉴》和各省份2008年《统计年鉴》。

其次，近年来区域经济周期的研究方法得到了很大的发展，为了尽可能接近国际研究水平，需要应用不少现代高级计量经济学的研究方法和技术，这不仅要求对相关领域理论知识的了解，还需要应用相关的计算程序和软件，这也是本书研究中的难点之一。

1.4.2 本书的创新

1.4.2.1　视角创新

从区域的视角研究中国经济周期，并结合我国工业化、市场化、国际化进程的现实背景，对区域产业、区域投资、区域出口周期进行细化、深入分析，并首次对财政政策的区域经济稳定效应做了规范的经验研究。

1.4.2.2　方法创新

本书针对已有研究的方法缺陷，采用目前国际上非常先进的计量方法和模型，如马尔科夫区制转换模型、时变参数模型、基于吉本斯抽样估算的贝叶斯潜在多动态因子模型、面板 VAR、空间计量、CF 滤波、动态相关系数等，进行区域经济周期的基本事实、特征和宏观经济政策的区域效应分析，目前国内研究很少使用上述模型进行区域经济周期相关内容的分析。本书试图将上述模型和方法与我国区域经济周期的实际较好地结合，从而深入、科学地揭示中国区域经济周期的主要规律，并形成与国际主流研究对话的平台。

1.4.2.3　结论创新

由于选择了新的视角和新的方法，本书在区域经济周期总体特征、区域产业周期、区域投资周期、区域出口周期特征以及财政政策的区域稳定效应方面得到一系列新的结论，为理论研究和实际操作提供必要的经验事实。

首先，尽我所知，本书从区域的视角研究中国经济周期，首次构建中国省份合成指数，利用 MS 模型和 BB 算法划分区域经济周期拐点，并利用动态因子模型分析省份周期同步性，给出中国区域经济周期的总体特征。大部分省份经济周期与全国经济周期的同步性较高。2000年以来,东南省份的经济周期变化领先于全国水平,而部分中、西部地区则滞后于全国水平。东部地区对共同周期的影响力度处于提升态势。省份经济周期区制转换的频率明显高于全国加总经济,省份经济波动性、突变性的非线性特征高于全国经济,因此,区际市场一体化以及相应的风险共享机制还尚未形成。部分省份经济在周期拐点、波幅、经济周期阶段持续期等方面存在一定程度的差异,而且,这种差异具有一定的系统性,与产业结构、政府控制强度、对外开放度和经济发展水平等省份特征密切相关,这种差异的系统性呈强化趋势。

其次,尽我所知,本书首次利用贝叶斯潜在多动态因子模型分析中国区域产业周期,全国共同周期是省份第二产业实际产出波动最重要的驱动力,对第三产业影响较弱,对第一产业几乎没有影响,所以,工业化进程的推进有助于省份经济周期同步性的提升;基于传统四大板块划分的区域动态因子,对三次产业波动的影响非常微弱;省份动态因子对地方化程度较高的第一、第三产业具有一定程度的影响。从供给角度来看,全国共同周期和省份异质性因素是驱动省份总产出波动的重要驱动力,区域共同周期影响力微弱,西部地区的省份异质性影响力最为突出。第二产业比重越高、政府规模越小,省份总供给波动同步性越高。

第三,尽我所知,本书首次利用贝叶斯潜在多动态因子模型和单因子动态模型分析中国区域投资周期。结合市场化改革的进程,在省份全社会和国有经济固定资产投资波动中,全国共同投资周期的重要性最为突出,省份动态因子的影响力次之,区域动态因子的影响力最弱。省份私营个体经济投资波动异质性突出,是因为私营个体经济投资波动与全社会固定资产投资波动的协动性弱以及私营个体经济投资本身省份同步性不强。结合政治经济周期的逻辑，随着20世纪90年代中期以来市场经济体系的逐渐建立和完善，财政分权体制改革、央行独立性增强、国企改制，都削弱了地方政府对经济的影响力，投资波动中的政治体制性的影响力有所下降，国际冲击等市场化因素的重要性日益突出，因此，曾长期被国有经济投资波动主导的全社会投资波动与私营个体投资波动的相关性逐步提升。同时，早期全社会和国有经济投资的省份高同步性，在一定程度上与政治周期共同冲击密切相关，而个体私营经济的省份低同步性则与地方投资环境差异、地方政府对私营经济发展的态度差异、省际市场分割等密切相关。20世纪90年代中期以来，随着市场化改革的深入和政治冲击重要性的下降，全社会投资的省份同步性开始下滑，不过，国内外市场一体化程度提升、政企分开、央行独立等市场化因素推动下的同步性开始逐步提高，逐渐成为推动全社会固定资产投资波动省份同步性提升的重要力量。

第四，结合国际化进程，从区域出口周期的视角来看，本书首次根据月度出口数据，利用CF滤波给出省份出口周期的静态特征。东部地区、尤其是东南沿海地区的出口最为稳定，中西部出口波动较大，周期性波动较为频繁。东南沿海地区和中部地区与全国的同步性最高，西部地区最弱。各省份与国际经济周期的同步性较高，出口依存度较高的东部地区对国际经济周期的反应时滞段短于其他地区，不过，中部地区和东北地区由于出口产品结构、出口产品竞争优势尚未完全建立等原因，对国际经济冲击的反应更为强烈。最后，面板VAR模型表明，实际产出波动对出口波动的脉冲响应呈驼峰状，高出口依存度区域的实际产出波动对出口冲击的反应最为灵敏，且强度最大，低出口依存度区域的反应强度最小。尽管后两个区域的出口依存度远低于前一区域，但是因为后两者出口波动性较大以及部分地区受国际经济周期的影响较大，出口以及国际经济周期对这些地区经济波动的影响不容忽视。

最后，本书首次利用时变参数模型分析 1994—2008 年间中央财政政策和地方财政支出波动对区域经济的稳定效应。紧缩性中央财政政策对区域经济波动的直接影响微弱，但是紧缩性的地方财政支出波动对中部、西部地区的紧缩效应明显，对东部地区没有明显的影响。在 1998—2003 年间的积极财政扩张政策中，中央财政政策对于北部沿海和西北地区的经济刺激作用非常明显，地方财政波动对于刺激中部和西部等内陆省份经济扩张的作用也大于东部地区，因而一定程度上避免了财政调控政策导致的区域差距扩大。相对而言，地方财政支出的稳定效应强于中央财政政策，整体而言，财政政策有利于近 70%省份的实际产出的稳定。平均而言，工业比重越低、基本建设投资中中央项目的比重越高的省份，中央财政政策越有可能稳定其经济；工业化水平越低、国有经济比重越高、地方财政支出依赖度越高、地方财政支出政策力度越大的省份，地方财政支出也越能稳定省份经济波动。

第 2 章　区域经济周期：总体特征分析

根据 Burns 和 Mitchell(1946)，经济周期是一系列经济活动上升下降及其在经济体系中传导和扩散的结果，因此，宏观经济变量的协动性和经济周期演进的非线性是经济波动最突出的两个特征。根据文献回顾，对我国区域经济周期的已有研究并未纳入现代周期特征分析中所强调的协动性问题，也尚未使用规范的技术对区域经济周期拐点(非线性)作合理识别，从而直接影响我们对基于现代经济周期理论的中国区域经济周期总体特征的认识。本章致力于这一问题的解决，从总体经济视角出发，详细考察我国各省份宏观经济波动的总体特征以及省份之间的同步性水平，这也是后续章节细化、深入分析的基础。

具体而言，本章包括以下五个部分：第一部分是省份合成指数构建方法和省份经济周期拐点识别方法的介绍以及数据来源交代；第二、第三部分分别报告基于年度数据、MS 模型和基于月度数据、BB 算法的省份经济周期拐点识别的结果，并对各省份经济周期的基本特征进行分析；第四部分是以动态因子模型为基础分析各省份经济周期的同步性问题；最后是本章小结。

2.1　省份合成指数的构建和周期拐点识别方法

宏观经济变量的协动性和经济周期演进的非线性是经济周期经验研究进展最突出的领域。Stock 和 Watson（1989，1991，1993）考虑到宏观经济变量间的协动性，认为在众多宏观经济变量中存在一个共同成分，能够阐明主要经济变量之间的协动性，且能体现出宏观经济活动的本质特征。他们利用动态因子模型，提取这种共同成分，命名为合成指数。Crone 和 Clayton-Matthews（2005）将该模型应用于美国州级层面的合成指数构建上，认为该指数对于研究州级经济周期波动具有积极的作用，优于单指标的结果。经济活动非线性演进经验研究的关键是经济周期拐点的识别。目前常用的拐点识别方法主要有两类：基于 Bry 和 Boschan（1971）的非参计算程序（BB 算法）和基于 Hamilton（1989）的马尔科夫区制转换模型（MS 模型）。随着多变量马尔科夫区制转换模型（MSVAR）的发展（Krolzig，1997）以及动态马尔科夫转换因子模型（DMSF）的应用（Diebold and Rudebusch，1996），此类融合协动性和非线性特征的模型被广泛应用于经济周期度量上。

郭庆旺等（2007）、Wang et. al.（2009）利用 DMSF 模型给出中国经济周期的拐点识别，分析中国经济周期的协动性和非线性特征。但是，考虑到区域层面数据样本量的限制，我们难以直接利用 MSVAR 或者 DMSF 模型进行分析，而是遵循 Crone 和 Clayton-Matthews（2005）的方法，首先根据协动性构造中国各省份的合成指数，然后利用单变量马尔科夫区制转换模型或者 BB 算法进行经济周期的拐点识别,即非线性分析。

2.1.1 省份合成指数的构建方法及数据

本章所应用的动态因子模型(Stock and Watson,1989;1991;1993)的结构如下:

$$\Delta y_t = \gamma(L)\Delta c_t + \xi_t \tag{2-1}$$

$$D(L)\xi_t = \varepsilon_t \tag{2-2}$$

$$\phi(L)\Delta c_t = \eta_t \tag{2-3}$$

$$\Sigma = \text{cov}([\varepsilon_t', \eta_t]) = \text{diag}[\sigma_1^2, \ldots, \sigma_G^2, \sigma_\eta^2] \tag{2-4}$$

其中,Δy_t 是 G 个宏观经济变量的自然对数一阶差分(从而保证序列平稳)序列,并经过标准化处理;Δc_t 是一个潜在的稳态序列,为合成指数 c_t 的增长率,遵循一个自回归过程;向量 ξ_t 包含 G 个不相关的、零均值的稳态自回归过程;ε_t 和 η_t 是 G+1 个不相关的白噪音过程;L 为滞后算子;$\gamma(L)$、$D(L)$和 $\phi(L)$为待估参数。式(2-1)至式(2-3)构成了一个状态空间模型,其中式(2-1)为衡量方程,式(2-2)、式(2-3)为转移方程,我们可以利用卡尔曼滤波技术,通过最大似然估计的方法估算上述参数(Crone and Clayton-Matthews,2005)。

根据本书的数据频率,对于年度数据分析,我选择 1978—2008 年间各省份工业增加值、全社会固定资产投资、全社会消费品零售总额和城镇居民人均可支配收入。数据来源于相应省份 2008 年统计年鉴、2008 年统计公报和《新中国 55 年统计资料汇编》。重庆、四川因为数据缺失而舍弃;个别省份在 1980 年代早期缺失个别年份城镇居民人均可支配收入数据,故利用工资增长率推算。工业增加值根据可比价增长率进行消胀处理;全社会消费品零售总额和城镇居民人均可支配收入根据各省份 CPI 指数进行消胀；全社会固定资产投资则根据各省份固定资产价格指数进行消胀，其中大部分省份 1991 年之前的指数由刘明兴提供，1991 年之后则根据固定资产价格指数计算而得，另外，西藏和海南 2000 年之前的数据根据郭庆旺、贾俊雪（2006）的方法计算而得。考虑到数据的样本期以及目前已有研究的通常做法（贾俊雪，2008），我们设定 $D(L)$ 和 $\phi(L)$ 二阶滞后，$\gamma(L)$ 不存在滞后期。为了便于直接比较合成指数和 GDP，类似于 Kim 和 Nelson（1999），我们对合成指数进行如下调整：

$$C_{t|t}^{*}=C_{t|t}\times SD(\Delta gdp_{t})/SD(\Delta c_{t|t}) \qquad (2-5)$$

其中，$SD(\Delta gdp_t)$ 和 $SD(\Delta c_{t|t})$ 分别为 GDP 自然对数一阶差分和 $\Delta c_{t|t}$ 的标准差，并设定 $C_{t|t}^{*}$ 和 GDP 自然对数值在 1992 年处相等。

对于月度数据，考虑到数据可得性以及已有研究的选择标准，我们选择各省份工业增加值、全社会消费品零售总额和出口值，样本期为 2000 年 1 月至 2008 年 12 月，数据来源于中经网统计数据库、各省份统计局网站以及由央行发布的各省份金融运行报告，因为数据缺失，样本中不含西藏。$D(L)$、$\phi(L)$ 和 $\gamma(L)$ 的滞后阶数选择则根据具体样本的估算结果，比如 T 统计量等来确定。[①]

2.1.2 区域经济周期拐点识别方法：BB 算法和 MS 模型

从目前的文献来看，学术研究常用的拐点识别方法主要有两类：BB 算法和 MS 模型。本部分具体介绍上述两种方法，并根据

① 附录四给出了年度合成指数的 HP 滤波结果和月度合成指数的 CF 滤波结果。

本章的数据特征,介绍具体模型的选择和处理。

2.1.2.1　BB 算法

BB 算法是基于 Bry 和 Boschan(1971)方法的非参计算程序,这一算法基于美国数据的计算结果,与 NBER 的周期划分吻合度很高。其主要思想是将原序列适当平滑后,推测波峰和波谷的大概位置,然后再逐渐迫近原序列的波峰和波谷,最后通过确定序列 y_t 的局部最大值(最小值),即波峰(波谷),来判断经济周期的拐点,即

$$\{y_t>(<)y_{t\pm k}\},\quad k=1,\ldots k \tag{2-6}$$

之所以限定 K 的数值,是因为在一般情况下,BB 算法要求扩张期(收缩期)至少要持续 6 个月(2 个季度),一个完整的经济周期至少要持续 18 个月(6 个季度)。

这里确定转折点的原则还有,波峰和波谷相间排列;如果同时存在几个连续的波峰(波谷),相对较大(小)的波峰(波谷)作为拐点的波峰(波谷);如果连续几个波峰(波谷)相等,那么最后一个波峰(波谷)是作为拐点的波峰(波谷)。

Harding 和 Pagan(2002)在宏观经济变量序列中的拐点和刻画这个序列特征的时间序列矩之间建立了联系,为 BB 算法提供了必要的统计基础。当 $t-1$ 时刻为波峰或者波谷时,根据条件概率公式,有

$$p(\text{peak at } t-1)=P(S_t=0|S_{t-1}=1)P(S_{t-1}=1) \tag{2-7}$$

$$p(\text{trough at } t-1)=P(S_t=1|S_{t-1}=0)P(S_{t-1}=0) \tag{2-8}$$

其中,随机变量 S_t 严格平稳,即

$$P(S_t=1)=P(S_{t-1}=1) \tag{2-9}$$

由于波峰和波谷的个数相同,并且 $P(S_t=1)=1-P(S_t=0)$ 则式(2-7)、式(2-8)中有 4 个未知量。若知道其中两个量,那么

另外两个也可计算出来。

Harding(1997)在测算经典经济周期时,引入了两个概念:扩张终止序列(Expansion Terminating Sequence,简称 ETS)和收缩终止序列(Contraction Terminating Sequence,简称 CTS),则有

$$ETS=\{\Delta y_{t+1}<0,...,\Delta y_{t+K}<0\} \quad (2-10)$$

$$CTS=\{\Delta y_{t+1}>0,...,\Delta y_{t+K}>0\} \quad (2-11)$$

$$P(ETS|S_{t-1}=1)=P(S_t=0|S_{t-1}=1) \quad (2-12)$$

$$P(CTS|S_{t-1}=0)=P(S_t=1|S_{t-1}=0) \quad (2-13)$$

根据 Harding 的定义,有

$$P(S_t=1)=P(CTS|S_{t-1}=0)/[P(CTS|S_{t-1}=0)+P(ETS|S_{t-1}=1)] \quad (2-14)$$

对于季度数据来说,一个经济周期的平均持续期是 $3/P(\text{peak})$ 个月,扩张期的平均长度是 $3\times P(S_t=1)/P(\text{peak})$ 个月。在 BB 算法中,引入扩张停止序列和收缩停止序列这两个概念,对理解经济周期拐点的划分有很大帮助。它把经济周期的特征和 Δy_t 的性质联系起来。

2.1.2.2 MS 模型

根据 Krolzig(1997),单变量 MS 模型在发展的过程中形成了多种形式的设定,具体包括马尔科夫转移均值(MSM)、马尔科夫转移截距(MSI)、马尔科夫转移自回归参数(MSA)和马尔科夫转移异方差(MSH)。其基于 MSM 和 MSI 的一般性设定形式分别为:

$$\Delta c_t-\mu(s_t)=A_1(s_t)(\Delta c_{t-1}-\mu(s_{t-1}))+\cdots+A_p(\Delta c_{t-p}-\mu(s_{t-p}))+\zeta_t,\zeta_t\sim NID(0,\Sigma(s_t)) \quad (2-15)$$

$$\Delta c_t=v(s_t)+A_1(s_t)+\cdots+A_p(s_t)\Delta c_{t-p}$$

$$+(\Sigma(s_t))^{1/2}v_t, v_t \sim NID(0,1) \quad (2-16)$$

其中,$\mu(s_t)$、$\nu(s_t)$和 $\Sigma(s_t)$分别为依赖于不可观测的状态 s_t 的均值、截距和条件方差,$s_t=1,\cdots,M$,即共有 M 种状态,$A_p(s_t)$为自回归项系数。结合式(2－15)和式(2－16),根据不同参数是否随区制变动的设定,我们可以得到如表 2—1 所示的经验研究中常用的 MS 模型设定形式。

表 2—1　MS 模型的具体设定形式

	A 不变		A 变	
	Σ 不变	Σ 变	Σ 不变	Σ 变
MSM μ 变	MSM	MSMH	MSMA	MSMAH
MSI ν 变	MSI	MSIH	MSIA	MSIAH

注:引自 Krolzig(1997)。

上述 MS 模型的估计主要有最大似然估计法和吉本斯抽样法。前者属于经典回归估计范畴,利用 EM 算法通过卡尔曼滤波进行预测方差分解,从而给出模型的最大似然估计;后者属于贝叶斯估计范畴,吉本斯抽样是通过重复从条件分布抽样来模拟联合或边际分布的马尔科夫链蒙特卡罗模拟方法。

2.1.2.3　模型的选择和处理

上述两类识别方式在对美国经济周期的识别结果上基本相似,考虑到本书关注的是省份经济周期,研究客体数量较多,原则上选择相对简捷、稳健的模型。本章的数据频率包括年度和月度两类。对于月度数据,我们选择 BB 算法作为非参计算程序,其在推广性、稳健性(对于数据生成过程)、简便性和透明性等方面具有明显的优势(Harding and Pagan,2002)。BB 算法通常应用于经典周期的拐点识别,以经济水平的绝对下降或者上升为基础识别经济周期的拐点，确定经济周期的扩张和收缩阶段。但是，在我国长期处于增长态势的情形下，几乎不存在经济水平绝对下降的情况，因而这一方法难以直接应用于我国区域经济周期的拐点识别。类似于 Bulligan(2006)的处理方式，我们首先对合成指数进行趋势剔除处理，仅以保留下来的周期部分作为识别的基础，即对增长型周期进行拐点识别。[①]

消除宏观经济变量的长期趋势部分、留下经济周期成分趋势的计量工具很多，具体的选择取决于经济变量时间趋势的性质。大量的理论和经验分析表明，大多宏观经济变量并不具有一个确定性时间趋势，其趋势成分具有单位根过程，因此目前研究常用滤波手段，主要有自然对数一阶差分[②]、HP 滤波[③]、BK 滤波[④]和 CF

① 我们应用 MS 模型对月度合成指数的 CF 滤波值作周期拐点的识别，结果和 BB 算法相似。

② 自然对数一阶差分（即增长率），计算简单，但问题突出，比如保留了短期（高频）噪声，这会模糊我们感兴趣的周期性波动，其在剔除趋势的过程中，可能存在被差分序列波峰、波谷伪转变的潜在代价（Baxter and King，1999），影响经济周期拐点识别。

③ HP 滤波（Hodrick and Prescott，1997）是通过最小化损失函数，将宏观经济变量的自然对数分解为趋势部分和周期成分。HP 滤波的实质是 High-Pass 滤波，过滤掉低频的趋势（频域在 8 年或者 32 个季度以上的波动被认为是趋势），保留高频的周期成分，这一方法广泛应用于经济周期经验研究中。但是，对于高频的月度数据而言，该方法可能会通过了大量经济周期频率带之外的高频噪声；对数据样本末尾的趋势成分的估计质量不高（Stock and Waston，1999），而且，Prescott 等针对美国数据选择的罚因子 λ 值，可能不适用于部分其他国家和地区（Agénor et al.，1998）。

④ Baxter 和 King(1999)提出了带通（Band-Pass）滤波方法，简称 BK 滤波，在一定程度上避免了 HP 滤波的缺陷。该滤波技术主要利用时间序列时域（Time Domain）和谱分析，通过建立高频滤波器和低频滤波器，并施加一些约束，利用移动平均滤波剔除了包括与测量误差等相关的高频不规则波动（短于 6 个季度或 18 个月）和与趋势相关的低频波动（长于 32 个季度或 96 个月），从而保留真正的周期波动。但是，该方法的一个重要缺陷是，在对最优滤波的近似过程中，对称移动平均会造成样本量的损失，截断长度 k 会导致 2k 个样本量的损失，这对于样本量有限的宏观数据而言，是一个较大的损失。

滤波[①]。对于月度数据而言,考虑到一阶差分和 HP 滤波在处理高频数据方面的缺陷,以及 BK 滤波计算过程中样本量损失,我们在分析中采用非对称全样本的 CF 滤波。我们根据合成指数对数值不同阶的平稳性,选择具体的滤波技术(Christiano and Fitzgerald,2003)。

目前,BB 算法只针对月度和季度数据,对于年度数据,我们选择 MS 模型进行拐点识别。根据 Giratdin(2005)和陈浪南、刘宏伟(2007)的研究,本书将各省份年度经济波动划分为三个不同的区制状态,即 M=3。我们假定状态变量 s_t 是离散取值的三区制一阶马尔科夫过程,s_t 的转移概率矩阵 P 为:

$$P=\begin{pmatrix} p_{11} & p_{12} & p_{13} \\ p_{21} & p_{22} & p_{23} \\ p_{31} & p_{32} & p_{33} \end{pmatrix},\quad p_{ij}=\Pr(s_t=j\,|\,s_{t-1}=i),\Sigma_{j=1}^{3} p_{ij}=1,\quad \forall i=1,2,3 \tag{2-17}$$

其中,p_{ij} 为 s_t 从 $t-1$ 时刻 i 区制转换到 t 时刻 j 区制的概率,因而有 $0\leqslant p_{ij}\leqslant 1$。在最大似然估计法和吉本斯抽样法的选择上,尽管后者能够给出参数后验分布等丰富的信息,但是,模型估算不如前者快捷,特别是在本书中,分析客体涉及绝大多数省份,需要处理大量模型设定形式的选择和滞后阶数的确定工作,因此,我们选择最大似然估计。[②]

---

① Christiano 和 Fitzgerald(2003)对 BK 滤波的计算方法加以改进,提出了 CF 滤波。该滤波方法有固定长度对称滤波(Fixed-Length Symmetric Filter)和非对称全样本滤波(Asymmetric Full Sample Filter)两种类型,而后者是最一般的形式,不对滞后期和超前期的权重加以固定,权重的变动取决于数据和观测值(Takaya,2005),这可以避免样本量的损失。不过,对于 CF 滤波而言,首先需要确定时间序列的平稳性,根据不同的数据生成过程选择具体的滤波技术,比如消除线性时间趋势或者漂移项等,因此,CF 滤波的精确性取决于对数据过程的准确认识。

② 最大似然估计和吉本斯抽样法的具体过程、具体模型设定的选择可参阅 Krolzig(1997)的论述。

2.2 年度数据分析

根据式(2－15)至式(2－17),我们分别对各省份年度合成指数作 MS 模型估算,得到相应的转移概率和平滑概率的估算值,在此基础上讨论周期拐点的识别结果和省份经济波动的基本特征。

2.2.1 基于 MS 模型的年度周期拐点识别结果

根据平滑概率的估算值,表 2—2 给出了中国各省份和全国基于年度数据的周期拐点识别结果(1981—2008),黑色、灰色和白色分别表示低速、中速、高速增长区制。首先,就全国数据而言,我国在 1981—1983 年间处于中速增长区制,相应地,大部分省份在这一阶段处于低速或者中速增长区制。其中辽宁、上海、江苏、山东、贵州、甘肃、新疆等省(自治区、直辖市)则自 1983 年转入高速增长区制;安徽、海南、四川则自 1982 年转入高速增长区制;黑龙江、浙江、福建、陕西则经历了 3 年的低速增长区制。在 1984、1985 两年全国高速增长区制内,大部分省份也经历了高速增长,不过天津、河北、内蒙古、吉林、黑龙江、湖南、广东等省区市则处于中速甚至低速增长区制。

我国经济从 1986 年开始转入中速增长区制,并在 1989—1990 年间经历了一次明显的低速经济增长,从合成指数来看,甚至呈现绝对水平下降的经典周期型衰退。在这一阶段,大部分省份在 1986—1990 年间处于低速或者中速增长区制。其中,在 1986 年,北京、陕西以及所有西南省份陷入低速增长区制,而内蒙古、黑龙江、上海、福建、重庆等省区市则处于长达 4—5 年的低速增长区制,1989—1990 年间是各省份经济同步性最强的阶段,除了西藏之外,几乎所有省(区市)均处于低速增长区制,只有北京以及部分西部地区在 1990 年转入中速或者高速增长区制。

自 1991 年以来,我国重新进入高速增长区制,并持续了 4 年。在这一阶段,东部沿海地区基本上处于高速增长区制,其持续期长于中西部地区,而黑龙江、山西等省份处于低速增长区制。随着 1994 年以来的宏观紧缩政策效应的逐渐发挥,1995 年后全国经济进入中速增长区制,西部地区对这一轮的宏观调控反应更为敏感,基本上在 1994 年便结束了高速增长的态势,内蒙古、吉林、贵州、陕西、新疆等地可能因为政策力度过猛而进入低速增长区制。[①] 全国经济在 1995—2004 年间先后经历了所谓的软着陆以及东亚金融危机时期,处于长达 10 年的中速增长期。在这一阶段,绝大多数省份也经历了不同时间长度的中速增长期。其中,甘肃、宁夏、青海等西北地区在 1999 年前后率先转入高速增长区制,随后,部分中部地区、东北省份也开始从 2002 年开始转入高速增长区制,在全国经济进入高速增长的 2005 年,主要西南省份也进入高速增长区制,除了北京、山东、上海、浙江、福建、广东等东部沿海省市以及重庆、陕西、西藏之外,其余绝大部分省份处于高速增长区制。在 2008 年,席卷全球的金融危机爆发,尽管从平滑概率上来看,全国仍处于高速增长区制,但是其概率值不到 0.6,而中速增长区制的概率在 0.4。其中,山西、北京、重庆和四川从高速增长区制转入中速区制,另外,山东、上海、浙江、福建、广东则一直处于中速区制。

① 在本书第六章,我们根据财政政策的区域效应对这一问题作了具体的分析和解释。

表 2—2　基于年度合成指数的周期阶段划分

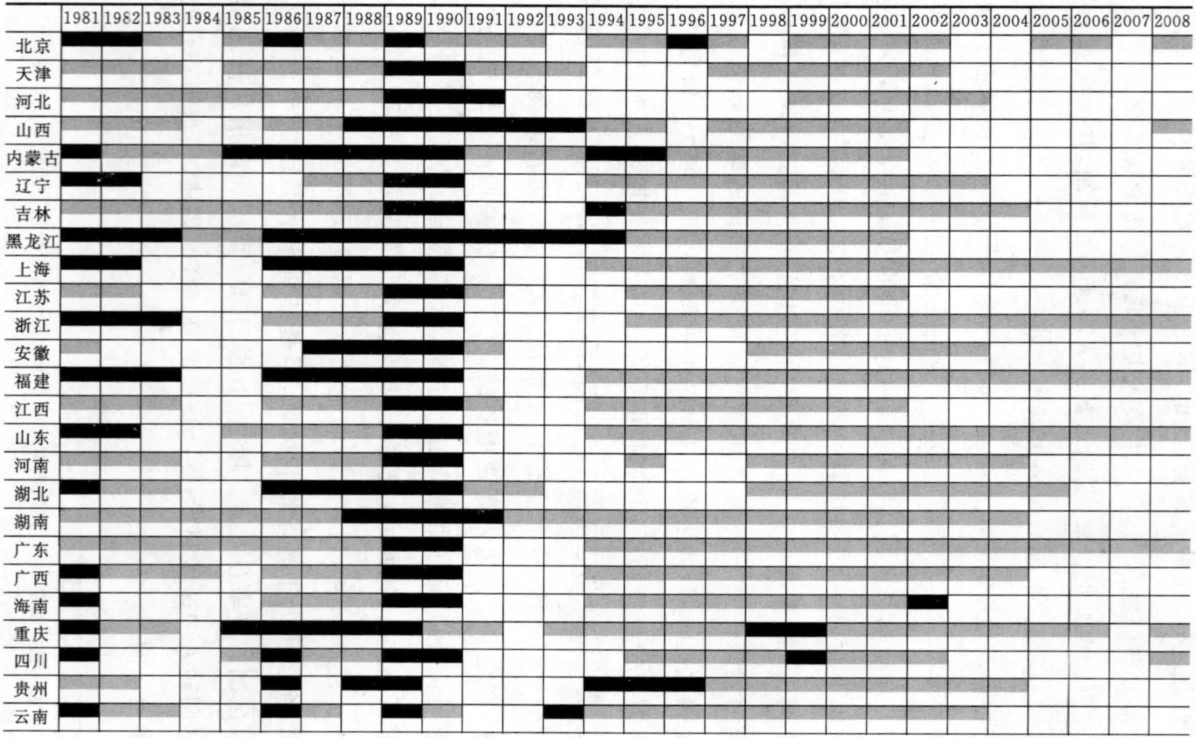

续表

	1981	1982	1983	1984	1985	1986	1987	1988	1989	1990	1991	1992	1993	1994	1995	1996	1997	1998	1999	2000	2001	2002	2003	2004	2005	2006	2007	2008
西藏																												
陕西																												
甘肃																												
青海																												
宁夏																												
新疆																												
全国																												

2.2.2 基于 MS 模型的省份经济周期总体特征的分析

根据上述各省份经济周期区制转移过程(详见表 2—2)的简单表述，结合表 2—3，我国各省份经济波动阶段的分布具有如下特征。

首先，与全国经济周期波动特征相似，1994 年之前，各省份经济波动的区制转换频繁，这和该时期经济体制和市场条件变化频繁剧烈有关(贾俊雪，2008)，也和当时宏观政策主要依赖于行政手段，容易引致经济大起大落，乃至进入“放—乱—收—死”的恶性循环有关(林毅夫等，1999)。而 1994 年之后，随着市场经济体系和宏观经济调控体系的完善，经济波动的区制转换趋于缓和，基本上没有低速增长区制，以中速和高速增长区制为主，且持续期较长。

其次，大部分省份与全国经济的区制转变具有一定的同步性，比如 1984—1985 年间的经济高涨、1989—1990 年间的衰退、1991—1994 年间的经济过热、1997 年之后的经济增长速度下滑以及 2005 年后的经济高速增长，基本上体现在大部分省份的区制转换上。不过，也存在一定程度的省份差异，比如，西藏的区制转换基本上和全国经济不同步，山西、内蒙古、黑龙江、湖南等省区在 2000 年之前主要以低速、中速增长区制为主；2004 年之后的经济过热主要体现在中西部地区，东部地区除了天津、河北和江苏之外，并没有进入高速增长区制。[①]

---

① 关于省份经济周期同步性的正式分析，我们将在本章的第四节详细展开。

第三,根据我们对转移概率矩阵的估算结果(见表 2—3)来看,所有省份各区制自我持续概率均值(p_{ii})大于区制之间的转移概率(p_{ij},$i\neq j$),中位数分别为 0.5、0.74 和 0.75,因此,平均而言,省份经济波动的区制持续性较强,相对而言,中速和高速增长区制的持续性高于低速增长区制。相应地,各区制持续期预期值的中位数分别为 2.01 年、3.82 年和 3.64 年,即后两者的持续期高于低速增长区制。不过与全国水平的结果比较来看,省份中速增长区制的持续性相对较低,持续期相对较短,这在一定程度上表明大部分省份的区制转换频率高于全国水平。从不同区制之间的转移来看,从低速增长区制转换到中速、高速增长区制概率的中位数分别为 0.32 和 0.02(均值分别为 0.35 和 0.16),因此,平均而言,省份低速增长区制转移到中速区制的可能性高于高速区制,这和全国水平的估算结果不同。从中速区制转换到低、高速增长区制概率的中位数分别为 0.07 和 0.15(均值为 0.12 和 0.15),从高速区制转换到低、中速增长区制概率的中位数分别为 0.00 和 0.18(均值为 0.10 和 0.21),因此,高速和中速增长区制之间的转换可能性,高于高速或者中速向低速增长区制转换的可能性,这和全国水平相似。

最后,从省份差异来看,区制自我持续概率的变异系数(标准差与均值的比值)远低于区制间转移概率的变异系数,即前者的省份差异低于后者。其中,高速区制向低速区制转移概率(p_{31})的省份差异最大,并呈 p_{21}、p_{13}、p_{32}、p_{23}、p_{12} 递减。而且,各省份不同区制的增长速度也存在一定程度的差异,特别是低速增长区制的增长速度差异最为明显,变异系数达到 10.11,远高于中速和高速增长区制的省份差异。

表 2—3 基于年度数据的省份经济周期 MS 模型设定和经济周期特征

	模型设定	V_1	V_2	V_3	p_{11}	p_{12}	p_{13}	p_{21}	p_{22}	p_{23}	p_{31}	p_{32}	p_{33}	S_1	S_2	S_3	D_1	D_2	D_3
北京	MSIH(3)-AR(1)	3.32	8.06	12.60	0.31	0.69	0.00	0.24	0.41	0.35	0.00	0.81	0.19	0.21	0.56	0.23	1.44	1.70	1.24
天津	MSIAH(3)-AR(0)	−1.25	7.41	12.08	0.47	0.53	0.01	0.06	0.79	0.15	0.00	0.21	0.79	0.08	0.58	0.34	1.87	4.71	4.82
河北	MSIAH(3)-AR(0)	−1.44	6.59	9.14	0.67	0.00	0.33	0.07	0.87	0.07	0.00	0.11	0.89	0.10	0.50	0.40	3.00	7.54	8.99
山西	MSIH(3)-AR(2)	2.42	6.76	11.29	0.80	0.19	0.01	0.12	0.57	0.31	0.00	0.45	0.54	0.25	0.45	0.30	5.02	2.34	2.19
内蒙古	MSI(3)-AR(1)	2.42	8.95	13.75	0.68	0.32	0.00	0.18	0.74	0.08	0.00	0.00	1.00	0.32	0.43	0.25	3.17	3.82	——
辽宁	MSI(3)-AR(1)	0.64	7.31	10.32	0.55	0.00	0.45	0.10	0.82	0.08	0.00	0.21	0.79	0.15	0.45	0.40	2.22	5.56	4.65
吉林	MSIH(3)-AR(1)	−1.38	8.35	12.21	0.31	0.44	0.25	0.07	0.87	0.06	0.18	0.01	0.82	0.13	0.63	0.24	1.45	7.95	5.42
黑龙江	MSIAH(3)-AR(1)	2.55	6.15	7.02	0.81	0.19	0.00	0.19	0.70	0.11	0.00	0.00	1.00	0.43	0.32	0.26	5.26	3.36	——
上海	MSIAH(3)-AR(1)	1.62	6.40	8.23	0.74	0.00	0.26	0.00	1.00	0.00	0.23	0.17	0.59	0.26	0.54	0.20	3.83	——	2.47
江苏	MSIH(3)-AR(0)	−2.00	7.91	12.35	0.50	0.50	0.00	0.08	0.66	0.26	0.00	0.20	0.80	0.07	0.42	0.51	2.00	2.94	5.03
浙江	MSIH(3)-AR(1)	2.52	7.58	13.92	0.62	0.02	0.36	0.09	0.91	0.00	0.01	0.34	0.65	0.18	0.61	0.21	2.63	11.04	2.87
安徽	MSIAH(3)-AR(1)	1.47	6.40	12.50	0.67	0.32	0.01	0.02	0.68	0.31	0.08	0.07	0.85	0.15	0.32	0.53	3.02	3.09	6.65
福建	MSI(3)-AR(1)	5.55	11.36	14.96	0.74	0.00	0.27	0.00	1.00	0.00	0.28	0.18	0.54	0.28	0.54	0.19	3.77	——	2.18
江西	MSIAH(3)-AR(0)	−1.20	5.43	9.28	0.38	0.62	0.00	0.06	0.74	0.19	0.00	0.24	0.76	0.07	0.55	0.38	1.62	3.89	4.13
山东	MSIH(3)-AR(1)	2.52	9.58	11.80	0.60	0.01	0.39	0.07	0.93	0.00	0.00	0.44	0.56	0.16	0.67	0.16	2.51	15.16	2.26
河南	MSIAH(3)-AR(0)	−1.19	6.96	12.01	0.49	0.02	0.49	0.06	0.74	0.19	0.00	0.29	0.71	0.07	0.52	0.41	1.96	3.89	3.40
湖北	MSIAH(3)-AR(0)	1.83	6.41	9.94	0.65	0.34	0.02	0.00	0.70	0.30	0.21	0.06	0.73	0.24	0.37	0.39	2.84	3.32	3.71
湖南	MSIH(3)-AR(0)	0.55	5.35	8.07	0.69	0.31	0.00	0.05	0.90	0.05	0.00	0.00	1.00	0.14	0.72	0.14	3.19	10.34	——
广东	MSI(3)-AR(0)	2.49	7.99	16.07	0.50	0.00	0.50	0.04	0.96	0.00	0.00	0.42	0.58	0.07	0.83	0.10	2.01	23.74	2.40
广西	MSIH(3)-AR(0)	−1.03	6.17	10.64	0.47	0.25	0.28	0.14	0.76	0.10	0.01	0.29	0.70	0.16	0.55	0.29	1.89	4.21	3.38
海南	MSIH(3)-AR(0)	−0.30	5.99	13.29	0.46	0.00	0.54	0.20	0.80	0.00	0.00	0.17	0.83	0.18	0.38	0.45	1.85	5.00	5.89
重庆	MSIAH(3)-AR(1)	——	——	——	0.72	0.28	0.00	0.07	0.72	0.20	0.41	0.59	0.00	0.36	0.54	0.10	3.63	3.61	1.00

续表

	模型设定	V_1	V_2	V_3	p_{11}	p_{12}	p_{13}	p_{21}	p_{22}	p_{23}	p_{31}	p_{32}	p_{33}	S_1	S_2	S_3	D_1	D_2	D_3
四川	MSI(3)-AR(1)	——	——	——	0.19	0.52	0.29	0.34	0.50	0.16	0.01	0.29	0.70	0.17	0.41	0.42	1.23	1.99	3.39
贵州	MSIAH(3)-AR(1)	2.10	6.34	6.51	0.56	0.18	0.27	0.00	0.81	0.18	0.27	0.01	0.72	0.24	0.35	0.41	2.25	5.29	3.56
云南	MSIH(3)-AR(1)	1.61	5.24	8.45	0.06	0.94	0.00	0.01	0.71	0.28	0.35	0.01	0.64	0.14	0.51	0.36	1.07	3.40	2.78
西藏	MSI(3)-AR(0)	−6.96	5.73	31.93	0.39	0.61	0.00	0.00	0.96	0.04	0.94	0.06	0.00	0.07	0.90	0.03	1.64	25.81	1.00
陕西	MSIAH(3)-AR(1)	2.68	8.07	7.84	0.57	0.32	0.10	0.70	0.30	0.00	0.00	0.08	0.92	0.33	0.21	0.46	2.34	1.42	12.92
甘肃	MSIA(3)-AR(0)	−2.49	4.88	9.45	0.30	0.70	0.00	0.17	0.50	0.33	0.00	0.14	0.86	0.09	0.32	0.59	1.42	2.00	7.08
青海	MSI(3)-AR(0)	−8.58	4.92	11.23	0.00	0.88	0.12	0.07	0.67	0.27	0.00	0.25	0.75	0.03	0.49	0.48	1.00	2.99	3.93
宁夏	MSI(3)-AR(0)	−0.81	4.72	8.16	0.26	0.74	0.00	0.16	0.59	0.25	0.00	0.17	0.83	0.10	0.41	0.49	1.35	2.45	5.96
新疆	MSM(3)-AR(1)	0.79	4.76	6.92	0.00	1.00	0.00	0.29	0.45	0.26	0.00	0.24	0.76	0.13	0.45	0.42	1.00	1.82	4.11
均值		0.29	6.82	11.45	0.49	0.35	0.16	0.12	0.73	0.15	0.10	0.21	0.69	0.17	0.50	0.33	2.37	6.01	4.19
中位数		0.79	6.41	11.23	0.50	0.32	0.02	0.07	0.74	0.15	0.00	0.18	0.75	0.16	0.50	0.35	2.01	3.82	3.64
标准差		2.94	1.56	4.67	0.23	0.31	0.19	0.14	0.18	0.12	0.20	0.19	0.25	0.09	0.14	0.14	1.10	6.07	2.55
变异系数		10.11	0.23	0.41	0.46	0.87	1.17	1.18	0.24	0.81	2.06	0.89	0.36	0.54	0.29	0.42	0.46	1.01	0.61
全国	MSI(3)-AR(0)	−1.77	5.30	7.76	0.50	0.00	0.50	0.06	0.80	0.14	0.00	0.30	0.70	0.07	0.56	0.36	2.00	5.06	3.38

注：S_i(i=1,2,3)表示 i 区制占样本期的时间份额；D_i(i=1,2,3)表示 i 区制预期存续期；重庆、四川使用 GDP 进行 MS 模型分析。

表 2—4　周期特征和省份特征的相关系数(年度数据)

	V_1	V_2	V_3	p_{11}	p_{12}	p_{13}	p_{21}	p_{22}	p_{23}	p_{31}	p_{32}	p_{33}	S_1	S_2	S_3	D_1	D_2	D_3
IN2	0.37	0.28	−0.50	0.38	−0.28	0.02	−0.06	0.00	0.07	−0.46	0.17	0.27	0.23	−0.22	0.06	0.37	−0.30	0.12
P 值	*0.046*	*0.142*	*0.006*	*0.043*	*0.146*	*0.920*	*0.766*	*0.993*	*0.729*	*0.012*	*0.378*	*0.149*	*0.227*	*0.247*	*0.751*	*0.073*	*0.159*	*0.573*
GOV	−0.60	−0.37	0.62	−0.42	0.49	−0.33	−0.05	−0.01	0.06	0.75	−0.23	−0.48	−0.22	0.31	−0.17	−0.33	0.39	−0.22
P 值	*0.001*	*0.047*	*0.000*	*0.025*	*0.008*	*0.085*	*0.807*	*0.975*	*0.749*	*0.000*	*0.230*	*0.008*	*0.242*	*0.107*	*0.387*	*0.112*	*0.060*	*0.297*
OPEN	0.28	0.38	0.20	0.08	−0.22	0.28	−0.10	0.24	−0.23	−0.05	0.55	−0.40	−0.05	0.39	−0.40	−0.10	0.38	−0.30
P 值	*0.139*	*0.042*	*0.289*	*0.673*	*0.246*	*0.149*	*0.592*	*0.218*	*0.235*	*0.794*	*0.002*	*0.030*	*0.817*	*0.037*	*0.032*	*0.626*	*0.068*	*0.157*
PGDP	0.22	0.24	−0.01	0.17	−0.17	0.08	−0.09	0.17	−0.15	−0.05	0.41	−0.30	0.14	0.17	−0.31	−0.07	0.05	−0.27
P 值	*0.253*	*0.206*	*0.954*	*0.389*	*0.387*	*0.669*	*0.633*	*0.374*	*0.448*	*0.808*	*0.025*	*0.117*	*0.469*	*0.367*	*0.102*	*0.761*	*0.799*	*0.203*

2.2.3 省份经济周期总体特征和省份经济基本特征

我们利用相关系数法分析上述省份经济周期的总体特征和省份特征之间的关系。① 省份特征具体包括工业增加值、进出口总额以及地方财政支出占各省 GDP 的比重和各省份人均 GDP 相对于上海人均 GDP 的比值,分别是表示工业化水平、对外开放水平、政府影响力以及经济发达程度,除进出口总额为 1985—2008 年间的均值外,其余指标为 1978—2008 年间均值,数据来源于各省份 2008 年统计年鉴、中经网统计数据库以及《新中国 55 年统计汇编》。具体结果见表 2—4。

从不同区制的增长速度来看,工业比重越高,低速、中速增长区制的增长速度越高,高速增长区制的增长速度越低,除中速增长区制外,相关系数的显著性水平在 5%以上。即工业化水平高的省份,在低速增长区制的增速下滑幅度相对较小;而在高速增长区制中的经济过热幅度相对较低;在时间份额最大的中速增长区制中,经济增长速度相对较高,这构成了工业化水平高的省份经济增长亦较快的基础。财政支出比重越高的省份,低速、中速增长区制的增长速度越低,高速增长区制的增长速度越高,均通过 5%以上的显著性水平检验。显然,政府比重越高的省份,高速增长区制的经济过热程度越高,而低速增长区制的经济下滑幅度越大,不利于经济的稳定。而对外

① 我们也利用回归等方法进行分析,结果和简单相关系数一致,出于篇幅节约的需要,在此只报告简单相关系数的结果。

开放水平与相对人均 GDP 比值仅与中速增长区制的增速正相关，即对外开放水平高、经济发达程度高的省份，平均而言，中速增长区制的增速也越高，这和这些地区整体经济增长速度高的事实相吻合。

从区制转移概率来看[①]，工业比重和从高速向低速增长区制转移的概率之间的相关系数为－0.46，因此，平均而言，相对于工业化水平低的省份，工业化水平高的省份，其经济从高速向低速区制突变的可能性更小，不过，其低速增长区制自我持续概率也较高。地方财政支出比重和 p_{11}、p_{12}、p_{31}、p_{33} 的相关系数分别为－0.42、0.49、0.75、－0.48，因此，政府对经济影响力较强的省份，低速增长区制的自我持续概率越小，并向中速增长区制的概率也越大；同时，高速增长区制的自我持续概率也越低，并向低速增长区制转移的可能性较高，即平均而言，政府影响力较强的省份，容易摆脱低速增长区制，经济增长出现急剧下滑的可能性也越大，保持持续高速增长的可能性越弱，因而，这些地区可能容易受宏观政策调控的影响。[②] p_{32} 和对外开放度、相对人均 GDP 比值相关，相关系数分别为 0.55 和 0.41，因此，对外开放水平越高、经济发达程度越高的省份，其从高速区制向中速区制转移的概率越高。另外，开放度和 p_{33} 呈反比，因而，对外开放水平高的省份，高速增长区制的自我持续概率低。最后，各种区制的时间份额以及预期持续期和上述省

① 在此只讨论通过 5%以上显著性水平检验的相关系数。

② 本书在第六章证明了这一可能性。

份特征的相关系数基本上较低,只有对外开放度和 S_2、S_3 的相关系数分别为 0.30 和 -0.4,通过了 5%以上显著性水平的检验,即对外开放水平越高的省份,中速增长区制占样本期的份额越大,高速增长区制占样本期的份额越小。这表明开放有助于促进经济稳定。

2.3 月度数据分析

我们利用 BB 算法给出基于月度合成指数 CF 滤波的各省份经济周期(紧缩和扩张两个阶段)的拐点,并得到相应经济周期的基本特征。

2.3.1 基于 BB 算法的月度周期拐点识别结果

限于篇幅以及为了图显方便,我们将月度识别结果整合为季度结果,见表 2—5[①],其中黑色表示相应省份经济进入紧缩阶段,灰色部分为全国经济进入紧缩阶段。在分析之前需要指出的是,此处月度数据分析和年度数据分析的结果并不能直接对照。首先,后者三类区制划分的样本期为 1981—2008 年,而前者的样本期为 2000—2008 年,比如某一省份从 1981—2008 年间数据来看,2000 年以后的增速基本上高于 2000 年以前,因而,在年度分析中,其在 2000 年以后处于高速增长期。而在月度分析中,我们的样本期局限于 2000 年以后,那么,我们只能根

① 如果同一季度内有两种经济周期阶段,比如出现两个月的扩张期和一个月的紧缩期,我们将该季度确定为扩张期;反之,确定为紧缩期。

据2000年以来各月份经济运行情况，给出相应的周期阶段拐点、扩张期和紧缩期。第二，本书中月度周期拐点识别，依赖于CF滤波，扩张期定义为从滤波数据谷底到峰值的过程，紧缩期定义为从滤波峰值到谷底的过程，可能会出现谷底数值仍大于0的情况，即意味着虽然被定义为紧缩阶段，但是经济运行仍处于趋势值之上，这往往对应于MS识别中的中速、高速增长阶段；同样也有可能会出现峰值小于0的情况，即意味着，虽然被定义为扩张期，但是经济运行却处于趋势值之下，这可能会对应于MS识别中的低速增长阶段。

从全国经济运行来看，在东亚金融危机的余波以及IT泡沫破灭引起的美国经济衰退冲击下，在样本期初，经济处于紧缩期，在连续降息和积极财政政策的作用下，于2002年2月份到达谷底，开始回升。在这期间，绝大多数省份大部分时期亦处于紧缩期。相对而言，东南沿海省份早于其他地区1个季度到达谷底，中西部地区持续时间较长。北京、河南、重庆、甘肃、宁夏等地在经历3个季度的扩张期之后，于2001年第一季度进入紧缩期，而新疆则处于扩张期，直到2002年第二季度开始进入紧缩期。

从2002年3月份开始的经济复苏在2003年年底之后形成了所谓经济过热，宏观政策也从宽松转变为适度从紧，甚至动用了行政手段，如江苏的铁本事件，经济运行对稳态值的偏离在2005年3月达到峰值，随后得到有效遏制，进入收缩期。在这期间，大部分省份经历了长短不一的经济紧缩期，北京、河北以及山西、内蒙古、吉林、河南、湖南、四川、贵州、陕西、甘肃等主要是上一轮经济紧缩期的延长;福建、辽宁以及安徽、湖北、广西、云南、青海、宁夏等中西部省份在这一期间经历了一段3到5个季度的短期紧缩;除北京、贵州之外,大部分省份都早于或与全国同步进入2005年的紧缩期;此外,海南、重庆在这期间以收缩期为主。

2005年第二季度以来的全国经济紧缩到2007年3月份达到谷底,从2007年第二季度开始回升。不过,从数值来看,这一轮收缩的CF滤波谷底值大于零,即经济整体上仍处于高位运行,只是偏离程度开始下降。在这期间,各省份经济周期阶段的差异较大。天津、山东、湖北、广西、贵州、云南、陕西、甘肃、青海、宁夏等省份先后经历两次短期紧缩和一次短期扩张,经济周期阶段转换频率较高;北京、河南、四川进入紧缩期的拐点晚于本轮全国性紧缩2到3个季度。河北、辽宁、上海、江苏、浙江、福建、广东等东部省份早于全国经济结束本轮紧缩,进入新的扩张期。

2007年第二季度开始,全国经济进入新一轮的扩张期,经济明显过热,同时伴随通胀率的上升,在从紧的货币政策作用下,特别是在这轮始自美国的全球性金融危机的冲击下,经济在2008年3月份达到峰值,随后开始进入快速下滑的紧缩期。在这一轮的扩张期中,除海南之外,所有省份大部分时间均处于扩张期;在上一轮紧缩期中经历两轮紧缩的省份,基本上晚于全国1个季度进入本轮的扩张;北京以及上海、江苏、福建、广东等东南沿海早于全国1—4个月结束本轮的扩张期,进入到新紧缩期,湖南、重庆以及宁夏在样本期末仍处于扩张期,剩余北部沿海、东北、中、西部省份基本上晚于或者与全国同步进入新的紧缩期。

2.3.2 基于BB算法的省份经济周期的总体特征分析

首先，直观而言，在样本期内，大部分省份，主要是中西部省份周期个数多于全国水平，尤其是在2003—2006年间，中西部省份的周期阶段转变较为频繁。这和这一阶段宏观经济政策方向转变较为频繁有关，稳健的货币政策和积极的财政政策逐渐退出，随后各类从紧的经济、行政调控手段开始出现，中西部省份经济规模小，对中央政府财政投入和转移支付的依赖性较强，从而导致经济波动的周期转变较为剧烈，这和第六章基于财政政策区域稳定效应结果相吻合。

其次，在上述省份拐点识别的基础上，我们利用Banerji检验(Banerji，1999)讨论各省份经济周期阶段变动与全国经济周期阶段变动的领先/滞后关系。① 广东、上海、江苏经济周期对全国周期的领先关系在统计意义上显著。对于广东而言，只能在6.25%的概率上接受不存在领先一—四阶的零假设，且只能在不到15%的概率上接受不存在领先五阶的零假设；而上海、江苏只能在6.25%的概率上接受不存在领先一阶的零假设，其中，上海只能在不到15%的概率上接受不存在领先二—三阶的零假设；江苏则只

① 由于本书的样本期较短，周期拐点数较少，难以根据拐点分布使用参数方法评价领先/滞后关系，Banerji检验作为一种非参检验，更合适于本书的分析，并能给出具体领先阶数的拒绝概率。这是基于配对的随机化检验(Randomization Test)，具体计算方法见Banerji(1999)。Banerji检验实际上只能给出一序列相对于另一序列的领先关系，我们通过置换省份拐点序列和国家拐点序列的位置给出相应的领先/滞后关系。

能在6.25%的概率上接受不存在领先二阶的零假设。因此,在本书的样本期内,广东、上海、江苏的经济周期变化明显领先于全国,其中,广东几乎领先于全国半年,上海、江苏领先于全国1个季度以上。全国只能在6.25%的概率上接受不存在领先河南、四川一阶的零假设,且只能在不到15%的概率上接受不存在领先河南、四川二阶以及贵州一阶的零假设。所以,河南、四川、贵州的经济周期变化明显滞后于全国水平1到2个月。整体而言,全国经济周期变化不领先于中西部省份的接收概率偏低,而东南省份不领先于全国周期变化的接收概率亦偏低,因此,在我们的样本期内,东南省份的经济周期变化领先于全国水平,而中西部省份则滞后于全国水平。

第三,BB算法能够给出经济周期阶段的平均持续期和相应的平均波幅,见表2—6。各省份以峰峰(谷谷)划分的经济周期的平均持续期的中位数为30个月(33.5个月),因此,基于CF滤波后各省份一个经济周期的持续期约为2.5—3年。而对于全国水平而言,基于峰峰划分的经济周期的持续期为3年,而基于谷谷划分的周期持续期为5年,因此,全国经济周期的阶段转变频率要低于省份水平。就紧缩期(从峰值到谷底)的持续期而言,各省份的中位数为14.25个月,即平均而言,紧缩大约持续1—1.5年,短于各省份扩张期(从谷底到峰值)持续期的中位数,后者为17.3个月,即在1年半以上,但均短于全国水平的紧缩与扩张的持续期。就波幅而言,各省份紧缩期和扩张期波幅的中位数分别为0.066和0.071,因此,平均而言,扩张期的经济上升幅度要大于衰退期经济的下降幅度。

第四，经济波动的平稳性可以从两个角度理解：一是波幅小，二是周期持续期长。我们构建如下的平稳指数 S：

$$S=\sqrt{PP*TT}/\sqrt{A\_PT*A\_TP} \tag{2-18}$$

显然，S 和经济周期的持续期呈正比，与波幅呈反比，即 S 越大，表明经济波动越平稳。中位数为 434.4，均值为 606.2，均低于全国水平的 807.8。因此，平均而言，省份经济的稳定性弱于全国水平，只有江西、湖南、广东、四川四省的经济波动稳定性高于全国平均水平。

最后，就上述特征的省份差异来看，各类型经济周期持续期的省份变异系数在 0.3 到 0.4 之间，低于年度数据存续期的省份差异。就以峰峰为周期的持续期而言，吉林最长，为 54 个月，山东最短，为 19 个月；而对于以谷谷为周期的持续期来说，重庆最长，达 60 个月，广西最短，为 20.7 个月。从扩张期的持续期来看，江西的扩张期持续时期最长，达 29 个月，而宁夏最短，为 10.7 个月；从紧缩期的持续期来看，海南长达 31 个月，而广西最短，为 9.3 个月。从波幅来看，在扩张期的上升幅度中，海南的上升幅度最高，为 0.251，江西最低，仅为 0.032；在紧缩期的下滑幅度方面，亦是海南幅度最大，为 0.238，江西幅度最小，为 0.004。从经济波动的稳定性来看，省份差异较为明显，最稳定的为江西省，而最不稳定的为海南省。

2.3.3 省份经济周期总体特征和省份经济基本特征

我们依然选择工业增加值、进出口总额以及地方财政支出占各省 GDP 的比重和各省份人均 GDP 相对于上海人均 GDP 的比值(2000—2008 年间均值)作为基本的省份特征,利用相关系数法分析省份基本经济特征和省份经济周期基本特征之间的关系,详细结果见表 2—7。

首先,以谷谷划分的一个完整周期的持续期,与财政支出比重呈一定程度的负相关,而与其他因素无关;以峰峰划分的一个完整周期的持续期,与财政支出比重、开放度、相对人均 GDP 的相关系数分别为−0.496、0.404 和 0.405,且分别通过了 0.5%、2.7%和 2.6%的显著性水平的检验,但与工业比重无关。因此,总体而言,经济发展水平越高、对外开放水平越高以及政府财政影响力越弱的省份,一个完整的经济周期的持续期则越长。

其次,从收缩期的持续期来看,除了与地方财政支出比重呈微弱负相关(通过 15%的显著性水平检验)之外,与其他三个特征基本上不相关;而扩张期的持续期与政府支出比重呈负相关,与开放度和相对人均 GDP 呈正相关,分别通过了 1%、2%和 5%以上的显著性水平检验,与工业比重成微弱的正相关。因此,扩张期较长的省份往往也是经济发展水平较高、对外开放程度较高、地方政府财政影响力较弱的区域。

最后,从波幅及稳定性来看,收缩期的降幅和相对人均 GDP 呈正相关,通过了 5%以上的显著性水平检验,与工业比重呈较弱的负相关;而从扩张期的升幅来看,其与对外开放度和相对人均 GDP 呈正相关,且分别通过了 15%和 2%以上的显著性水平检验。因此,总体而言,经济越发达的省份,降幅越大,且升幅也越大,不过,工业比重较高的省份,降幅越少,对外开放程度越高的省份，升幅越大。而经济周期的稳定性基本上和上述基本经济特征不相关。

表 2—5　基于月度合成指数 CF 滤波值的周期阶段划分

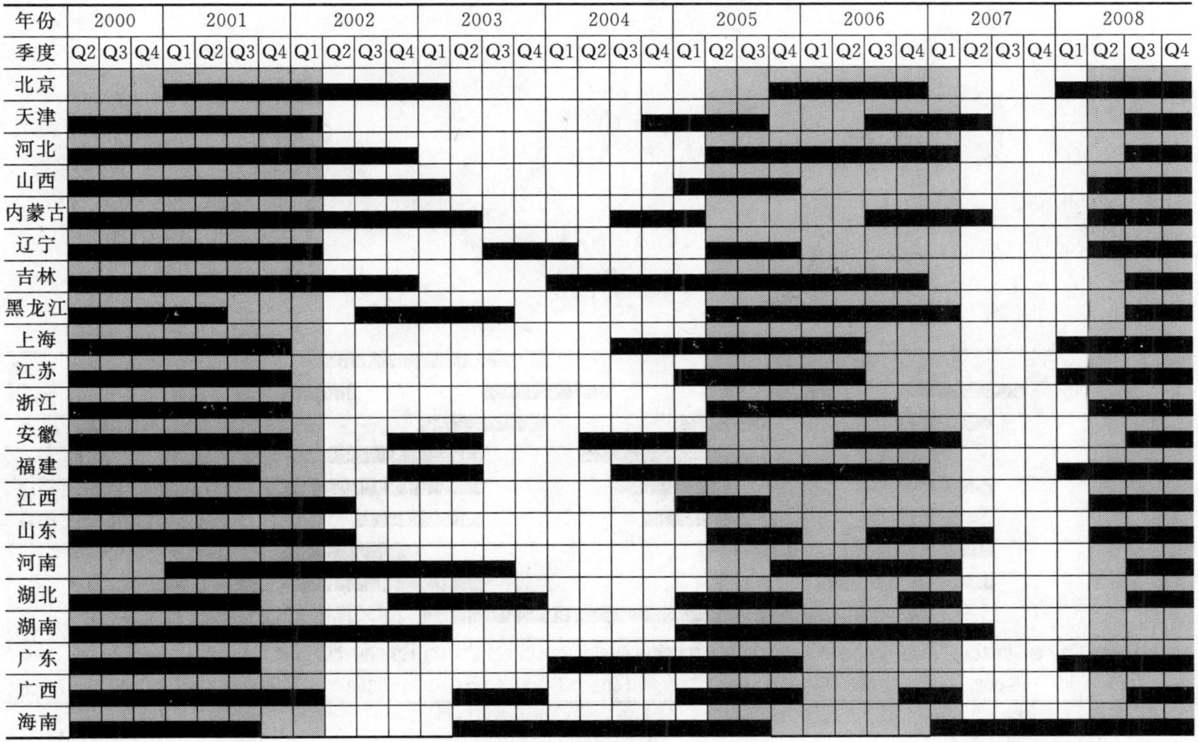

续表

年份	2000			2001				2002				2003				2004				2005				2006				2007				2008			
季度	Q2	Q3	Q4	Q1	Q2	Q3	Q4	Q1	Q2	Q3	Q4	Q1	Q2	Q3	Q4	Q1	Q2	Q3	Q4	Q1	Q2	Q3	Q4	Q1	Q2	Q3	Q4	Q1	Q2	Q3	Q4	Q1	Q2	Q3	Q4
重庆																																			
四川																																			
贵州																																			
云南																																			
陕西																																			
甘肃																																			
青海																																			
宁夏																																			
新疆																																			

表 2—6　基于月度数据的省份经济周期特征

	PP	TT	PT	TP	A_PT	A_TP	S		PP	TT	PT	TP	A_PT	A_TP	S
北京	42.0	44.0	21.5	20.5	0.18	0.15	259	湖南	52.0	52.0	31.0	21.0	0.02	0.04	1758
天津	22.0	32.0	11.5	17.7	0.10	0.11	249	广东	46.0	49.0	21.0	26.5	0.02	0.05	1605
河北	37.0	52.0	23.0	21.5	0.21	0.20	211	广西	35.0	20.7	9.3	11.8	0.10	0.17	206
山西	40.0	33.0	12.0	24.5	0.10	0.18	267	海南	46.0	47.0	31.0	15.5	0.24	0.25	190
内蒙古	23.5	23.5	11.0	12.0	0.09	0.12	224	重庆	26.0	60.0	20.0	14.0	0.11	0.07	457
辽宁	30.0	22.5	9.5	18.0	0.05	0.11	341	四川	29.0	46.0	15.0	22.5	0.03	0.05	953
吉林	54.0	36.0	26.0	19.0	0.07	0.15	435	贵州	20.0	27.0	10.0	15.0	0.04	0.07	460
黑龙江	36.5	34.5	21.0	14.3	0.05	0.05	763	云南	24.3	23.3	11.3	12.5	0.04	0.05	491
上海	41.0	54.0	25.0	22.5	0.15	0.23	253	陕西	23.5	24.0	11.0	12.3	0.11	0.11	217
江苏	37.0	53.0	18.0	27.0	0.06	0.10	562	甘肃	29.3	22.0	17.3	12.0	0.04	0.04	629
浙江	35.0	57.0	17.0	29.0	0.13	0.17	298	青海	21.7	20.7	10.0	11.0	0.04	0.07	398
安徽	23.3	21.0	11.0	11.3	0.02	0.04	797	宁夏	23.3	1.0	12.5	10.7	0.09	0.07	281
福建	32.0	31.0	18.0	13.3	0.07	0.09	394	新疆	38.0	34.0	13.5	24.5	0.09	0.07	458
江西	39.0	39.0	10.0	29.0	0.00	0.03	3352	均值	32.0	35.8	16.5	17.9	0.08	0.10	606
山东	19.0	30.0	10.0	17.0	0.03	0.05	627	中位数	30.0	33.5	14.3	17.3	0.07	0.07	434
河南	45.5	43.0	27.5	18.0	0.06	0.07	657	变异系数	0.3	0.4	0.4	0.3	0.72	0.60	1.05
湖北	23.0	22.3	11.0	12.0	0.04	0.07	434	全国	36.0	61.0	24.0	24.5	0.04	0.09	808

注:PP 表示以峰峰衡量的经济周期的持续期的均值;TT 表示以谷谷衡量的经济周期的持续期的均值;PT 和 TP 分别表示收缩期和扩张期的平均持续期;A_PT 和A_TP分别表示收缩期和扩张期的幅度;S 为经济平稳指数。

表 2—7　周期特征和省份特征的相关系数(月度数据)

	PP	p值	TT	p值	PT	p值	TP	p值	A_PT	p值	A_TP	p值	S	p值
GOV	−0.330	0.075	−0.496	0.005	−0.296	0.112	−0.472	0.009	−0.088	0.645	−0.145	0.445	−0.161	0.394
INDUS	−0.083	0.662	0.063	0.739	−0.158	0.405	0.243	0.197	−0.283	0.129	−0.137	0.471	−0.043	0.824
OPEN	0.274	0.143	0.404	0.027	0.233	0.215	0.421	0.020	0.250	0.183	0.294	0.115	−0.048	0.803
RPGDP	0.230	0.222	0.405	0.026	0.240	0.201	0.373	0.042	0.383	0.037	0.445	0.014	−0.186	0.324

注:PP 表示以峰峰衡量的经济周期的持续期的均值;TT 表示以谷谷衡量的经济周期的持续期的均值;PT 和 TP 分别表示收缩期和扩张期的平均持续期;A_PT 和A_TP 分别表示收缩期和扩张期的幅度;S 为经济平稳指数。

2.4 基于合成指数的省份经济周期的同步性

以上关于省份合成指数和省份经济周期拐点的分析，将省份作为一个独立的主体加以研究，没有很好地考虑省份之间和省份与国家之间的相互关系问题。本部分致力于这一问题的解决，重点分析省份经济周期的同步性问题。

2.4.1 方法说明

根据文献综述，同步性问题是区域经济周期经验研究最热门的话题，分析方法很多。考虑到本章关注的是省份经济周期，且样本期较短，基于 VAR 技术的共线性相关周期（Vahid and Engle, 1993）以及因子结构 VAR 无法应用。而动态因子模型的估计受变量数目的限制较少，因而更适宜于较多数量的区域和国家之间关系的分析。动态因子模型能够将省级合成指数波动分解为共同成分和异质性成分。共同成分，即公因子捕获了省份相互联系部分的波动情况，各省份与共同因子的因子载荷（Factor Loadings）则体现各省份与公因子之间关系的强度和方向（Owyang, et. al., 2009）。

本部分的动态因子模型如下：

$$\Delta c_t = \gamma(L)\Delta F_t + \xi_t \tag{2-19}$$

$$D(L)\xi_t = \varepsilon_t \tag{2-20}$$

$$\phi(L)\Delta F_T = \eta_t \tag{2-21}$$

$$\Sigma=\mathrm{cov}([\varepsilon_t',\eta_t])=\mathrm{diag}[\sigma_1^2,\cdots,\sigma_G^2,\sigma_\eta^2] \qquad (2-22)$$

根据式(2－19)至式(2－22)构成的动态因子模型，Δc_t 是 N 个省份合成指数的增长率(从而保证序列平稳)序列，并经过标准化处理；ΔF_t 是一个潜在的稳态序列，为共同因子 F_t 的增长率，遵循一个自回归过程；$\gamma(L)$、$D(L)$、$\phi(L)$、ξ_t、ε_t 和 η_t 的定义和性质与第二部分相同，估算方法也相同。具体而言，在年度数据模型的估算中，我们设定 $D(L)$ 和 $\phi(L)$ 为一阶滞后，$\gamma(L)$ 不存在滞后期；在月度数据模型的估算中，我们设定 $D(L)$ 和 $\phi(L)$ 为二阶滞后，$\gamma(L)$ 不存在滞后期。我们在构建 DSFM 模型中对数据做了标准化处理，序列均值为 0、标准差为 1，那么，根据式(19)及对 $\gamma(L)$ 的设定，共同周期成分对省份经济周期的解释程度可以表示为：$\gamma^2\mathrm{var}(\Delta F_t)/\mathrm{var}(\Delta c_t)=\gamma^2$，即载荷系数的平方项实际上是共同周期成分对省份经济周期的解释程度。

为了更深入的研究各省份与共同因子之间的同步性问题，特别是涉及经济周期拐点问题，以期给出更稳健的分析结果，我们进一步引入 Harding 和 Pagan(2002)的一致指数方法给出同步性程度的定量分析结果。

Harding 和 Pagan(2002，2006)的一致指数，即用两个经济体处于同一阶段的时间比重来度量两个经济体经济周期波动的同步程度，这一指标汇总了拐点集群的信息。因此，这一方法的前提是对经济活动扩张和收缩阶段的划分。一致指数的计算结果很少受到序列平稳与否的影响。具体而言，根据各省份及共同因子经济周期的拐点，定义各省份和共同因子经济波动(c^j 和 F)的虚拟随机变量序列，对于月度数据，我们有：

$$S_{c^j t}=\begin{cases}1, & \text{表示序列 } c^j \text{ 在 } t \text{ 时期处于扩张期}\\ 0, & \text{表示序列 } c^j \text{ 在 } t \text{ 时期处于收缩期}\end{cases}$$

$$S_{Ft}=\begin{cases}1, & \text{表示序列 } F \text{ 在 } t \text{ 时期处于扩张期}\\ 0, & \text{表示序列 } F \text{ 在 } t \text{ 时期处于收缩期}\end{cases}$$

对于年度数据，我们给出针对三种不同增长区制的一致指数计算方法：

$$S_{c^j t}=\begin{cases}1, & \text{表示序列 } c^j \text{ 在 } t \text{ 时期处于低速增长期}\\ 0, & \text{表示序列 } c^j \text{ 在 } t \text{ 时期处于其他期}\end{cases}$$

$$S_{Ft}=\begin{cases}1, & \text{表示序列 } F \text{ 在 } t \text{ 时期处于低速增长期}\\ 0, & \text{表示序列 } F \text{ 在 } t \text{ 时期处于其他期}\end{cases}$$

$$S_{c^j t}=\begin{cases}1, & \text{表示序列 } c^j \text{ 在 } t \text{ 时期处于中速增长期}\\ 0, & \text{表示序列 } c^j \text{ 在 } t \text{ 时期处于其他期}\end{cases}$$

$$S_{Ft}=\begin{cases}1, & \text{表示序列 } F \text{ 在 } t \text{ 时期处于中速增长期}\\ 0, & \text{表示序列 } F \text{ 在 } t \text{ 时期处于其他期}\end{cases}$$

$$S_{c^j t}=\begin{cases}1, & \text{表示序列 } c^j \text{ 在 } t \text{ 时期处于高速增长期}\\ 0, & \text{表示序列 } c^j \text{ 在 } t \text{ 时期处于其他期}\end{cases}$$

$$S_{Ft}=\begin{cases}1, & \text{表示序列 } F \text{ 在 } t \text{ 时期处于高速增长期}\\ 0, & \text{表示序列 } F \text{ 在 } t \text{ 时期处于其他期}\end{cases}$$

两个序列的一致指数为：

$$\hat{I}^j=\frac{1}{T}\{\sum_{t=1}^{T}S_{c^j t}S_{Ft}+\sum_{t=1}^{T}(1-S_{c^j t})(1-S_{Ft})\} \tag{2-23}$$

其中，T 为样本长度。$\hat{I}^j$ 测度了两个序列同处于扩张期（收缩期）的概率。若 $\hat{I}^j$ 为 1，则说明序列 c^j 和 F 的波动方向完全一致；若 $\hat{I}^j$ 为 0，则说明序列 c^j 和 F 的波动方向完全相反；若 $\hat{I}^j$ 为 0.8，则说明两个序列 Y 在 80% 的时间内，波动方向一致。Harding 和 Pagan

(2006)证明了 $\hat{I}^{j}$ 和 $S_{c^j t}$ 与 S_{Ft} 的相关系数 ρ_S 呈单调递增关系，那么，不存在同步性的零假设的 T 统计量，可以通过将 $S_{c^j t}$ 对 S_{Ft} 和常数项做回归得到，但是，因为 $S_{c^j t}$ 与 S_{Ft} 存在序列自相关和异方差，残差项并不能保证是独立同分布的，因此 OLS 是有偏的。为了解决这一问题，Harding 和 Pagan(2006)建议使用 GMM 估计，并采用包含异方差和自相关一致(HAC)协方差矩阵估计，提出相应的矩条件：

$$E[\sigma_{S_{c^j t}}^{-1}(S_{c^j t}-\mu_{S_{c^j t}})\sigma_{S_{Ft}}^{-1}(S_{Ft}-\mu_{S_{Ft}})-\rho_S]=0 \qquad (2-24)$$

其中，$\mu_{S_{c^j t}}$ 和 $\mu_{S_{Ft}}$ 分别为 $\sigma_{S_{c^j t}}$ 和 S_{Ft} 的均值；$\sigma_{S_{c^j t}}$ 和 $\sigma_{S_{Ft}}^{-1}$ 分别为 $S_{c^j t}$ 和 S_{Ft} 的标准差。Hall 和 McDermott(2007)将式(2－24)进一步简化为：

$$E[(S_{c^j t}-\mu_{S_{c^j t}})(S_{Ft}-\mu_{S_{Ft}})-\kappa]=0 \qquad (2-25)$$

通过检验 κ 是否为 0 的统计量来给出 $\hat{I}^{j}$ 为 0 的拒绝概率。①

2.4.2 结果分析

首先，根据式(2－19)至式(2－22)，我们计算得到基于年度和月度数据的公因子 F 和载荷矩阵 $\gamma(L)$ 及其 T 统计量。图 2—1a 是年度公因子和基于全国加总数据合成指数的 HP 滤波值，图 2—1b 是月度公因子和基于全国加总数据合成指数的 CF 滤波值，显然，本书估算的共同因子所呈现的周期性行为基本上捕获了全国经济合成指数的波动特点。

① 在 GMM 估计中，我们使用 HAC 加权矩阵，保证估计结果对未知形式的异方差和自相关的稳健性。遵循 Hall 和 McDermott(2007)，我们使用 Bartlett 核，带宽的确定依据 Newey-West 公式。

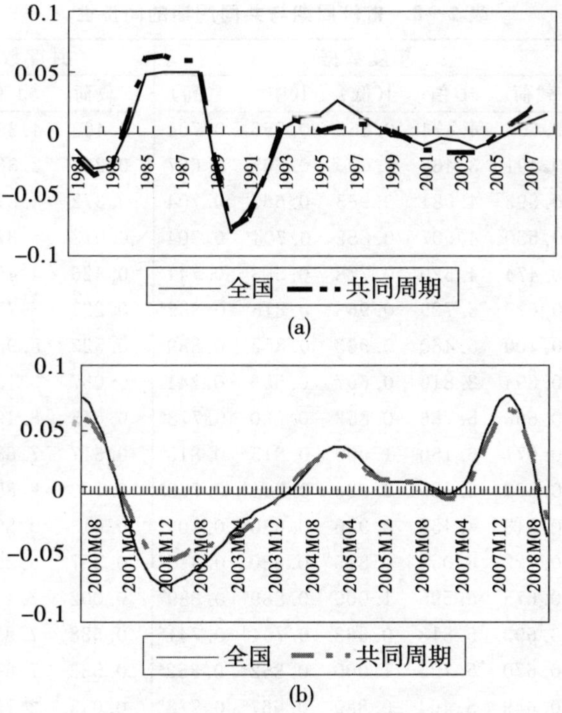

图 2—1　公因子的滤波结果

2.4.2.1　年度分析

动态因子模型估算的载荷矩阵给出了省份经济周期和共同周期成分之间的关系。从年度数据来看，所有省份的载荷系数为正，除西藏之外，其余省份均通过了1%的显著性水平检验（见表2—8），因此，各省份与共同周期演进方向是一致的。从关系的紧密性来看，各省份载荷系数的中位数为0.64，均值为0.60，整体而言，紧密度较高。除了西藏的关系偏弱之外，省份之间的差异并不明显，黑龙江、内蒙古、天津的载荷系数数值相对较小，福建、广西、吉林和辽宁的载荷系数数值相对较大，因此，前者与共同周期的紧密度低于后者。

表 2—8 省份周期与共同周期的同步性

	年度数据					月度数据		
	载荷	T值	I(低)	I(中)	I(高)	载荷	T值	I
北京	0.536	4.474	0.852	0.556	0.704	0.400	4.357	0.683
天津	0.491	3.469	1.000	0.667	0.667	0.243	2.367	0.822[a]
河北	0.593	4.981	0.963	0.667	0.704	0.372	3.872	0.881[a]
山西	0.530	4.507	0.852	0.704[a]	0.704	0.072	5.378	0.703
内蒙古	0.474	4.520	0.778	0.593	0.741	0.426	4.490	0.594
辽宁	0.629	5.729	0.963	0.815[a]	0.852[a]	0.222	3.716	0.733[b]
吉林	0.700	6.480	0.963	0.852[a]	0.889[c]	0.523	5.981	0.693[c]
黑龙江	0.394	2.810	0.667	0.556	0.741	−0.037	−3.136	0.723[d]
上海	0.666	5.786	0.852	0.630	0.778[d]	0.655	8.494	0.782[b]
江苏	0.671	6.150	1.000	0.815[a]	0.815[a]	0.317	7.632	0.851[a]
浙江	0.669	5.580	0.926	0.704[d]	0.778[d]	0.790	9.858	0.891[a]
安徽	0.513	4.438	0.926	0.630[c]	0.704[a]	0.013	0.898	0.663
福建	0.722	6.053	0.815	0.630	0.815[d]	0.357	5.299	0.693
江西	0.675	6.595	1.000	0.889[a]	0.889[b]	0.002	2.450	0.733[c]
山东	0.693	5.813	0.963	0.704[d]	0.741[d]	0.588	7.933	0.881[a]
河南	0.670	5.735	1.000	0.852[a]	0.852[a]	0.532	7.642	0.703[d]
湖北	0.649	5.464	0.889	0.667[c]	0.778[b]	0.045	2.757	0.673[d]
湖南	0.550	4.925	0.926	0.778[c]	0.852	0.166	4.217	0.743[d]
广东	0.641	4.507	1.000	0.741[c]	0.741	0.362	5.829	0.604
广西	0.707	6.384	1.000	0.926[a]	0.926[a]	0.491	5.278	0.782[a]
海南	0.519	4.196	0.963	0.778[a]	0.815[a]	0.174	1.721	0.446
重庆			0.741	0.630	0.815[a]	0.309	2.930	0.564
四川			0.926	0.630[b]	0.704[a]	0.306	3.727	0.703[d]
贵州	0.617	5.751	0.778	0.704[a]	0.852[a]	0.478	5.566	0.743[c]
云南	0.641	5.373	0.889	0.815[a]	0.852[a]	0.354	4.429	0.594
西藏	0.147	1.061	0.852	0.667	0.741			
陕西	0.683	5.389	0.741	0.630	0.741[d]	−0.009	−0.289	0.584
甘肃	0.666	6.114	1.000	0.667[b]	0.667[b]	0.194	1.827	0.545
青海	0.635	5.645	0.963	0.741[b]	0.778[b]	0.272	5.334	0.693[c]
宁夏	0.661	5.726	1.000	0.704[b]	0.704[c]	0.033	0.653	0.574

新疆	0.541	4.310	0.852	0.630[c]	0.778[a]	−0.033	−0.524	0.446
均值	0.596	5.102	0.904	0.708	0.778	0.287	4.023	0.691
中位数	0.641	5.464	0.926	0.704	0.778	0.307	4.287	0.698
变异系数	0.200	0.234	0.103	0.136	0.090	0.763	0.718	0.168

注:I(低)、I(中)和 I(高)分别表示低速、中速和高速增长区制的一致指数;a、b、c 和 d 分别表示一致指数通过 1%、5%、10%和 15%的显著性水平检验。

根据表 2—8,从一致指数来看,就低速增长区制而言,各省份与共同周期的同步性很高,基本上在 0.85 以上,均值达到 0.9,即两个序列 90%以上的时间处于同一周期阶段,1/3 省份与共同周期完全同步。[①] 就中速增长区制而言,一致指数相对较低,均值为 0.71,即平均来说,各省份 71%的时间和共同周期成分处于同一周期阶段。其中,广西、江西、河南、吉林与共同周期的一致指数最高,在 0.85 以上,而北京、黑龙江、内蒙古的一致指数最低,在 0.6 以下。共有 20 个省份通过了 GMM 估计的 15%以上的显著性水平检验。就高速增长区制而言,一致指数高于中速增长区制,均值为 0.78,即平均而言,各省份 78%的时间和共同周期成分处于同一周期阶段。省份间的差异也较为明显,广西、吉林、江西等省份与共同周期的一致指数最高,在 0.89 以上,而天津相对较低,不到 0.7。从 GMM 估计结果来看,通过 15%以上显著性水平检验的省份有 22 个,即上述省份与共同周期的同步性得到统计意义上的支持,主要是华北地区未通过相应的检验。需要指出的是,尽管西藏与共同周期的一致指数居于中间水平,但是,无法通过相应的统计检验。

① 因为基于低速增长区制构建的周期个数偏少,无法进行相应的统计检验。

2.4.2.2 月度分析

根据表 2—8,就月度数据而言,90%以上的省份载荷系数矩阵为正,只有黑龙江、陕西和新疆三个省份的系数为负,均值为0.29,基于月度数据的省份载荷系数的差异明显,变异系数为0.76。具体来看,浙江省的载荷系数值最大,为 0.79,上海、山东次之,除了三个系数为负的省份之外,江西、安徽、宁夏、湖北、山西等省份的载荷系数也偏低,而且,陕西、新疆、宁夏以及安徽的系数无法通过10%以上显著性水平的检验,上述省份经济波动的异质性成分突出。从三大地带来看,东部地区省份的载荷系数均为正,且通过10%以上显著性水平检验,均值为 0.41,远高于中部和西部地区。中部地区除了河南、吉林之外,其余省份的异质性成分非常突出,其均值低于西部地区。而在西部地区中,西南地区以及内蒙古与共同周期的载荷系数相对较高,西北地区普遍偏低。

从一致指数来看,各省份与共同周期的一致指数的均值为0.69,即平均而言,各省份 69%的样本期与共同周期处于同一周期阶段。其中,浙江、河北、山东和江苏等沿海省份的一致指数最高,在 0.85 以上,即上述省份至少有 85%的时间和共同周期处于同一周期阶段,而新疆、海南、甘肃、重庆、宁夏、陕西、云南、内蒙古等中西部省份的一致指数偏低,在 0.6 以下。根据 GMM 估计结果,共有 16 个省份通过了 15%以上的显著性水平检验。从三大地带来看,东部地区的平均水平最高,中部次之,西部最低。

2.4.2.3 基于年度数据和月度数据的比较

首先,从平均同步性水平来看,基于年度数据的省份载荷系数和一致指数明显高于月度数据,因此,随着数据频率的提高,同步性水平将下降,这和已有的关于美国的经验研究是一致的。

其次，基于月度数据的载荷系数的省份差异明显大于年度数据，前者的分布区间在－0.04到0.79之间，而后者的分布区间在0.15到0.72之间，就变异系数而言，前者是后者的3.82倍。月度一致指数的省份变异系数分别是年度三类一致指数的1.65、1.19和1.75倍。因此，基于月度数据的省份间经济周期同步性差异程度高于年度数据。

第三，从年度数据来看，省份与共同周期的相关性并不存在三大地带上的差异；但是，就月度数据而言，平均来说，东部地区与共同周期的同步性明显高于中西部地区。因此，一方面，随着数据频率的提高，中西部地区与共同周期同步性下降的幅度高于东部地区；另一方面，年度数据的样本期为1981—2008年，而月度数据的样本期为2000—2008年，因此，从时序上来说，可能存在这样一种趋势：东部地区对共同周期的影响力度处于提升态势[①]，这和上文的Banerji检验结果相吻合，比如广东、上海、江苏经济周期的变化引导了全国周期变化。

2.4.2.4　同步性的省份差异和省份特征

最后，我们利用相关系数法系统分析同步性的省份差异和省份特征之间的关系，省份特征具体包括工业增加值、进出口总额以及地方财政支出占各省GDP的比重和各省份人均GDP相对于上海人均GDP的比值。另外，考虑到此处分析的是省份与共同周期之间的关系，我们引入省份GDP总量占国家GDP的份额，用来衡量相应省份经济对国家经济的贡献。

就年度数据而言，三个区制的一致指数和上述省份特征之间

① 本书第四章的分析结果可以对这一问题作一定程度的解释。

的相关性水平很低，难以通过10%以上的显著性水平检验，因此，一致指数的区域分布和上述省份特征之间并没有密切关系。不过，省份载荷系数和地方财政支出比重、工业比重以及各省GDP总量占国家GDP的份额的相关性较高，相关系数分别为－0.64、0.39和0.33，分别通过了1%、5%和10%以上的显著性水平检验。因而，地方政府对经济影响力越强的省份，经济异质性成分的重要性越突出，而工业比重较高的省份以及GDP比重高的省份，与共同周期的同步性越高。

就月度数据而言，载荷系数和开放度、相对人均GDP以及GDP份额呈正相关，相关系数分别为0.35、0.43和0.41，分别通过了5%、1%和1%的显著性水平检验，因此，平均而言，对外开放水平、人均GDP以及GDP比重高的省份，与月度共同周期的同步性水平也越高。一致指数和地方财政支出比重负相关，与工业比重、相对人均GDP、GDP比重呈正相关，相关系数分别为－0.49、0.60、0.35和0.51，分别通过了1%、1%、5%和1%以上的显著性水平检验，这意味着地方政府对经济影响力越强、工业化水平越低、人均GDP和GDP比重越小的省份，同步性水平越低。

显然，年度数据的省份同步性差异与省份特征的关系强度不如月度数据，这在一定程度上表明，从时序上来看，这种差异越来越系统化，除产业结构、地方政府控制强度等因素之外，经济发展水平、对外开放等特征的重要性开始凸显。

2.5 本章小结

本章从宏观经济变量的协动性和经济周期演进的非线性这两

个现代经济周期理论最关注的特征出发,给出中国各省份经济周期的总体特征。我们利用动态因子模型构建了中国省份年度合成指数(1981—2008)和月度合成指数(2000M5—2008M12),并分别用马尔科夫区制转换模型和 BB 算法给出年度周期拐点和月度周期拐点以及相应的经济周期特征,最后利用动态因子模型和一致指数给出省份经济周期和共同周期同步性的正式分析。

就年度数据而言,首先,1994 年之前,各省份经济波动的区制转换频繁,而 1994 年之后,随着市场经济体系和宏观调控体系的完善,经济波动的区制转换趋于缓和,基本上没有低速增长区制,以中速和高速增长区制为主,且持续期较长。总体而言,省份的区制转换频率高于国家加总数据。其次,省份各区制自我持续性强于区制间的转移,中速和高速增长区制的持续性高于低速增长区制。第三,大部分省份与全国经济的区制转换具有一定的同步性,低速增长区制的同步性最高,结合载荷系数和一致指数及其检验,除西藏、黑龙江之外,华北地区与共同周期的同步性水平相对较低。2004 年之后的经济过热主要体现在中西部地区,东部地区除了天津、河北和江苏之外,并没有进入高速增长区制。最后,上述经济周期特征存在一定程度的省份差异,根据相关系数分析结果,地方政府影响力较强的省份,高速增长区制的经济过热程度越高,低速增长区制的经济下滑幅度越大,经济增长出现急剧下滑的可能性也越大,且保持持续高速增长的可能性越弱,不过也容易摆脱低速增长区制。工业化水平高的省份,低速增长区制的增速下滑幅度相对较小,高速增长区制中的经济过热幅度相对较低,其经济从高速向低速区制突变的可能性更小,不过,其低速增长区制的自我持续概率也较高。因此,地方财政支出比重大的省份,经济稳定性较弱，而工业化水平高的省份，经济波动幅度相对较小，发达地区中速增长率较高。而且，工业比重越高、地方财政支出比重越小、经济份额越高的省份，与共同周期的同步性也越高。

就月度数据而言，首先，大部分省份的周期个数多于全国水平，尤其是在2003—2006年间，中西部省份的周期阶段转变较为频繁。这和该阶段宏观经济政策方向转变较为频繁以及这些地区的自身特征密切相关。省份经济的稳定性弱于全国水平，只有江西、湖南、广东、四川四省的经济波动稳定性高于全国平均水平。其次，平均而言，省份扩张期的经济上升幅度和持续期要大于衰退期的经济下降幅度和持续期。第三，东南省份的经济周期变化领先于全国水平，而部分中西部地区则滞后于全国水平。从载荷系数和一致指数及其检验来看，绝大多数省份与共同周期的同步性较高，东部地区的平均水平最高，中西部地区相对较低。依据月度数据计算的同步性水平低于年度数据，省份差异明显大于年度数据，东部地区对共同周期的影响力度处于提升态势。最后，根据相关系数分析，经济发展水平越高、对外开放水平越高以及地方政府财政影响力越弱的省份，一个完整的经济周期的持续期也越长。经济越发达的省份，降幅越大，且升幅也越大，不过，工业比重较高的省份，降幅相对较小，对外开放程度越高的省份，升幅相对较大。因此，在2000—2008年间，工业比重、对外开放水平高、地方财政支出比重小的经济发达省份，经济周期的持续期相对较长，不过波幅也相对较大，所以，难以确定平稳性和省份特征之间的关系。从同步性来看，地方政府对经济的影响力越弱、工业比重越高、人均GDP和GDP比重越大的省份，与共同周期的同步性水平也越高。

综上所述，根据各省份合成指数的分析，我国省份经济周期的同步性水平较高,但是,部分省份经济在周期拐点、波幅、经济周期阶段持续期等方面存在一定程度的差异,而且这种差异具有一定的系统性,与产业结构、政府控制强度、对外开放度和经济发展水平等省份特征密切相关,这种差异的系统性呈强化趋势。所以,我们很有必要从产业结构、对外开放水平、市场化以及财政政策等多种视角出发,对我国区域经济周期的特征做进一步深入分析。

第3章 区域产业周期:基于贝叶斯潜在多动态因子模型的分析

上一章从总体经济视角出发,分析了我国区域经济周期的总体特征。显然,中国区域经济差异明显,区域经济周期特征复杂,单纯从总体视角无法全面深刻地揭示出我国区域经济波动的特征,还需要从不同的角度,结合中国工业化、市场化、国际化的背景,进行细化、深入的分析。

在区域经济周期形成和区域经济周期差异的分析中,产业结构特征是重要且稳健的因素。根据前文的分析,省份工业化水平的差异与各省份总体经济周期的持续期、波幅、稳定性等特征以及经济周期的省份同步性密切相关;而且,中国作为发展中国家,工业化进程不断深入,工业化主导的产业结构的调整也是中国改革开放以来的重要内容;此外,从统计上来看,三次产业增加值是基于生产角度进行核算的,因而以三次产业增加值为数据对产业经济周期的研究,实际上是从供给的角度去理解区域经济周期特征。所以,我们很有必要从产业结构视角出发,分析我国各省份产业经济周期的特征以及与省份总体经济特征的关系,这对于获取中国区域经济周期的基本事实、理解中国区域经济周期的形成以及差异影响因素,有着积极的意义。

本章以1979—2008年间我国省份三次产业的实际增长率为

基础,利用贝叶斯潜在多动态因子模型估算出基于产业视角的省份经济周期的多动态因子,将三次产业的实际产出波动分解为全国、区域、省份以及异质性成分。本章的结构安排如下:第一部分是贝叶斯潜在多动态因子模型的设定和估算以及数据的说明;第二部分是利用三区制的马尔科夫区制转换模型对估算出的全国动态因子特征进行分析,并利用时变相关系数讨论区域动态因子的动态演变特征;第三部分是利用方差分解方法分析各种动态因子对各省份三次产业实际产出波动的相对贡献,并利用核密度估计其分布,利用回归分析探究动态因素的相对重要性和省份经济特征之间的关系;第四部分是根据三次产业和GDP之间的关系,估算了全国动态因子、区域动态因子和省份异质性因素对各省份总产出波动的影响,并分析可能存在的差异性与省份特征之间的关系;第五部分是结论。

3.1 方法及数据说明

在国家加总层面,Lilien(1982)、Long 和 Plosser(1987)等发现部门冲击是造成经济波动的主要原因之一,部门经济波动的差异非常明显(Carlino and DeFina,2004)。因此,特定产业冲击的存在,区域间产业结构的差异会导致各区域异质性经济周期的形成(Krugman,1993)。Clark 和 Shin(2000)利用 Disaggregate VAR/Facor 模型,使用分区域分产业数据,根据各类冲击的结构特征,把基于VAR估算的经济冲击分解为共同冲击、区域特定冲击、产业特定冲击和异质性冲击,发现美国区域就业波动20%—30%的预测误差方差和区域产业结构的差异有关。但目前很少有研究从产业的视角分析中国区域经济周期。

3.1.1 具体模型选择和设定

在我国已有的研究中,刘树成等(1991)和孙天琦(2004b)利用简单相关系数分析了各省份工业产出以及第一、第二、第三次产业产出与全国相关指标的同步性。但是,这种将不同的产业分割开来进行分析的方法,忽略了产业之间存在的相互关系;而且,相关系数只能给出同步性的解释,无法考虑到经济周期波幅方面的信息,也难以给出不同区域层级对各产业周期性波动的影响,比如将省份特定产业的经济波动分解成为全国、区域、省份等不同区域层级的影响,这种分解为宏观政策具体细化到哪一级区域层面提供重要的参考依据。

而 Clark 和 Shin(2000)的模型以 VAR 技术为基础,其缺陷在于对样本量的要求较高,因而限制了对更低层次区域的分析;而且,根据该模型对共同、区域和产业冲击之间独立性假定的限制,将导致该度量结果实际上给出区域特定冲击重要性的下界(Clark and Shin,2000),如果区域 r 的特定冲击通过传导影响区域 s,比如对于低频的年度数据而言,这种传导很有可能在即期内实现,这种冲击传导在核算中则被划分为共同冲击,因而可能存在低估区域特定冲击重要性的问题。最后,在宏观数据样本量有限的情形下,估算结果对模型的设定(如滞后阶数的确定)可能比较敏感,结论的稳健性有待提升。

Kose,et. al.(2003)提出基于吉本斯抽样估算的贝叶斯潜在多动态因子模型,提供了一个基于大截面数据同时估计多种类型协动性的分析框架。该模型突出的优点在于能够有效处理大截面数据，并能提取不同加总层次的动态因子，从而有效地弥补已有研究方法的不足。

基于贝叶斯潜在多动态因子模型的优势，我们以此为基础构建我国省份产业经济周期的计量模型。本书以各省份的第一、第二、第三次产业实际产出波动为研究对象，剔除港澳台之后共 31 个省份，划分为东部、东北、中部和西部四大板块①，共有 93 个时间序列，时间跨度为 30 年，用 y_{it} 表示，$i=1,\cdots 3\times 31$，$t=1,\cdots,30$。我们试图用三个层次的潜在动态因子刻画上述时间序列的协动性。首先是单一的全国动态因子 F_t^N，可以捕获全国所有省份三次产业实际产出波动变量之间的协动性；其次是四个区域动态因子 $F_{r,t}^R$，$r=1,2,3,4$，用以刻画各板块内部所有省份三次产业实际产出波动的协动性；第三个层次是 31 个省份动态因子 $F_{p,t}^P$，$p=1,\cdots,31$，可以捕获各省份内部三次产业实际产出波动的协动性。因此，变量 y_{it} 可以表达为：

$$y_{it}=a_i+b_i^N F_t^N+b_i^R F_{r,t}^R+b_i^P F_{p,t}^P+\varepsilon_{it};E\varepsilon_{it}\varepsilon_{jt-s}=0,\text{当 } i\neq j \text{ 时。} \tag{3-1}$$

其中，系数 b_i^j（j=N，R，P）是因子载荷，反映了各动态因子对 y_{it} 变动的解释程度。误差项 ε_{it} 可以理解为特定省份产业的异质性因素，假定其正态分布，但可能遵循 q 阶自回归过程，

$$\varepsilon_{it}=\phi_{i1}\varepsilon_{it-1}+\cdots+\phi_{iq}\varepsilon_{it-q}+u_{it};$$

$$\text{当 } i=j \text{ 且 } s=0 \text{ 时，} Eu_{it}u_{jt-s}=\sigma_i^2;\text{其余情况下，}Eu_{it}u_{jt-s}=0。 \tag{3-2}$$

① 东部地区：北京、天津、河北、山东、江苏、上海、浙江、福建、广东、海南；东北地区：黑龙江、吉林、辽宁；中部地区：山西、河南、湖北、湖南、江西、安徽；西部地区：四川、内蒙古、重庆、云南、贵州、广西、西藏、陕西、甘肃、青海、宁夏、新疆。

我们进一步假定各动态因子遵循 h 阶自回归过程，

$$F_{k,t}=\phi_{Fk,1}F_{k,t-1}+\cdots+\phi_{Fk,h}F_{k,t-h}+u_{Fk,t};$$

$$\mathrm{E}u_{Fk,t}u_{Fk,t-s}=\sigma_{Fk}^{2},\mathrm{E}u_{Fk,t}u_{i,t-s}=0,\text{对于所有 } k,i \text{ 和 } s。\tag{3—3}$$

假定所有的 u_{it} 和 $u_{Fk,t}$ 为零均值且不相关的正态随机变量。式(3—1)至式(3—3)构成了省份产业经济周期的多动态因子模型。遵循 Kose, et. al. (2003)和郭庆旺、贾俊雪(2005)的做法，我们将上海的第二产业实际产出方程中的全国动态因子系数设定为正值以识别全国动态因子，将每个区域中第一个省份第二产业实际产出方程中的区域动态因子系数设定为正值，以识别区域动态因子①；并将各省份第二产业实际产出方程中的省份动态因素设为正值，识别省份动态因子。而关于刻度的识别，我们将 σ_{Fk}^{2} 设定为常数。

3.1.2 模型的估算和数据说明

考虑到本模型需要估算 36 个动态因子和 759 个参数(ε_{it} 和 $F_{k,t}$ 遵循三阶自回归)，基于 EM 算法通过卡尔曼滤波给出模型的最大似然估计是无法实现的，因此本书利用基于贝叶斯分析范畴的吉本斯抽样，采取马尔科夫链蒙特卡罗模拟技术(MCMC)来解决这一问题。核心的估算过程如下，首先是基于给定参数和因子的初始赋值，抽样出基于因子的模型参数后验分布；然后基于参数

① 东部地区为上海，东北地区为辽宁，中部地区为河南，西部地区为四川，除上海之外，各省份都是本区域经济规模最大的。为了验证结果的稳健性，我们改为选择广东这一经济规模最大的省份，估算结果基本保持不变。

和区域、省份因子抽样出全国动态因子的后验分布;再基于全国因子和某一区域省份因子抽样出各区域因子的后验分布;最后,通过基于全国和区域因子抽样出各省份动态因子的后验分布,完成一次 MCMC 过程。[①] 在具体的估算过程中,根据比较研究,我们选择 $q=h=3$;采用正态分布 $N(0,1)$ 以及 $N(0,\Sigma)$ 分别作为各动态因子和自回归系数的先验分布,其中 $\Sigma=\begin{pmatrix}1 & 0 & 0\\ 0 & 0.5 & 0\\ 0 & 0 & 0.25\end{pmatrix}$。显然,关于 Σ 的这一设定可以确保增长不存在序列相关以及滞后多项式的平稳性。本书遵循 Otrok 和 Whiteman(1998)的做法,式(3－1)中新息方差的先验设定采用逆 Gamma(6,0.001)分布。最后,关于马尔科夫链的收敛性,我们通过采取不同初值和不同的抽样次数(6000—21000),确保得到估算结果一致。本书结果是 21000 次的抽样结果(舍弃前 1000 次结果)。为了验证结果的稳健性,我们在估算中尝试不同的先验设定、不同的初值设定以及更多的抽样次数,表明估算结果是稳健的。

本书使用年度数据,样本跨度为 1979—2008 年。其中 1979—2007 年各省份第一、第二、第三次产业产出增长率的数据来自于各省份 2008 年统计年鉴;2008 年的数据则来自于各省份的统计公报。同时,我们对各序列作了去均值化处理。这样,一方面保证各序列的平稳性,另一方面,基于增长率的估算,可以避免规模差别对估算结果的影响。

---

① 详细可参见 Kose,et. al.(2003)。

3.2　动态因子的特征分析

在本部分我们讨论基于上述模型估算的全国和区域动态因子(共同周期)的特征。

3.2.1 全国动态因子

根据估算结果,我们得到图 3—1 实线所示的全国动态因子的中位数,虚线部分分别为 1/3 和 2/3 分位数,显然三条曲线非常接近,表明我们对全国动态因子的估计是较为精确的。直观而言,基于各省份三次产业实际产出波动的全国动态因子很好地反映了 1979—2008 年间我国宏观经济波动的状态,我们选择马尔科夫区制转换模型量化全国动态因子的基本特征。

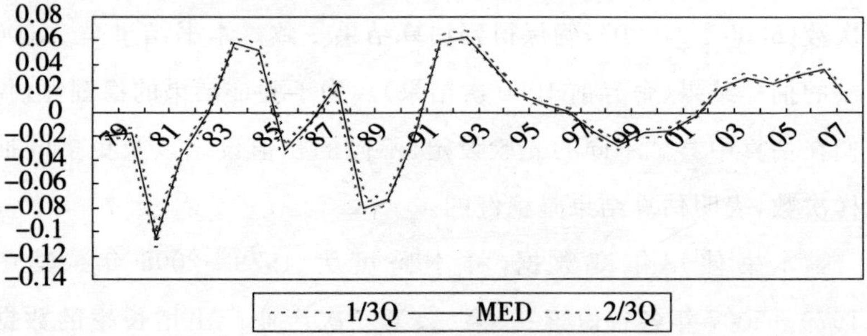

图 3—1　全国动态因子

根据 Giratdin(2005)和陈浪南、刘宏伟(2007)的研究,本书将经济增长划分为三个不同的区制状态,并允许各区制内的截距不同,考虑到有限样本量的限制、结合 AIC 信息以及拟合结果(见图 3—2 第一个图),我们选择 MSI(3)－AR(0)模型[①],利用基于 EM

① 事实上,滞后阶数为 0 时,MSI(3)－AR(0)等同于 MSM(3)(Krolzig,1997)。

算法的最大似然估计给出估算结果(见表 3—1)。

表 3—1　全国动态因子的马尔科夫区制转换模型的估算结果

参数	估计值	参数	估计值	参数	估计值	参数	估计值	参数	估计值
ν_1	−0.086	P_{11}	0.268	P_{21}	0.080	P_{31}	0.068	AIC	−3.497
ν_2	−0.013	P_{12}	0.732	P_{22}	0.658	P_{32}	0.214	HQ	−3.348
ν_3	0.036	P_{13}	0.000	P_{23}	0.262	P_{33}	0.718	SC	−3.030
σ	0.016	似然值	62.45	LR	17.14				

根据 ν_i 的值,我们可以将三个区制定义为低速增长期、中速增长期和高速增长期。根据转移概率 P_{ij} 的估算值,可以讨论全国动态因子的持续性和非对称性问题。从各区制自身的持续概率(P_{ii})来看,呈高速区制向低速区制递减,其中,高速区制和中速区制的持续性较高,分别在 71.8%和 65.8%的概率上维持自身区制,而低速区制自身的持续概率较低,表 3－2 中各区制的持续期的差异更直观地体现了这一现象。从区制间转移来看,低速区制向中速区制转移的概率达到 73.2%,但是基本上不存在向高速区制转移的可能性;不过,存在高速区制向低速区制以及中速区制向低速区制转移的可能性,但这种可能性低于高速区制和中速区制间的转移。因此,我们估算的全国动态因子具有一般经济周期明显的持续性和非对称性特征,而且与陈浪南、刘宏伟(2007)基于季度 GDP 数据的估计结果比较来看,结论基本一致。

表 3—2　基于全国动态因子的马尔科夫区制转换模型的周期识别

	低速增长区制	中速增长区制	高速增长区制
时期	1981—1981; 1989—1990;	1979—1980;1982—1983; 1986—1987;1991—1991; 1996— 2002	1984—1985;1988—1988; 1992—1995;2003—2008
持续期	1.37 年	2.92 年	3.55 年
占比	9.2%	47.1%	43.7%

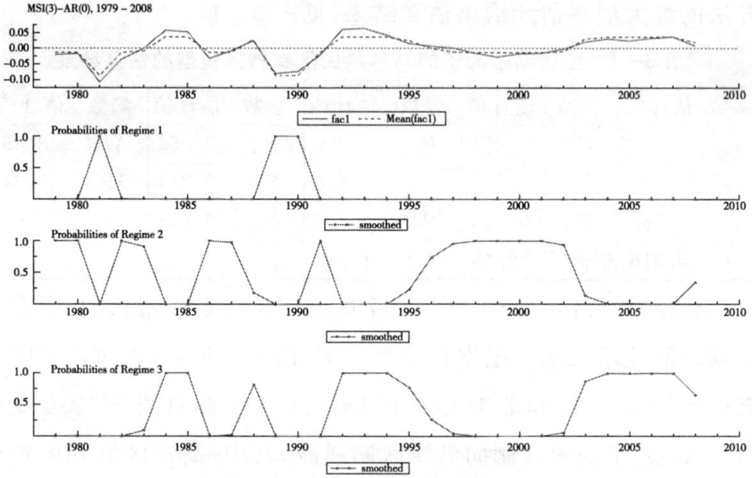

图 3—2　各区制的平滑概率

根据各参数估算值，我们在图 3—2 中给出各区制的平滑概率，概率越大，表明经济处于该区制的可能性越大。基于平滑概率，我们在表 3—2 中给出了周期识别结果。我国在 1981 和 1989—1990 年间经历了低速增长期；并分别在 1984—1985、1988、1992—1995 和 2003—2008 年期间经历了高速增长期；其余年份则处于中速增长期。就这一周期划分结果而言，基本上和陈浪南、刘宏伟(2007)是一致的。[①] 中速和高速区制的比重总计达到 90%以上，这是支撑我国经济长期以较高速度增长的基础。而且，从 2008 年的平滑概率来看，高速增长区制的概率明显下降，相应地中速区制的概率明显上升，很好地刻画了近期中国经济受到全球金融危机影响而增速放

① 这一结果与第二章基于全国合成指数的拐点识别结果也很接近，不过在 2000 年以后的扩张期拐点确定上有差别。造成这一差别的原因在于，从分省份来看，中部、西部地区，尤其是西部地区在 2003 年以后相继进入高速增长区制，而东部地区则长期处于中速区制，全国合成指数是基于全国加总数据计算而得，东南沿海地区所占份额较大，进而影响亦较大，从而减缓了全国经济进入高速增长区制的进程，而本章估算的全国动态因子赋予各省份相同的权重，因此，降低了东南沿海地区的负向作用。

缓的状态。因此，本章基于各省份三次产业实际产出波动数据，利用多动态因子模型估算的全国动态因子能够很好地刻画我国经济周期的基本特征，这进一步表明该模型适宜于本书的分析。

3.2.2 区域动态因子

图 3—3 给出了根据各省份三次产业实际产出波动估算的各区域动态因子。四大区域动态因子的自相关系数并不显著，因此，就年度数据而言，区域动态因子的持续性水平很低。而全国动态因子的自相关系数则高达 0.48，所以，相对于全国因子而言，区域动态因子主要刻画高频经济波动的特征。根据动态因子的标准差以及图 3—3 的直观显示，各地区在 20 世纪 90 年代中期以后的波动幅度明显降低，和中国整体经济波动趋缓相对应，其中，东北动态因子的波动最大，中部地区次之，东部地区最低。从前几轮经济波动来看，东部地区动态因子的波峰和波谷均高于中西部地区，东北地区动态因子则呈现较大幅度的起伏，且谷底偏低，这一动态变化对应于中国区域差距进一步扩大的现象。最近一轮的经济扩张期（2003—2008）是中国再次重工业化的过程，资源型产业具有一定优势和重化工业发展具有一定基础的东北、中部和西部地区的经济增长速度明显提升，区域相对差距有所缩小，本书估算的上述三个区域的动态因子运行位势高于东部地区。因此，本书估算的区域动态因子在一定程度上刻画了各区域经济波动的特点，符合基本的经济事实。

我们利用基于卡尔曼滤波的时变参数模型（Time-Varying Parameters Models）估算各区域与全国因子相关系数的时间路径。根据相关系数的定义，$\rho_{x,y}=\mathrm{cov}(x,y)/(\sigma_x\sigma_y)$，并假定相关系数遵循一个随机游走过程，得到如下的状态空间模型：

$$F_{r,t}^{R}/\sigma_r=\beta_0/\sigma_r+\rho_{r,N}F_t^{N}/\sigma_N+\xi_{rt} \tag{3-4}$$

$$\rho_{r,N}(t)=\rho_{r,N}(t-1)+\upsilon_{rt} \tag{3-5}$$

其中，$\rho_{r,N}(t)$表示区域动态因子与全国动态因子的时变相关系数，σ_r 和σ_N 表示各区域动态因子与全国动态因子的标准差，ξ_{rt} 和υ_{rt}为零均值的正态随机变量，估算结果见图 3—4a。剔除全国性以及省份特定性影响之后，各区域与全国因子相关系数的动态演变经历了先增后减的过程①，从初始的负相关提高到 1994 年的较高水平的正相关，然后呈现下降趋势。这一动态演变路径可能和财政分权改革相关。张文彬和童笛（2009a）的研究表明，尽管 1994 年的财政体制改革后地方财政支出的逆周期性提高，但是各地区平抑异质性波动的财政支出能力下降，可能导致区域波动（剔除全国性影响之后）趋异。同时，类似于式（3—4）和式（3—5）构成的状态空间模型，各区域间的时变相关系数估算结果见图 3—4b。各区域动态因子间的相关系数高于其与全国因子的相关系数，但是相关性呈下降趋势，即区域动态因子的同步性不断下降，不同区域逐渐呈现出不同的产出波动。区域动态因子波动的趋异现象可能需要引起宏观政策调控的重视，不过，这本身也可能是中央政府在需求冲击层面上“区域协调”的政策效果（张文彬、童笛，2009b），比如面对 1997—2003 年间的紧缩性冲击，中央政府的扩张性政策明显偏向于东北和西部地区。

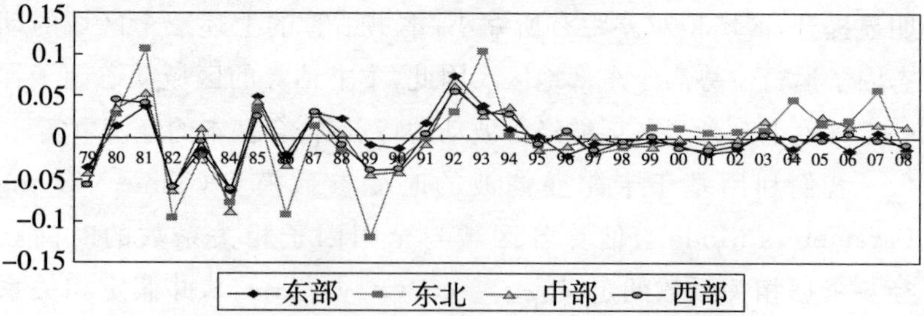

图 3—3 四大板块区域动态因子估算值

① 东北地区除外，其与全国因子的同步性在 1994 年下降后又于 2001 年逐步回升。

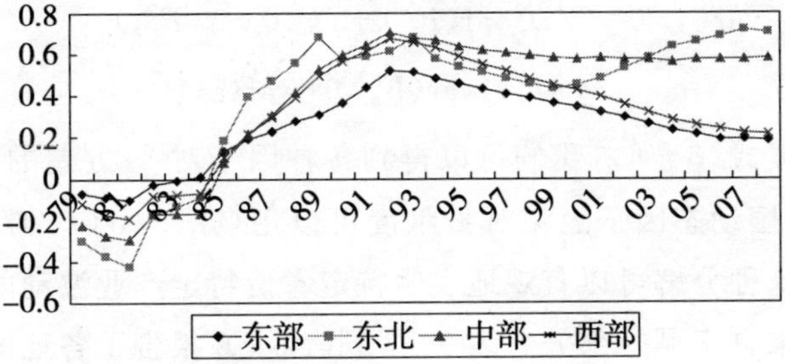

a

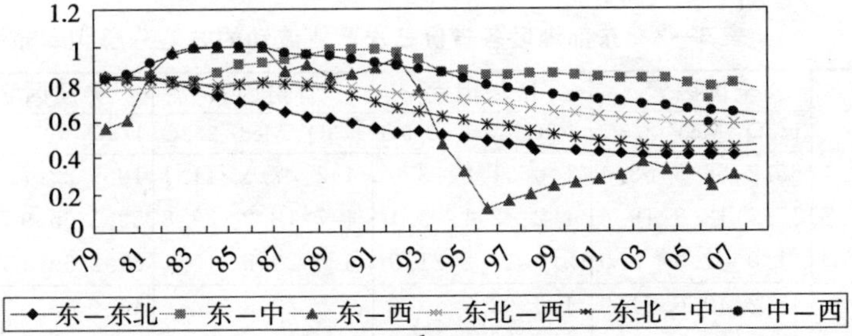

b

图 3—4　各区域间及与全国因子相关系数的动态演变

3.3　省份三次产业实际产出波动的方差分解及分析

全国、区域以及省份动态因子对各省份三次产业实际产出波动影响的相对重要性,是本书重点关注的内容。

3.3.1 产出波动的方差分解

根据式(3－1)以及各因子、异质性因素之间的正交性,我们将各观测变量 y_{it} 的方差 var(y_{it})分解为如式(3－6)所示的全国性、区域性、省份和异质性四个部分。

$$\mathrm{var}(y_{it})=(b_i^{\mathrm{N}})^2\mathrm{var}(F_t^{\mathrm{N}})+(b_i^{\mathrm{R}})^2\mathrm{var}(F_{r,t}^{\mathrm{R}})$$
$$+(b_i^{\mathrm{P}})^2\mathrm{var}(F_{p,t}^{\mathrm{P}})+\mathrm{var}(\varepsilon_{it}) \qquad (3-6)$$

根据式(3－6),我们可以得到各种因子对 y_{it} 方差的贡献度,比如,全国动态因子的相对贡献度可以用$(b_i^{\mathrm{N}})^2\mathrm{var}(F_t^{\mathrm{N}})/\mathrm{var}(y_{it})$表示。这种分解可以直观地表明特定省份特定产业波动的主要驱动力量来自于哪一部分。表 3—3 到表 3—6 报告了各地区的方差分解结果。

表 3—3 东部地区各省份三次产业波动的方差分解 (单位:%)

		全国因素			区域因素			省份因素			异质因素		
		1/3Q	Med	2/3Q	1/3Q	Med	2/3Q	1/3Q	Med	2/3Q	1/3Q	Med	2/3Q
上海	二	65.2	66.8	68.4	1.0	1.8	3.0	4.2	7.4	11.1	18.9	22.7	26.1
	三	17.9	18.8	19.8	1.2	2.1	3.1	4.7	12.2	25.8	52.1	65.9	73.6
	一	1.0	1.5	2.0	12.9	17.2	21.9	5.0	9.5	15.1	61.9	69.1	75.4
北京	二	48.2	49.6	51.0	1.6	2.5	3.6	0.9	2.3	5.0	40.9	43.8	46.1
	三	10.3	11.3	12.3	2.4	3.8	5.5	2.1	5.3	11.9	70.1	77.2	81.6
	一	9.8	10.9	12.0	10.3	13.3	16.6	5.7	13.4	24.1	49.8	59.6	67.2
天津	二	44.3	45.9	47.5	1.5	2.7	4.2	19.3	25.7	30.8	18.9	24.2	31.4
	三	14.5	15.6	16.9	7.9	10.0	12.3	0.7	1.7	3.5	67.1	70.4	73.3
	一	14.0	15.5	17.1	16.2	19.9	23.8	22.4	31.3	38.7	22.9	30.5	39.9
河北	二	75.8	77.1	78.3	0.2	0.4	0.9	0.8	2.2	4.3	17.0	19.0	20.7
	三	23.2	24.5	25.9	11.8	14.9	18.0	1.4	3.9	9.6	47.7	54.0	58.5
	一	0.1	0.1	0.2	12.1	15.3	19.0	13.8	24.7	36.2	46.2	56.9	67.8
江苏	二	66.7	69.1	71.4	17.7	20.1	22.5	0.5	1.2	2.2	7.2	8.5	10.0
	三	12.5	13.7	14.9	12.4	15.9	19.5	7.0	13.3	21.5	46.1	55.7	63.4
	一	0.0	0.1	0.2	8.9	11.4	14.5	2.5	6.0	12.6	71.7	79.9	85.2
浙江	二	41.5	43.6	45.8	16.8	19.7	22.7	0.8	1.7	3.1	30.9	33.8	36.5
	三	9.9	10.9	12.0	9.4	12.2	15.0	20.6	26.9	33.3	42.5	49.5	56.6
	一	0.1	0.2	0.4	14.0	18.3	22.8	35.6	44.0	51.8	26.0	33.6	43.1
福建	二	49.4	50.4	53.4	14.5	17.4	20.4	0.9	1.8	3.2	26.3	28.4	30.4
	三	0.2	0.4	0.7	25.5	29.6	33.9	21.4	27.5	33.6	35.5	41.6	47.7
	一	0.2	0.4	0.6	9.0	11.6	14.6	33.6	42.1	50.1	37.6	44.8	52.6

续表

		全国因素			区域因素			省份因素			异质因素		
		1/3Q	Med	2/3Q	1/3Q	Med	2/3Q	1/3Q	Med	2/3Q	1/3Q	Med	2/3Q
山东	二	66.2	68.2	70.1	9.6	12.1	14.8	3.1	4.0	5.2	13.4	15.2	16.9
	三	18.6	19.8	20.9	2.0	3.4	5.0	35.8	41.7	47.6	28.1	34.2	40.0
	一	0.3	0.5	0.7	2.7	4.3	6.4	46.6	54.2	62.0	32.0	39.6	47.1
广东	二	34.9	37.1	39.2	30.0	34.6	39.0	0.4	1.0	2.0	22.6	26.1	29.7
	三	7.1	8.1	9.2	12.0	15.1	18.5	18.7	28.3	36.9	37.8	46.8	56.8
	一	1.9	2.4	2.9	0.3	0.7	1.5	11.0	20.6	31.9	64.0	75.1	84.4
海南	二	41.4	42.8	44.1	2.3	3.7	5.3	7.9	10.3	13.0	39.5	42.2	44.7
	三	5.8	6.6	7.4	7.0	10.0	13.4	45.5	52.4	58.8	23.5	29.6	36.2
	一	5.1	5.8	6.5	0.3	0.8	1.8	31.0	37.6	45.0	46.5	54.1	61.0
均值	二	53.4	55.2	56.9	9.5	11.5	13.6	3.9	5.7	8.0	23.6	26.4	29.2
	三	12.0	13.0	14.0	9.2	11.7	14.4	15.8	21.3	28.3	45.0	52.5	58.8
	一	0.9	1.1	1.4	2.1	4.9	9.4	11.8	19.4	29.0	59.7	69.5	78.0

表 3—4　东北地区各省份三次产业波动的方差分解（单位:%）

		全国因素			区域因素			省份因素			异质因素		
		1/3Q	Med	2/3Q	1/3Q	Med	2/3Q	1/3Q	Med	2/3Q	1/3Q	Med	2/3Q
辽宁	二	78.3	79.4	80.5	0.2	0.5	1.1	0.6	1.6	3.2	15.2	17.1	18.6
	三	0.8	1.1	1.5	1.6	3.9	8.2	5.2	12.7	25.3	62.3	75.2	85.0
	一	0.0	0.1	0.2	2.3	5.2	9.8	5.2	12.7	23.7	64.7	75.6	84.4
吉林	二	66.4	67.8	69.1	0.9	2.0	3.6	0.5	1.3	2.5	25.2	27.3	29.2
	三	25.7	27.0	28.3	2.1	5.1	10.1	9.9	16.8	24.6	35.8	45.8	55.1
	一	1.4	1.7	2.1	1.5	3.6	7.5	5.8	11.0	17.9	71.5	80.1	86.3
黑龙江	二	17.3	18.5	19.6	0.6	1.5	3.1	12.6	21.7	32.1	45.9	55.7	64.9
	三	6.6	7.4	8.1	1.7	4.2	8.2	3.4	8.4	16.8	65.6	74.0	80.9
	一	1.3	1.6	2.0	2.4	5.7	10.9	24.4	34.5	45.5	43.0	[illegible]2.9	63.1
均值	二	54.0	55.2	56.4	0.6	1.4	2.6	4.6	8.2	12.6	28.8	33.4	37.6
	三	11.0	11.8	12.6	1.8	4.4	8.8	6.2	12.6	22.2	54.6	65.0	73.7
	一	0.9	1.1	1.4	2.1	4.9	9.4	11.8	19.4	29.0	59.7	69.5	78.0

表3—5 中部地区各省份三次产业波动的方差分解 (单位:%)

		全国因素			区域因素			省份因素			异质因素		
		1/3Q	Med	2/3Q	1/3Q	Med	2/3Q	1/3Q	Med	2/3Q	1/3Q	Med	2/3Q
河南	二	75.6	77.0	78.5	2.0	3.0	4.3	0.7	1.6	2.8	15.7	17.2	18.7
	三	1.8	2.3	2.9	5.5	9.3	13.8	21.4	30.3	40.2	44.8	54.5	63.7
	一	0.3	0.5	0.8	0.5	1.1	2.3	28.4	37.9	47.9	48.9	58.9	68.4
安徽	二	61.9	63.1	64.2	0.1	0.3	0.7	0.8	2.0	4.0	31.3	33.3	35.1
	三	9.0	9.9	10.7	0.5	1.2	2.5	4.0	10.4	21.6	65.0	76.3	82.9
	一	0.1	0.2	0.4	0.6	1.5	3.0	4.0	10.1	20.8	74.9	85.7	92.4
山西	二	55.4	57.6	59.7	5.6	7.6	9.8	0.7	1.8	3.7	27.6	30.7	33.7
	三	22.1	23.7	25.4	5.3	8.8	12.7	4.5	9.6	16.8	46.7	53.7	60.0
	一	1.4	1.8	2.3	1.7	3.6	6.3	4.0	8.9	16.5	74.9	82.2	87.7
江西	二	74.1	75.4	76.6	0.1	0.3	0.6	0.7	1.9	5.1	18.1	20.8	22.7
	三	16.3	17.4	18.5	0.5	1.2	2.4	8.5	23.6	39.9	39.6	56.0	70.8
	一	0.7	1.0	1.3	1.1	2.5	4.8	9.0	15.3	23.8	69.9	78.2	84.9
湖北	二	63.7	65.1	66.5	0.3	0.6	1.3	0.9	2.1	4.1	28.3	30.5	32.4
	三	17.2	18.7	20.3	7.5	11.9	16.6	7.0	13.2	22.3	43.6	51.6	58.8
	一	0.0	0.1	0.1	3.3	6.2	10.1	5.6	12.4	24.7	64.6	76.8	84.2
湖南	二	70.6	72.0	73.3	0.5	1.2	2.2	3.5	5.3	7.6	18.0	20.4	22.5
	三	28.4	30.0	31.5	5.3	7.8	10.7	12.9	19.8	27.6	32.9	40.6	47.8
	一	1.2	1.6	2.1	6.3	10.2	14.6	4.6	8.9	15.4	67.5	75.3	81.7
均值	二	66.9	68.4	69.8	1.4	2.2	3.2	1.2	2.4	4.6	23.2	25.5	27.5
	三	15.8	17.0	18.2	4.1	6.7	9.8	9.7	17.8	28.1	45.4	55.4	64.0
	一	0.6	0.9	1.2	2.3	4.2	6.8	9.3	15.6	24.8	66.8	76.2	83.2

表 3—6　西部地区各省份三次产业波动的方差分解（单位:%）

		全国因素			区域因素			省份因素			异质因素		
		1/3Q	Med	2/3Q	1/3Q	Med	2/3Q	1/3Q	Med	2/3Q	1/3Q	Med	2/3Q
四川	二	82.1	83.2	84.3	0.2	0.4	0.9	0.3	0.8	1.6	13.4	14.6	15.7
	三	12.9	13.9	14.9	0.9	1.9	3.5	7.2	14.9	25.3	57.1	67.4	75.3
	一	0.2	0.4	0.7	4.9	8.2	12.2	4.4	9.6	16.8	70.2	77.9	84.5
内蒙古	二	31.4	33.0	34.5	2.8	4.8	7.1	3.5	9.4	19.2	41.1	49.5	55.5
	三	18.2	19.5	20.8	0.6	1.4	3.0	2.5	7.5	17.7	58.4	68.2	73.9
	一	2.7	3.2	3.7	0.4	1.1	2.2	1.4	3.6	6.9	86.9	90.4	92.9
广西	二	47.5	49.1	50.7	5.0	7.3	9.8	1.5	4.1	9.4	32.4	37.0	40.5
	三	7.4	8.4	9.5	11.2	16.0	21.3	1.5	3.8	8.3	61.4	67.8	73.6
	一	5.0	5.6	6.1	0.2	0.6	1.2	2.6	6.6	14.5	78.3	85.9	90.2
重庆	二	55.6	57.1	58.7	0.3	0.7	1.5	1.7	4.0	7.8	32.5	36.1	38.8
	三	43.3	44.7	46.1	0.5	1.1	2.1	4.2	9.1	16.3	36.8	43.8	48.4
	一	0.4	0.6	0.8	1.0	2.0	3.5	1.4	3.8	8.6	86.5	91.4	94.6
贵州	二	39.0	40.5	42.1	3.6	5.4	7.5	2.0	4.3	7.8	43.4	47.6	51.1
	三	21.5	22.7	23.9	0.5	1.1	2.3	10.6	19.8	30.1	44.2	54.5	63.8
	一	2.8	3.5	4.2	3.3	6.5	10.7	2.5	6.0	11.9	71.9	79.4	85.3
云南	二	49.3	50.6	51.8	0.4	0.9	1.8	7.9	11.8	16.4	31.1	35.8	39.6
	三	3.9	4.5	5.1	0.7	1.7	3.5	11.5	17.8	25.9	65.8	73.8	79.9
	一	0.1	0.1	0.2	0.6	1.4	2.8	15.3	23.6	34.0	62.6	72.9	81.3
西藏	二	2.1	2.6	3.1	3.6	6.1	9.0	3.8	7.7	12.7	76.3	81.4	85.7
	三	5.9	6.7	7.5	2.6	4.8	7.6	4.1	8.8	15.2	70.2	77.0	82.5
	一	2.0	2.6	3.3	14.4	19.8	25.3	3.7	9.4	19.8	51.8	62.9	71.2
陕西	二	61.4	62.7	64.0	0.5	1.0	1.9	1.6	3.4	6.5	28.2	31.3	33.7
	三	15.2	16.2	17.4	0.4	1.0	2.1	5.2	12.3	23.2	57.6	68.8	75.8
	一	1.9	2.3	2.7	0.5	1.1	2.2	3.4	8.2	17.0	77.9	86.8	91.9
甘肃	二	45.3	47.3	49.5	9.4	12.6	16.1	0.5	1.3	2.6	32.0	36.1	40.2
	三	9.8	10.7	11.6	1.6	3.3	5.8	23.1	46.5	62.6	20.9	37.0	59.6
	一	5.6	6.2	6.8	0.4	1.0	2.1	8.3	13.8	19.0	72.5	77.6	82.7
青海	二	31.5	32.7	34.0	0.2	0.6	1.2	4.0	9.4	18.3	47.2	56.0	61.3
	三	0.0	0.1	0.1	6.8	10.2	14.1	2.4	7.0	17.9	68.2	78.2	84.7
	一	4.9	5.8	6.9	12.9	18.2	23.6	3.0	7.6	15.9	54.4	63.1	71.0

续表

		全国因素			区域因素			省份因素			异质因素		
		1/3Q	Med	2/3Q	1/3Q	Med	2/3Q	1/3Q	Med	2/3Q	1/3Q	Med	2/3Q
宁夏	二	47.6	49.4	51.2	5.9	8.4	11.0	1.7	4.0	7.8	31.3	35.4	39.3
	三	10.6	11.7	12.7	1.1	2.6	5.0	5.4	12.4	23.2	59.1	69.4	77.3
	一	1.6	2.0	2.3	0.6	1.5	2.9	2.6	6.3	12.3	82.3	88.0	92.0
新疆	二	57.4	58.6	59.8	0.1	0.3	0.6	0.9	2.0	3.9	35.9	38.0	39.7
	三	0.2	0.3	0.5	1.9	4.0	6.9	9.1	17.8	28.8	63.6	74.5	83.4
	一	4.3	4.9	5.5	0.5	1.1	2.3	12.8	22.0	32.0	60.6	70.4	79.6
均值	二	45.8	47.2	48.6	2.7	4.1	5.7	2.5	5.2	9.5	37.1	41.6	45.1
	三	12.4	13.3	14.2	2.4	4.1	6.4	7.3	14.8	24.6	55.3	65.0	73.2
	一	2.6	3.1	3.6	3.3	5.2	7.6	5.1	10.0	17.4	71.3	78.9	84.8

3.3.2 基于产业层次的分析

根据表 3—3 到表 3—6,不同产业不同省份间的方差分解存在明显的差异。为了比较不同产业间不同类型因子贡献度的差异,我们采用高斯核密度函数估计各省份各产业相关因子贡献度的分布[①],这种估计方法因为不需要事先设定分布的具体函数形式而被广泛采用,估算结果见图 3—5。

全国性因子对第一产业波动的贡献度高度集中于 5%以内,均值不到 3%;对各省份第二产业波动贡献度的分布集中程度不及第一产业,不过其值主要分布在 40%—75%之间,均值为 55%;对第三产业波动贡献度的分布集中程度介于第一、第二产业之间,其值主要分布于 10%—20%之间,均值为 14%。因此,全国性因子是省份第二产业实际产出波动的主要驱动力量,其对第三产业

① 在具体的估算中,本书选择 Epanechnikov 核函数形式,带宽 h 的选择则是采用 Silverman(1986)的自动带宽(Data-Based Automatic Bandwidth),我们进一步使用 0.5h 和 1.5h 进行估算,表明结果是稳健的。

的波动具有一定的影响,但是基本上不影响第一产业。

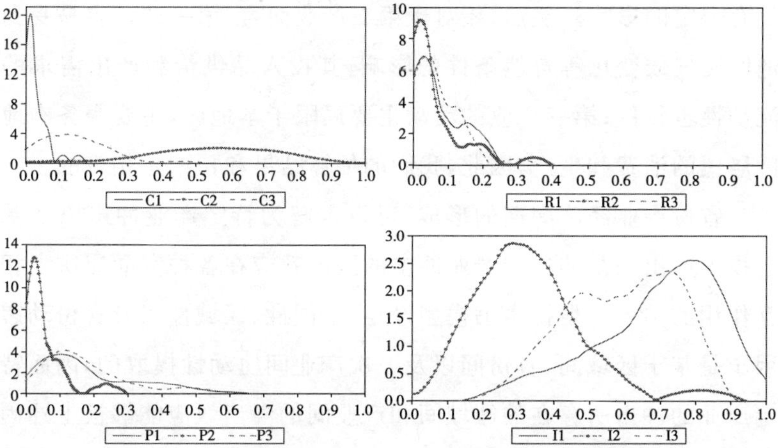

图 3—5　基于核密度估计的不同类型因子贡献度的分布

注:C、R、P、I 分别表示全国、区域、省份因子和异质性因素;1、2、3 分别表示第一、第二、第三产业。

区域性因子对各省份三次产业波动贡献度的分布较为相似,整体而言,分布较为集中,基本上在 10%以内,因此,基于区域内各省份三次产业产出协动性提取的区域性因子对各省份三次产业实际产出波动的解释程度较低。这一结论具有明显的政策含义,至少对于三次产业而言,四大板块的区域划分并不适宜于宏观调控政策在空间上细化的作用层次。[①]

在剔除全国性和区域性因子之后的、基于各省内部三次产业协动性的省份动态因子,对第二产业波动的贡献度高度集中于 10%以内,故对第二产业基本上没有影响。该因子对于第一、第三产业影响的分布非常接近,主要集中在 10%—25%之间,均值分

① 事实上,我们将 31 个省份划分为东、中、西三大地带,重新利用该模型进行估算,发现三大地带的区域划分所得区域动态因子的解释力度依然较小。

别为18%和17%。所以，省份动态因子对第一、第三产业的波动具有一定的影响。显然，相对于第二产业而言，第一产业容易受到地区性气候变化等自然条件的影响，其投入品供给和产出需求的流动性也较低；第三产业的活动主要局限于本地区，主要服务本地区居民的消费和生产，因此，我们的估算结果和预期是相符的。

省份产业经济周期的形成，可以理解为特定产业冲击以及基于投入产出关系的不同产业冲击的溢出效应在各种空间层次上相互作用的结果。根据本书模型设定，全国性、区域性以及省份动态因子是基于区域间、省份间以及三次产业间协动性提取的，因而特定产业的冲击所存在的区域间和产业间的溢出效应能够被上述因子所捕获。① 因此，此处异质性成分的贡献度可以理解为剔除掉溢出效应的特定产业周期的影响。根据图3—6，异质性成分对各省份第一产业的贡献度很高，主要分布于60%—80%之间，均值为70%；异质性成分对第三产业的贡献度分布相对分散，主要分布于40%—70%之间，均值为60%；第二产业的异质性成分作用最小，主要分布在20%—40%之间，均值为32%。因而，即使剔除了可能存在的溢出效应，特定产业周期是推动各省份第一、第三产业实际产出波动的主导力量。所以，从这一角度而言，我国宏观政策在区域层面的细化还应该和相应的产业层次相结合。

3.3.3 基于区域层次的分析

尽管区域性因子几乎对省份产业波动不起作用，但是省份产

① 比如，特定产业对特定省份的冲击通过产业间相互联系影响该省其他产业，这种协动性可以被省级动态因子所捕获。

业波动方差分解的结果是否在区域层面上存在系统性差异性呢?我们引入东北、中部和西部的虚拟变量对方差分解结果作 OLS 估计①,回归结果见表 3—7。

表 3—7　动态因子影响力度的区域差异

	全国因子			区域因子			省份因子			异质性因素		
产业	一	二	三	一	二	三	一	二	三	一	二	三
东北	−2.6	0.05	−1.1	−6.4[c]	−10[b]	−7.3[c]	−8.9	2.4	−8.7	15[c]	7.0	12.5
中部	−2.8	13.2[c]	4.0	−7.1[b]	−9.3[b]	−5.0	−13[c]	−3.3	−3.5	22[a]	−0.9	2.9
西部	−0.6	−3.9	0.9	−7.4[a]	−7.6[b]	−7.7[a]	−18[a]	−0.8	−5.9	26[a]	11.6[b]	11.5[c]

注:a、b 和 c 分别表示通过了 1%、5%和 10%显著性水平的检验;回归结果中未报告截距项。

就四大板块的区域划分来看,全国动态因子在解释各省份三次产业实际产出波动方面基本上不存在差异,只是从第二产业来看,全国因子对中部地区第二产业产出波动的解释度较高,其区域系数通过了 10%的显著性水平检验。

区域动态因子的重要性则呈现明显的区域性差别,区域系数基本上通过了 10%以上的显著性水平检验。从系数符号来看,东部地区区域动态因子对东部地区各省份三次产业波动的贡献度均高于其他区域,所以东部地区省份间以及产业间的协动性高于其他区域。从系数值来看,东北、中部和西部地区的区域因子在对推动本区域省份产业经济周期的作用力度上相似。

从估计结果来看,省份因子对第一产业波动的影响明显呈东部、东北部、中部以及西部递减的趋势,其中,中部和西部的系数在

① 考虑到西藏自治区的特殊性,避免特异样本形成的干扰,我们在回归分析中剔除了这一样本,观测值为 30。

统计意义上较为显著。这表明东部地区各省份的第一产业与本省第二、第三产业的协动性较强。另外，第二、第三产业与本省其他产业的协动性在区域上的差异通不过10%的显著性水平检验。这与东部地区区域性因子解释力度较强的事实共同证明了东部地区省份的一体化程度高于其他地区。

最后，从异质性因素来看，即使剔除了异常样本西藏自治区之后，平均而言，西部地区各产业的异质性程度最高且显著，这将导致西部地区整体经济周期表现为相对较强的异质性。在第一产业波动中，异质性成分贡献的区域差异最为明显，呈东部、东北部、中部和西部递增，因此，对于第一产业比重最高的中部、西部地区而言，这将直接影响这两个地区经济周期与全国的协动性。

3.3.4 省份特征与动态因子影响力的关系

为了研究不同类型动态因子对各产业影响的省份差异和省份特征的关系，我们选取三类特征变量，对各动态因子方差分解结果做回归。第一类是各省份相对人均GDP(RY)，用以衡量经济发达程度；第二类是各省份地方财政支出与GDP之比(PUB)，衡量政府规模；第三类是产业特征变量，包括各省各产业比重(INm)、波幅(Vm，用标准差衡量)以及占全国相应产业的份额(Sm，m=1,2,3)。我们在回归中使用上述变量1979－2007年间的均值，考虑到四川和重庆在财政支出等方面的数据缺失以及西藏自治区的独特性，剔除了上述三个样本，相关数据来源于相应省份2008年统计年鉴和中经网统计数据库，回归结果见表3—8。

表 3—8　省份特征与方差分解结果的回归分析

	第一产业				第二产业				第三产业			
	C1	R1	P1	I1	C2	R2	P2	I2	C3	R3	P3	I3
RY	0.1[b]	0.2[a]	0.2[b]	−0.3[b]								
PUB	0.2[a]				−1.7[a]	0.6[c]		1.6[a]		−0.3[c]		1.5[a]
IN_1			0.3[d]									
IN_2						−1.8[c]	0.2[c]				−1.0[a]	0.8[a]
V_1				1.6[d]								
V_2					−3.7[c]			1.4[b]				
V_3									−2.3[c]	2.2[a]		
S_1	−0.5[b]		2.1[c]									
S_2						3.0[a]	−0.9[a]				2.1[b]	
R^2	0.33	0.37	0.17	0.22	0.30	0.37	0.16	0.46	0.21	0.21	0.27	0.30

注：为了避免严重多重共线性问题，我们在回归中选取了逐步回归法，在此只报告通过了 15％显著性水平检验的变量；a、b、c 和 d 分别表示通过了 1％、5％、10％和 15％的显著性水平检验；回归结果中未报告截距项。

从第一产业来看，经济越发达、政府规模越大的省份，全国性因子的影响越重要，而农业产业份额的提高却降低了全国性因子的影响力。区域动态因子主要取决于经济发展程度，发达地区的区域动态因子影响力强。从较为重要的省份因子来看，其影响力与经济发达程度、第一产业比重和第一产业占全国的份额成正比，但是后两个变量的显著性水平不高。而解释了第一产业绝大部分波动的异质性因素的重要性则与经济发达程度成反比，与第一产业的波动呈正比。因此，对于第一产业的方差分解结果而言，经济发达程度是解释省份差异的主要变量，欠发达地区第一产业的异质性较强。

从协动性最强的第二产业来看，全国性动态因子的影响力与政府规模和第二产业的波动幅度呈反比，即政府对经济的影响程度越深，第二产业自身产出增长率的波动越大，则全国性动态因子对该产业波动的相对贡献程度越小。不过，政府规模较大、第二产业比重较低以及第二产业占全国份额越高的省份，区域动态因子对其第二产业波动的影响也越大。而省份动态因子的重要性则与第二产业的份额成反比，与第二产业的比重则成正比。最后，异质性因素贡献度的影响因素恰好与全国性因子的影响因素一致，但作用方向相反。

从第三产业来看，全国动态因子的影响力和第三产业的波动呈负相关，即第三产业波动程度越大，则基于全国水平的协动性越弱。而第三产业波幅越大、政府规模越小的省份，区域动态因子的解释力度较强。值得一提的是，对第三产业波动具有一定影响力的省份动态因子仅与第二产业比重和第二产业占全国的份额相关。第二产业比重越高，则省份动态因子越容易受第二产业的影响，从而可能会降低其对第三产业的解释力度。在控制第二产业比重的影响之后，第二产业占全国份额越大，表明该省份第二产业在规模上的实力越强，则第三产业越容易受第二产业的影响，其波动越容易受到省份动态因子的影响。最后，政府规模越大、第二产业比重越高的省份，异质性因素对该省第三产业的解释程度越高。

3.4　省份总产出波动的分解

各省份的GDP是各省份三次产业增加值的加总，根据这一利用关系，我们可以将 p 省 t 期总产出的增长率（$y_{p,t}$）和该省 t 期 n 产业增长率（$y_{np,t}$）[①]的关系用下式表示：

---

① 为了和上文的分析保持一致，此处的增长率均作去均值化处理。

$$y_{p,t}=\sum_{N=I}^{3}\omega_{np,t-1}y_{np,t} \tag{3—7}$$

其中，$\omega_{np,t-1}$为 p 省 n 产业在 $t-1$ 期占总产出的比重。结合式(3—6)，我们可以得到省份总产出增长率和动态因子之间的关系：

$$\begin{aligned}y_{pt}&=\sum_{n=1}^{3}\omega_{np,t-1}(a_{np}+b_{np}^{N}F_{t}^{N}+b_{np}^{R}F_{r,t}^{R}+\nu_{pt})\\&=\sum_{n=1}^{3}\overline{\omega_{np}}(a_{np}+b_{np}^{N}F_{t}^{N}+b_{np}^{R}F_{r,t}^{R}+\nu_{pt})+\sum_{n=1}^{3}[(\omega_{np,t-1}-\overline{\omega_{np}})\\&\quad(a_{np}+b_{np}^{N}F_{t}^{N}+b_{np}^{R}F_{r,t}^{R}+\nu_{pt})]\\&\approx\sum_{n=1}^{3}\overline{\omega_{np}}(a_{np}+b_{np}^{N}F_{t}^{N}+b_{np}^{R}F_{r,t}^{R}+\nu_{pt})\end{aligned} \tag{3—8}$$
①

其中，$\nu_{pt}=b_{np}^{P}F_{p,t}^{P}+\varepsilon_{npt}$；$\overline{\omega_{np}}=1/30(\sum_{t=1979}^{3}\omega_{np,t-1})$。我们对式(3—8)作方差分解：

$$\text{var}(y_{p,t})=(\sum_{n=1}^{3}\overline{\omega_{np}}b_{np}^{N})^{2}\text{var}(F_{t}^{N})+(\sum_{n=1}^{3}\overline{\omega_{np}}b_{np}^{N})^{2}\text{var}(F_{r,t}^{R})+\text{var}(\nu_{pt}) \tag{3—9}$$

根据式(3—9)，我们得到全国动态因子、区域动态因子和省份异质性因素对各省份总产出波动的影响，比如，全国动态因子对 p 省总产出波动的贡献度为$(\sum_{n=1}^{3}\overline{\omega_{np}}b_{np}^{N})^{2}\text{var}(F_{r,t}^{N})/\text{var}(y,p,t)$。具体计算结果见表 3—9。

从表 3—9 的分解结果来看，平均而言，全国动态因子、区域动态因子和省份异质性因素分别解释了 44.5%、7.1%和 48.5%的省份总产出波动，结合三类因素贡献度的直方图(图 3—6)，可以认为，从基于三次产业加总的结果来看，各省份总产出的波动中，全国性的成分和省份异质性的成分都非常突出。

---

① 考虑到$[(\omega_{np,t-1}-\omega_{np})(a_{np}+b_{np}^{N}F_{t}^{N}+b_{np}^{R}F_{t}^{R}+\nu_{pt})]$是高阶项，数值很小，约为0，故省略该项。

表 3—9 各省份总产出的方差分解结果 (单位:%)

省份	C	R	I	省份	C	R	I	省份	C	R	I
上海	70.9	2.0	27.0	吉林	36.0	1.4	62.6	重庆	75.9	0.3	23.8
北京	43.5	4.0	52.6	黑龙江	37.2	3.4	59.4	贵州	20.9	10.5	68.6
天津	52.7	9.3	38.0	河南	35.1	8.4	56.5	云南	24.6	0.4	75.0
河北	78.0	0.4	21.6	安徽	30.9	0.0	69.1	西藏	11.5	3.1	85.4
江苏	63.6	17.0	19.4	山西	41.6	13.0	45.4	陕西	58.1	2.5	39.5
浙江	41.0	15.1	43.9	江西	70.0	0.3	29.7	甘肃	47.0	1.5	51.5
福建	21.3	40.7	37.9	湖北	51.6	2.1	46.3	青海	17.6	2.6	79.9
山东	67.8	7.7	24.6	湖南	78.1	1.2	20.6	宁夏	44.7	1.2	54.1
广东	32.7	36.8	30.5	四川	70.9	0.0	29.1	新疆	18.7	3.2	78.0
海南	14.3	4.2	81.5	内蒙古	22.1	7.0	70.9	均值	44.5	7.1	48.5
辽宁	67.2	0.6	32.3	广西	33.2	19.1	47.7				

注:C、R和I分别表示全国动态因子、区域动态因子和省份异质性因素的贡献度。

表 3—10 四大板块方差分解的均值

区域	C	R	I	区域	C	R	I
东部	48.6	13.7	37.7	中部	51.2	4.2	44.6
东北	46.8	1.8	51.4	西部	37.1	4.3	58.6

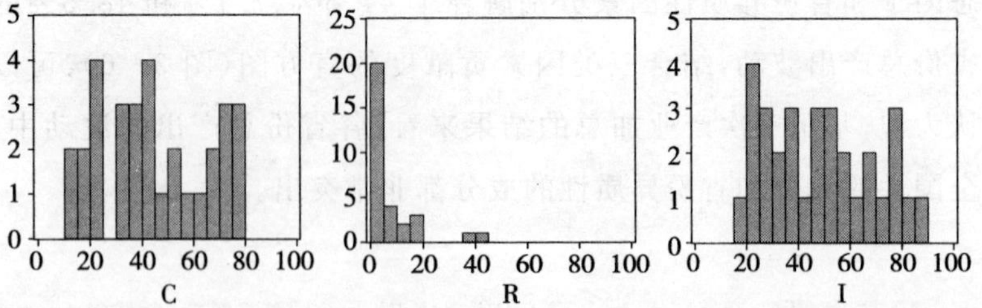

图 3—6 各类因素贡献度的直方图

从表 3—10 来看,全国动态因子对中部和东部地区的影响最大,是上述两个地区产出波动最主要的驱动力;东北地区也较高,西部最弱,从数值来看,与郭庆旺、贾俊雪(2005)基于加总数据的估计结果基本上相同。区域动态因子对东部地区的影响较大,均值达到 13.7%,对东部地区的东南沿海四省的影响非常突出,福建、广东两省总产出波动的主要驱动力来自于区域动态因子,因此,上述省份的区域内协动性较强。该因子对其他三个地区的影响均非常微弱。省份异质性波动是西部和东北地区产出波动的主要来源,而东部地区受异质性成分影响的程度最低。

最后,我们从省份特征角度分析各因素在解释省份总产出中是否存在系统性的影响。类似于上一节的分析,我们采用 OLS 回归,回归结果见表 3—11。显然,第二产业比重越高,政府支出规模越小,则全国动态因子对省份总产出波动的影响程度就越大;反之,省份异质性因素的影响会提高。各省份总产出占全国加总 GDP 的比重(S_y)与区域动态因子对省份总产出影响程度呈正相关,即经济规模越高或者经济越集聚的地区,区域动态因子的影响力度越大,这对应于上文提到的我国经济主要集中区域东南沿海地区区域动态因子影响明显的事实。S_y 和 R 之间的正相关,降低了省份异质性因素的影响力,所以 S_y 和 I 之间呈负相关。

表 3—11　省份特征与总产出方差分解结果的关系

解释变量	C	R	I
S_y		2.12^a	-2.03^c
PUB	-1.51^b		1.48^c
IN_2	0.91^b		-0.68^d
R^2	0.39	0.13	0.57

注:为了避免多重共线性问题,我们在回归中选取了逐步回归法,在此只报告通过了 15%显著性水平检验的变量;a、b、c 和 d 分别表示通过了 1%、5%、10%和 15%的显著性水平检验;回归结果中未报告截距项。

3.5　本章小结

根据上文产业结构与区域经济周期总体特征之间的关系，本书利用基于吉本斯抽样估算的贝叶斯潜在多动态因子模型，估算出中国改革开放以来三次产业实际产出波动的全国、地区和省份动态因子，利用方差分解评价各种类型因子对省份三次产业波动的相对贡献程度，并从产业层次、区域层次以及省份特征讨论贡献度的差异，从而为这一领域的研究提供一些基本的经验研究事实，并形成相应的政策含义。

首先，根据三区制马尔科夫区制转换模型的估算结果以及与已有研究的比较，基于所有省份所有产业协动性的全国动态因子很好地刻画了中国宏观经济波动的基本特征；与全国动态因子正交[①]的区域动态因子，主要捕获经济波动中的高频部分，其动态演变路径亦和中国基本的区域经济事实相吻合，从而在经济意义上保证了本书模型估算结果的准确性。从根据时变参数模型估算的时变相关系数来看，各区域与全国动态因子的同步性呈倒V字形，1994年是明显的转折点，这可能和财政体制的改革相关；区域间的相关系数则在20世纪90年代初期呈下降趋势，这种波动趋异现象可能和宏观调控过程中的“区域协调”策略有关。

其次，根据方差分解的结果，全国动态因子是省份第二产业实际产出波动最重要的驱动力，平均而言能够解释50％以上的波动，对第三产业影响较弱，对第一产业几乎没有影响，那么，基于宏

① 即在区域动态因子中不含有全国性的共同成分。

观经济波动的调控政策有助于第二产业的平稳发展,而可能不利于第一、第三产业的稳定。基于传统四大板块划分的区域动态因子对三次产业波动的影响非常微弱,因此,四大板块的划分可能不是合适的宏观政策在空间层面上细化的作用层级。省份动态因子对地方化程度较高的第一、第三产业具有一定程度的影响。基于本书的模型,异质性因素实际上接近于剔除了产业间和空间上溢出效应的特定产业冲击的影响,是省份第一、第三产业实际产出波动最重要的驱动力。

第三,不同类型动态因子对各产业影响程度的省份差异在一定程度上与区域特征以及省份特征相关,如所处区域、经济发达程度、政府规模、产业结构、相应产业占全国的份额以及产出波动。相对而言,东部地区、经济发达以及相应产业产出波动小的省份,全国动态因子和区域动态因子的影响力较强,而政府规模较大、产业份额高、产出波动大的省份,产业波动的省份性和异质性表现较为突出。

最后,我们根据三次产业和 GDP 之间的关系,估算了全国动态因子、区域动态因子和省份异质性因素对各省份总产出波动的影响。结果表明,全国动态因子和省份异质性因素是驱动省份总产出波动重要的驱动力,区域动态因子影响力微弱,西部地区的省份异质性影响力最为突出,东部、中部地区的全国动态因子影响力高于前者。第二产业比重越高、政府规模越小,省份总产出波动的全国性成分越高,反之,省份异质性成分越高。而省份经济规模提高了区域动态因子的解释力度,降低了省份异质性波动的影响力。

上述结论表明,从产业结构角度出发,可以在一定程度上解释工业化水平和总体经济周期同步性的省份差异关系的形成。三次产业中第二产业经济周期的省份同步性最高，因此，第二产业比重的不断提升，尤其是欠发达地区工业化进程的推进，有助于提高这些地区与全国经济周期的同步性。其次，认识中国的宏观经济波动尤其是实施相机决策的宏观调控政策，不能单纯依赖于全国加总的特征分析，很有必要结合省份的经济特征，构建一个适宜的宏观政策细化的空间作用层级，从区域和产业视角对中国宏观经济波动的认识和宏观政策的制定与实施加以细化。

当然，限于数据的可得性，本章针对三次产业年度数据的分析，存在产业分类过粗以及年度数据难以捕获季度等高频波动的问题；而且，本章首次尝试从区域/产业这一全新视角对中国区域经济周期展开分析，对于相关特征及其内在因素的研究，以及在理论模型的构建等方面还需要进一步的深入。

第4章 区域投资周期:基于所有制结构和体制变迁的分析

在关于中国经济周期的影响因素中,投资周期亦不容忽视,中国经济周期呈现明显的投资周期现象(Naughton,1986;Imai,1994;Rawski,2002)[①],因此,投资成为中国宏观调控的重要对象,也是重要手段[②]。同时,中国的投资周期与体制性的因素密切相关。所有制结构变迁和宏观经济管理制度等体制性因素往往被认为是我国经济周期形成和表现特征的主要因素(Imai,1994;Rawski,2002;刘瑞明、白永秀,2007)。根据相应的理论模型,体制性因素的影响机制主要是依赖于投资这一客体实现的。[③]而且,市场

---

① 根据贾俊雪(2008)构建的关于产出、投资、全要素生产率波动的VAR模型,投资波动在第3年开始解释了50%以上的产出波动,并解释了50%以上的自身波动,成为影响中国经济波动最重要的因素。

② 尤其是在经济紧缩期,因为体制性因素导致内需扩张乏力,而外部出口因为国际经济不景气而停滞甚至萎缩,投资则成为唯一有效的调控手段,比如中国在治理因为东亚金融危机带来的1997年以来的紧缩和2008年年底、2009年年初应对的因为全球金融危机形成的经济紧缩时,主要依赖于投资的扩张。

③ 这一类的理论研究,在模型上主要是基于中国财政分权的体制框架来构建中央和地方的博弈模型(郭庆旺、贾俊雪,2006;祝青,2006;刘瑞明、白永秀,2007)。大致逻辑如下:在经济分权、政治集中的分权结构下,基于财政利益和政治晋升的双重激励(陈抗、Hillman、顾清扬,2002;周黎安,2004),地方政府存在利用超国民待遇的税收、信贷、土地优惠政策进行引资的动机,引发企业投资冲动,显然,地区间的非合作博弈导致囚徒困境,进而引发经济过热和通货膨胀,基于全社会福利最大化的中央政府实行

化改革，包括宏观经济管理制度的完善，也是中国改革开放以来的突出特征。鉴于投资的重要性和体制因素的重要意义，我们很有必要从区域投资周期的视角出发，结合市场化取向改革的体制性背景，分析中国区域投资周期的特征以及基于所有制结构和体制变迁的演进特点，这对于我们理解具有中国独特性的区域经济周期特征以及宏观政策调控工具的选择，具有积极的意义。

本章将分析省份投资周期以及不同所有制省份投资周期的特征，根据各省份全社会固定资产投资、国有经济固定资产投资、私营个体固定资产投资的增长率，利用贝叶斯潜在多动态因子模型，估算出基于投资视角的省份经济周期的多动态因子，将全社会、国有经济、私营个体经济的固定资产投资波动分解为全国、区域、省份以及异质性成分。考虑到多动态因子模型无法给出不同类型投资自身的省份关系，我们利用第二章的单因子模型分别估算全社会、国有经济和私营个体经济的各自共同周期成分，将省份波动分解为全国成分和省份成分。在此基础上，我们对上述两类模型的估计结果进行比较，并结合省份特征进行分析。本章分为以下几个部分：第一部分是方法和数据介绍，第二部分是基于多动态因子模型的估算结果及分析，第三部分是基于单因子模型估算结果的分析以及比较，最后是结论。

紧缩性政策，甚至动用严格的行政手段，随后投资下降、经济下滑，中央放松监管力度，地方政府发展经济的意愿进一步强化，从而进入新的一轮投资周期。因此，投资波动很大程度上与体制性的因素有关，甚至和宏观调控本身相关（刘瑞明、白永秀，2007）。而且，中央政府的“微调”措施往往被地方政府的“理性预期”与“学习效应”所抵消，甚至产生逆向反应，从而迫使中央政府采取更严厉的紧缩政策（如典型的“铁本”事件），加剧经济波动（沈坤荣、孙文杰，2004）。因此，体制性因素的影响机制主要是从投资这一客体实现的。

4.1　方法和数据

从已有的经验研究来看,郭庆旺、贾俊雪(2006)基于 1979—2003 年间的年度名义 GDP、消费、投资增长率数据,遵循 Kose et al.(2003)的多动态因子素模型,利用吉本斯抽样法,提取全国、地区(东、中、西三大地带)和省份动态因子来解释中国省份经济波动的特征,结果表明:相对于产出和消费,省份投资的波动更具异质性和独立性,地区、省份和异质因素对投资波动的解释力度显著高于全国动态因子;相对而言,欠发达省份投资动态更具异质性和地区性,而发达省份的投资动态则主要表现为省份特征。该模型及其数据所估算的全国动态因子实际上包含了区域同步性和宏观经济变量协动性两个方面的结果,因而可能会因为投资波动与产出、消费波动的同步性偏弱而导致全国动态因子难以解释省份投资波动的结果,从而低估了单就投资波动本身而言的省份同步性水平,而这一点会影响投资调控在区域层面细化上的政策制定。此外,理论研究往往强调政府对投资等经济行为的影响力,这是理论模型解释机制的前提。实际上,政府对不同所有制经济的影响力是不同的,国有企业预算软约束等问题强化了经济周期波动的频率和波幅,而非国有经济面向市场,自我约束较强,能够迅速对市场供求波动情况做出反应,经济周期的扩张和收缩阶段具有较强的增长力和抗跌性(黄赜琳,2008),因此不同投资主体的投资周期特征可能存在明显的差异,特别是在同步性方面的差异,会造成宏观调控政策落实的困难以及误伤。但是,这一问题目前仍缺乏相应的经验研究。

就所有制结构而言，全社会固定资产投资可以分为国有经济、集体经济、联营经济、股份制经济、外商投资经济、港澳台投资经济和私营个体经济七类，考虑到样本期的需要和数据可得性以及方便性，我们选择国有经济和私营个体经济这两种类型，一方面，这两种数据的省份样本可追溯至1985年，另一方面，两种经济在所有制形式上处于两个极端，便于结果的比较。

本章以各省份全社会固定资产投资、国有经济固定资产投资、私营个体固定资产投资的增长率为研究对象，剔除港澳台之后共31个省份，划分为东部、东北、中部和西部四大板块，共有93个时间序列，时间跨度为1984—2007年，用 I_{it} 表示，$i=1,\cdots,31,t=1,\cdots,30$。我们试图用三个层次的潜在动态因子刻画上述时间序列的协动性。首先是单一的全国动态因子 F_t^N，可以捕获全国所有省份三类固定资产投资波动变量之间的协动性；其次是四个区域动态因子 $F_{r,t}^R$，$r=1,2,3,4$，用以刻画各板块内部所有省份三类投资波动的协动性；第三个层次是31个省份动态因子 $F_{p,t}^P$，$p=1,\cdots,31$，可以捕获各省份内部三类投资波动的协动性。因此，变量 I_{it} 可以表达为：

$$I_{it}=a_i+b_i^N F_t^N+b_i^R F_{r,t}^R+b_{p,t}^P F_{g,t}^P+\varepsilon_{it}\text{；}E\varepsilon_{it}\varepsilon_{jt-s}=0,\text{当 } i\neq j \text{ 时。} \tag{4-1}$$

其中，系数 b_i^j(j=N,R,P)是因子载荷，反映了各动态因子对 I_{it} 变动的解释程度。误差项 ε_{it} 可以理解为特定省份产业的异质性因素，假定其服从正态分布，但可能遵循 q 阶自回归过程，

$$\varepsilon_{it}=\phi_{i1}\varepsilon_{it-1}+\cdots+\phi_{iq}\varepsilon_{it-q}+u_{it}\text{；当 } i=j \text{ 且 } s=0 \text{ 时，} Eu_{it}u_{jt-s}=\sigma_i^2\text{；}$$

其余情况下，$Eu_{it}u_{jt-s}=0$。 (4—2)

我们进一步假定各动态因子遵循 h 阶自回归过程，

$$F_{k,t}=\phi_{Fk,1}F_{k,t-1}+\cdots+\phi_{Fk,h}F_{k,t-h}+u_{Fk,t};$$

$$Eu_{Fk,t}u_{Fk,j-s}=\sigma_{Fk}^{2}\text{,对于所有 }k,i\text{ 和 }s\text{。}\quad(4-3)$$

假定所有的 u_{it} 和 $u_{Fk,t}$ 为零均值且不相关的正态随机变量。式(4－1)至式(4－3)构成了省份固定资产投资周期的多动态因子模型。遵循第三章的做法,我们将上海的全社会固定资产投资方程中的全国动态因子系数设定为正值以识别全国动态因子;将每个区域中第一个省份全社会固定资产投资方程中的区域动态因子系数设定为正值,以识别区域动态因子①;并将各省份全社会固定资产投资方程中的省份动态因素设为正值,识别省份动态因子。具体的估算方法和过程见本书第三章,通过比较,设 $q=h=2$。本书的结果是 21000 次的抽样结果(舍弃前 1000 次结果)。为了验证结果的稳健性,我们在估算中尝试不同的先验设定、不同的初值设定以及更多的抽样次数,表明估算结果是稳健的。

全国、区域以及省份投资动态因子对各省份各类投资波动影响的相对重要性,是本书重点关注的内容。根据式(4－1)以及各因子、异质性因素之间的正交性,我们将各观测变量 I_{it} 的方差 $\mathrm{var}(I_{it})$ 分解为如式(4－4)所示的全国性、区域性、省份和异质性四个部分:

$$\mathrm{var}(I_{it})=(b_i^{\mathrm{N}})^2\mathrm{var}(F_i^{\mathrm{N}})+(b_i^{\mathrm{R}})^2F_{r,t}^{\mathrm{R}}+(b_i^{\mathrm{P}})^2\mathrm{var}(F_{p,t}^{\mathrm{P}})+\mathrm{var}(\varepsilon_{it})\quad(4-4)$$

根据式(4－4),我们可以得到各种因子对 I_{it} 方差的贡献度,

① 类似于第三章,东部地区为上海,东北地区为辽宁,中部地区为河南,西部地区为四川,除上海之外,各省份都是本区域经济规模最大的。为了验证结果的稳健性,我们改为选择广东这一经济规模最大的省份,估算结果基本保持不变。

比如,全国动态因子的相对贡献度可以用$(b_i^N)^2\text{var}(F_t^N)/\text{var}(I_{it})$表示。这种分解可以直观地表明特定省份特定类型投资波动的主要驱动力量来自于哪一部分。

本书使用年度数据,样本跨度为1984—2007年。分省全社会、国有经济、私营个体经济固定资产投资额来源于各省份2008年统计年鉴和国泰安经济金融研究数据库。由于缺乏国有经济、私营个体经济固定资产投资的价格平减指数,在本书中,我们选用名义值,那么,如果价格指数的同步性高于实际投资的同步性,本章可能会高估实际固定资产投资的同步性。在多动态因子模型的估算中,我们对数据作一阶对数差分,并作去均值化处理。

4.2 多动态因子模型的估算结果及分析

在本部分中,我们将给出多动态因子模型的估算结果。

4.2.1 全国固定资产投资动态因子

根据多动态因子模型的估算结果,我们得到如图4—1的实线所示的全国固定资产投资动态因子的中位数,虚线分别是1/3和2/3分位数,显然,上述三条线非常接近,表明本书关于固定资产投资的动态因子估算是比较精确的。

直观而言,本书估算的全国动态因子捕获了我国固定资产投资的波动状况。因为1984、1985年投资规模特别是预算外投资的不断膨胀,能源、交通、原材料等行业出现瓶颈,经济过热,中央政府在1986年实行财政和信贷“双紧”政策,投资增速有所回落(林兆木等,2008),这对应于动态因子1986年起始点处于较低的水平。1987 年以来投资逐步回升,并于 1988 年达到一个小高峰,随后在 1989 年出现改革开放以来的最深幅的下滑,然后逐渐复苏,尤其是在 1992 年以来,市场经济发展得到全面认可,固定资产投资增长率在 1992—1994 年间高位运行(林兆木等,2008)。这一过热的局面促使中央政府重新实行紧缩政策,固定资产投资增长率开始下滑,随着 1997 年爆发的亚洲金融危机的蔓延,我国的投资率也持续下降,在 1999 年达到谷底。2000 年以来,随着国家积极财政政策的实施和效果的显现,固定资产投资增长率逐步回升,在 2003—2007 年间形成一个次于 1991—1994 年间的小高峰(林兆木等,2008)。显然,本书估算的动态因子很好地捕获了上述投资波动的转折时点以及对应的幅度差异。

从全国固定资产投资动态因子的自相关系数来看,一阶自相关系数为 0.537,因此,全国动态因子具有较强的持续性。自相关系数随阶数下降,三阶自相关系数转为负数,所以,这种波动的持续性到第三年结束并发生逆转。

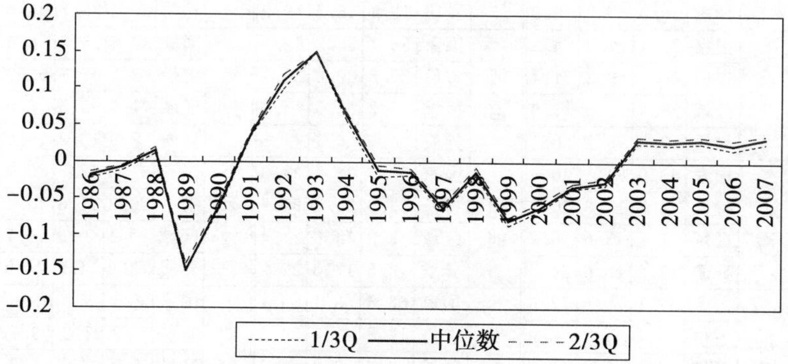

图 4—1　固定资产投资全国动态因子估算结果

4.2.2 方差分解结果及分析

4.2.2.1　方差分解结果说明

根据式(4—4)，我们给出各省份各类型固定资产投资波动的方差分解结果，具体考察全国动态因子、区域动态因子、省份动态因子(全国共同投资周期、区域投资周期、省份投资周期)对省份固定资产投资波动影响的重要性。表4—1、表4—2、表4—3分别给出了省份全社会固定资产投资、国有经济固定资产投资和私营个体经济固定资产投资波动的分解结果(中位数和1/3、2/3分位数)。

表4—1　省份全社会固定资产投资波动的方差分解结果　(单位:%)

地区	因子	1/3Q	Med	2/3Q	地区	因子	1/3Q	Med	2/3Q	地区	因子	1/3Q	Med	2/3Q
北京	国家	51.5	53.3	55.0	吉林	国家	56.8	58.5	60.1	广西	国家	85.9	87.1	88.2
	省份	12.7	17.8	23.0		省份	12.9	17.0	21.4		省份	0.9	2.0	3.7
	区域	4.4	6.6	9.3		区域	4.2	7.0	10.2		区域	0.1	0.3	0.6
	异质	15.9	21.0	26.0		异质	11.3	15.4	19.6		异质	8.0	9.4	10.7
天津	国家	54.7	56.8	58.7	黑龙江	国家	66.3	68.5	70.4	重庆	国家	53.2	54.8	56.3
	省份	1.0	2.0	3.5		省份	10.9	14.3	17.8		省份	6.6	10.1	14.1
	区域	1.2	2.2	3.6		区域	0.2	0.4	0.8		区域	1.0	2.3	4.3
	异质	35.0	37.5	39.9		异质	13.1	16.5	19.9		异质	27.3	30.7	33.8
河北	国家	70.4	72.5	74.2	河南	国家	56.7	59.7	62.3	贵州	国家	33.8	35.2	36.6
	省份	16.7	19.2	21.4		省份	26.8	30.0	33.4		省份	42.8	47.7	52.0
	区域	0.3	0.8	1.9		区域	1.2	2.5	4.4		区域	1.7	3.5	6.0
	异质	3.9	5.7	8.1		异质	4.6	6.1	7.8		异质	7.9	10.9	15.0
上海	国家	63.0	64.8	66.6	山西	国家	30.5	32.4	34.3	云南	国家	81.5	82.7	83.8
	省份	4.7	11.3	16.7		省份	23.9	31.8	39.7		省份	10.3	11.6	13.1
	区域	1.9	3.6	5.9		区域	8.3	14.6	21.4		区域	0.1	0.3	0.7
	异质	13.2	18.6	24.5		异质	12.6	17.0	22.2		异质	3.9	4.9	5.9
江苏	国家	69.1	70.8	72.5	安徽	国家	66.4	68.1	69.7	西藏	国家	2.5	3.0	3.6
	省份	0.4	1.2	2.9		省份	17.8	21.1	24.0		省份	83.2	87.2	89.7
	区域	5.9	8.6	11.4		区域	0.2	0.6	1.1		区域	1.5	3.6	7.3
	异质	14.8	17.5	20.0		异质	6.7	9.3	12.5		异质	4.0	5.2	6.3

续表

地区	因子	1/3Q	Med	2/3Q	地区	因子	1/3Q	Med	2/3Q	地区	因子	1/3Q	Med	2/3Q
浙江	国家	65.2	67.0	68.6	江西	国家	59.2	60.8	62.3	甘肃	国家	38.1	39.8	41.7
	省份	1.7	2.7	4.0		省份	17.7	23.0	27.4		省份	39.7	46.3	51.0
	区域	3.8	6.1	9.0		区域	0.8	2.0	4.1		区域	4.0	8.5	14.7
	异质	21.0	23.1	25.0		异质	7.6	11.2	15.9		异质	3.2	4.1	5.0
福建	国家	77.5	78.9	80.3	湖北	国家	70.1	71.8	73.4	青海	国家	24.3	25.5	26.7
	省份	1.6	2.4	4.5		省份	17.6	19.7	21.8		省份	54.4	58.5	62.4
	区域	0.8	1.7	3.0		区域	1.1	2.3	4.0		区域	2.1	4.3	7.5
	异质	12.3	15.2	17.2		异质	4.0	5.2	6.4		异质	6.8	9.4	12.4
山东	国家	59.7	61.2	62.7	湖南	国家	67.6	69.1	70.6	宁夏	国家	22.4	24.0	25.9
	省份	6.8	12.6	18.3		省份	22.5	24.4	26.3		省份	33.0	41.8	49.3
	区域	1.2	2.7	4.8		区域	0.3	0.6	1.3		区域	1.0	2.2	3.8
	异质	16.4	21.6	26.6		异质	3.7	4.8	6.1		异质	22.9	30.1	38.1
广东	国家	68.0	70.6	73.4	四川	国家	49.4	51.2	52.8	新疆	国家	50.3	52.0	53.6
	省份	11.4	14.3	16.9		省份	36.2	38.8	41.3		省份	16.4	22.1	28.2
	区域	5.6	9.1	12.3		区域	0.9	2.1	3.9		区域	0.7	1.6	2.8
	异质	3.8	5.3	7.1		异质	5.0	6.5	8.1		异质	17.4	23.2	28.8
海南	国家	32.0	34.2	36.8	内蒙古	国家	37.3	38.8	40.4	均值	国家	54.3	56.0	57.7
	省份	43.1	47.2	50.7		省份	45.4	48.9	51.8		省份	20.8	24.5	28.1
	区域	2.6	4.9	7.7		区域	0.5	1.3	2.9		区域	2.1	3.8	6.1
	异质	10.2	12.8	15.3		异质	7.2	9.2	11.2		异质	11.2	14.1	17.1
辽宁	国家	65.9	67.4	68.9	陕西	国家	53.1	55.0	56.9	变异系数	国家	0.35	0.34	0.33
	省份	10.2	14.2	18.2		省份	14.7	19.1	23.7		省份	0.91	0.80	0.71
	区域	2.3	4.4	7.3		区域	4.0	6.8	10.0		区域	0.98	0.87	0.77
	异质	8.1	11.1	14.6		异质	13.9	17.1	20.2		异质	0.68	0.61	0.57

从表 4—1 来看,平均而言,省份全社会固定资产投资波动的 56%可以被全国动态因子所解释,省份动态因子解释其 24.5%的波动,而区域动态因子的解释能力最弱,仅为 3.8%,异质性成分解释了 14.1%的波动。因此,全国动态因子是省份全社会固定资产投资波动最主要的驱动力,这和郭庆旺、贾俊雪(2005)的估算结果并不一致,因为后者的全国动态因子包含了产出、投资和消费的协动性,而本书只关注投资波动,所以,如果我们将视角集中于投

资波动，省份间的同步性依然较高，并不低于产出的同步性。[①] 省份动态因子居于第二位，而区域动态因子基本上对全社会固定资产投资的波动没有影响。从四大板块间的差异来看，如果不考虑海南的话，东部地区全国动态因子解释力度的均值最高，东北地区次之，西部地区最低。不过，西部地区内部差异明显，广西全社会固定资产投资波动被解释的程度全国最高，达到87.1%，云南次之，不过西藏以及部分西北地区省份的数值偏低。而省份动态因子的解释力度恰好相反，呈东部、东北部、中部和西部递增，省份动态因子对西部地区全社会固定资产投资波动的解释力在1/3以上。而就异质性成分而言，差别并不大，中部地区异质性成分的重要性最低。

从表4—2来看，平均而言，全国、省份、区域动态因子分别可以解释42.3%、25.6%和5.9%的省份国有经济固定资产投资波动，异质性成分为24.4%。显然，类似于全社会固定资产投资，全国动态因子是省份国有经济固定资产投资波动的首要推动力，省份动态因子次之，区域动态因子的影响仍然微弱。相较于全社会固定资产投资，全国动态因子的解释力度有所下降，省份动态因子的解释能力和异质性成分的重要性上升。从四大板块的差异来看，全国动态因子对中部和东北地区国有经济固定资产投资波动的解释力度最强，除山西为32.2%之外，其余省份均在45%以上，均值在1/2以上；东部地区低于上述两个区域，其中海南、天津都不到30%；西部地区最低，且分布不均，广西、云南、陕西相对较高，其余地区偏低。省份动态因子对西部地区国有经济固定资产投资波动的解释力度最强，均值达到40.4%，其中西藏最高，达到

① 在第四章中，根据三次产业的估算结果，全国动态因子解释了44.5%的实际产出波动。

87.5%；如果不考虑海南，则东部地区的省份动态因子解释力度最弱，均值为 10.8%，中部和东北地区居中，其中河南的数值最低。而区域动态因子的解释力度整体偏弱，东部地区的广东、山东、江苏较高，均值为 11.4%，其他地区均偏低。

表 4—2　省份国有经济固定资产投资波动的方差分解结果　（单位：%）

地区	因子	1/3Q	Med	2/3Q	地区	因子	1/3Q	Med	2/3Q	地区	因子	1/3Q	Med	2/3Q
北京	国家	35.1	37.4	39.7	吉林	国家	57.5	59.5	61.6	广西	国家	71.5	73.9	76.3
	省份	16.0	22.4	29.0		省份	9.6	13.6	17.9		省份	4.1	6.8	10.5
	区域	5.2	9.2	13.6		区域	3.0	5.3	8.1		区域	0.5	1.2	2.1
	异质	22.4	28.9	35.0		异质	15.1	19.4	23.3		异质	13.1	15.8	18.5
天津	国家	27.9	29.2	30.6	黑龙江	国家	44.0	45.5	47.0	重庆	国家	24.2	25.5	26.8
	省份	2.2	6.1	11.5		省份	12.0	17.2	22.9		省份	27.9	36.0	44.0
	区域	0.2	0.5	1.1		区域	0.3	0.7	1.4		区域	6.2	11.7	18.1
	异质	57.9	62.5	66.4		异质	30.2	35.7	40.6		异质	15.1	21.2	28.8
河北	国家	46.7	48.6	50.5	河南	国家	73.5	75.0	76.4	贵州	国家	16.9	18.4	20.2
	省份	15.3	19.1	22.9		省份	0.2	0.5	1.1		省份	28.7	34.5	40.7
	区域	9.6	13.9	17.8		区域	0.8	1.6	2.7		区域	0.5	1.3	2.7
	异质	12.1	16.5	21.9		异质	20.2	21.7	23.1		异质	38.8	44.1	48.8
上海	国家	61.8	63.3	64.7	山西	国家	30.5	32.3	34.2	云南	国家	65.7	67.1	68.5
	省份	4.2	8.8	13.3		省份	18.0	25.5	32.5		省份	21.1	23.7	26.2
	区域	0.5	1.3	2.4		区域	2.5	5.6	10.4		区域	0.2	0.4	0.8
	异质	20.6	24.6	28.8		异质	27.8	33.4	38.0		异质	6.4	8.3	10.5
江苏	国家	35.2	37.9	40.7	安徽	国家	48.3	49.8	51.2	西藏	国家	1.2	1.6	2.0
	省份	1.9	4.2	7.7		省份	7.8	10.3	13.2		省份	82.6	87.5	90.8
	区域	18.2	25.6	31.9		区域	0.5	1.1	2.2		区域	2.3	5.4	10.3
	异质	26.7	31.4	36.2		异质	35.0	37.6	40.1		异质	3.3	4.3	5.5
浙江	国家	51.1	53.7	56.7	江西	国家	47.9	49.9	51.9	陕西	国家	50.0	52.0	53.9
	省份	1.5	3.4	5.7		省份	4.7	7.7	11.3		省份	27.1	31.7	36.2
	区域	4.3	6.7	9.2		区域	0.6	1.6	3.4		区域	2.1	4.0	6.3
	异质	32.2	35.2	37.7		异质	34.5	38.0	41.0		异质	7.3	10.3	14.0
福建	国家	64.9	66.5	68.1	湖北	国家	54.3	56.0	57.7	甘肃	国家	24.3	26.1	28.2
	省份	7.0	8.5	11.4		省份	24.2	27.5	30.5		省份	51.3	58.4	63.8
	区域	0.3	0.6	1.3		区域	2.3	4.6	7.3		区域	3.5	7.9	14.5
	异质	19.3	23.1	25.4		异质	8.7	10.7	12.8		异质	4.4	5.6	6.9

续表

地区	因子	1/3Q	Med	2/3Q	地区	因子	1/3Q	Med	2/3Q	地区	因子	1/3Q	Med	2/3Q
山东	国家	33.6	36.3	39.2	湖南	国家	58.5	60.7	62.8	宁夏	国家	6.5	7.6	8.9
	省份	4.9	9.0	13.8		省份	20.9	24.0	27.1		省份	32.2	42.0	51.3
	区域	19.4	27.2	33.1		区域	1.2	2.4	4.0		区域	1.1	2.5	4.6
	异质	20.9	25.7	31.2		异质	9.5	11.7	14.0		异质	37.0	45.3	54.2
广东	国家	39.9	42.6	45.5	四川	国家	36.4	38.3	40.0	新疆	国家	31.1	32.5	34.0
	省份	9.8	15.4	21.7		省份	35.7	39.1	42.4		省份	10.3	15.8	21.3
	区域	17.6	24.7	29.9		区域	2.0	4.4	7.7		区域	0.8	1.8	3.1
	异质	15.1	17.8	20.6		异质	14.5	16.5	18.5		异质	43.4	48.5	53.7
海南	国家	12.9	14.7	16.9	内蒙古	国家	30.8	32.2	33.7	均值	国家	40.6	42.3	44.2
	省份	60.1	67.8	73.2		省份	53.1	56.6	59.7		省份	21.2	25.6	30.1
	区域	1.9	4.2	8.5		区域	0.6	1.4	2.9		区域	3.5	5.9	8.7
	异质	7.2	10.3	13.8		异质	5.9	8.1	10.6		异质	20.6	24.4	28.0
辽宁	国家	49.9	51.4	52.8	青海	国家	25.5	26.8	28.0	变异系数	国家	0.46	0.44	0.43
	省份	12.7	18.0	23.4		省份	49.5	53.1	56.6		省份	0.95	0.82	0.71
	区域	0.9	2.3	4.8		区域	0.7	1.7	3.4		区域	1.51	1.26	1.03
	异质	21.2	25.5	29.6		异质	14.3	17.2	19.9		异质	0.63	0.58	0.54

表 4—3　省份私营个体经济固定资产投资波动的方差分解结果　(单位:%)

地区	因子	1/3Q	Med	2/3Q	地区	因子	1/3Q	Med	2/3Q	地区	因子	1/3Q	Med	2/3Q
北京	国家	14.3	15.8	17.6	吉林	国家	0.1	0.2	0.5	广西	国家	2.1	2.9	3.8
	省份	0.8	1.8	3.6		省份	5.1	11.2	19.5		省份	30.0	45.3	60.6
	区域	0.7	2.0	5.4		区域	1.3	2.8	5.4		区域	1.4	3.1	5.6
	异质	71.8	77.6	81.2		异质	73.4	82.3	89.2		异质	31.1	45.8	60.9
天津	国家	0.3	0.6	0.9	黑龙江	国家	0.0	0.1	0.2	重庆	国家	1.2	1.6	2.0
	省份	1.3	3.2	6.2		省份	7.3	12.9	20.5		省份	20.1	29.6	38.8
	区域	7.8	12.0	16.3		区域	2.3	4.5	7.5		区域	1.3	3.2	6.7
	异质	77.5	82.3	87.1		异质	71.6	79.5	85.8		异质	53.0	61.4	69.6
河北	国家	3.9	5.2	6.5	河南	国家	0.2	0.4	0.7	贵州	国家	3.5	4.1	4.7
	省份	7.4	11.5	16.4		省份	63.3	70.5	76.7		省份	27.5	35.3	42.6
	区域	27.9	38.2	46.8		区域	2.2	5.2	10.3		区域	4.8	9.1	14.2
	异质	32.8	40.7	52.2		异质	15.7	20.1	24.8		异质	42.7	48.1	54.2
上海	国家	1.5	1.9	2.3	山西	国家	3.8	4.7	5.6	云南	国家	21.6	23.8	25.8
	省份	1.2	2.9	6.0		省份	6.0	11.8	19.5		省份	0.5	1.2	2.3
	区域	2.8	5.1	7.8		区域	8.3	13.9	20.5		区域	1.0	2.6	5.5
	异质	83.5	87.8	91.1		异质	57.6	64.0	70.1		异质	66.7	70.0	72.7

续表

地区	因子	1/3Q	Med	2/3Q	地区	因子	1/3Q	Med	2/3Q	地区	因子	1/3Q	Med	2/3Q
江苏	国家	0.3	0.5	0.9	安徽	国家	17.8	19.7	21.5	陕西	国家	0.3	0.6	1.1
	省份	5.2	10.0	15.4		省份	22.7	28.9	34.9		省份	4.3	8.8	14.8
	区域	7.8	13.5	19.7		区域	0.9	2.3	4.8		区域	1.2	2.9	5.6
	异质	64.8	72.9	79.2		异质	40.6	46.0	51.6		异质	77.8	84.2	89.4
浙江	国家	14.3	16.4	18.4	江西	国家	26.5	28.8	30.8	甘肃	国家	16.7	18.9	20.8
	省份	0.8	2.0	3.7		省份	9.4	15.2	21.4		省份	0.4	0.9	1.9
	区域	4.0	7.8	13.9		区域	1.1	2.7	5.4		区域	1.1	2.8	6.4
	异质	64.4	70.4	74.9		异质	45.3	50.2	54.8		异质	70.5	74.8	77.7
福建	国家	41.9	43.5	45.0	湖北	国家	13.5	15.3	16.9	青海	国家	5.3	6.0	6.7
	省份	2.2	3.3	6.8		省份	16.9	21.6	26.5		省份	18.8	22.7	26.5
	区域	0.5	1.1	2.4		区域	0.9	2.3	5.0		区域	0.9	2.2	4.4
	异质	44.8	49.2	51.9		异质	53.5	58.0	62.1		异质	63.5	66.9	70.4
山东	国家	2.6	3.6	4.7	湖南	国家	11.4	13.1	14.7	宁夏	国家	0.2	0.3	0.6
	省份	3.1	6.6	11.5		省份	25.8	32.0	38.8		省份	1.0	2.3	4.7
	区域	22.1	32.8	42.3		区域	1.5	3.6	7.3		区域	4.2	8.6	14.2
	异质	42.5	52.5	63.8		异质	41.4	47.9	53.7		异质	79.0	85.4	90.6
广东	国家	45.1	46.7	48.3	四川	国家	9.8	11.3	12.7	新疆	国家	0.1	0.1	0.2
	省份	4.4	7.9	12.9		省份	59.6	64.3	68.9		省份	3.2	6.6	12.0
	区域	0.2	0.5	1.0		区域	0.9	2.4	5.0		区域	0.4	1.1	2.2
	异质	39.8	43.9	46.7		异质	15.6	19.4	23.2		异质	84.4	90.4	94.3
海南	国家	2.9	3.5	4.3	内蒙古	国家	18.1	20.0	21.8	均值	国家	9.1	10.1	11.1
	省份	10.0	13.1	15.7		省份	1.9	3.6	5.9		省份	11.7	15.9	20.9
	区域	0.9	2.1	4.5		区域	1.0	2.5	5.2		区域	4.0	6.9	10.8
	异质	76.3	78.9	81.0		异质	68.2	71.4	74.1		异质	58.0	64.0	69.4
辽宁	国家	1.6	2.4	3.3	西藏	国家	0.2	0.4	0.9	变异系数	国家	1.31	1.24	1.17
	省份	1.8	4.7	9.8		省份	0.6	1.3	2.4		省份	1.37	1.13	0.94
	区域	7.4	12.9	19.1		区域	4.9	9.6	15.7		区域	1.54	1.24	0.97
	异质	68.2	74.9	81.0		异质	80.7	86.9	92.0		异质	0.33	0.30	0.27

从表 4—3 来看,对省份私营个体经济固定资产投资波动来说,平均而言,异质性成分居于主导地位,达到 64%,省份动态因子和全国动态因子分别解释了 15.9%和 10.1%的波动,区域动态因子的解释力依然最弱,不到 7%。所以,省份私营个体经济波动的异质性最为突出。从四大板块间的差异来看,全国动态因子对

东部地区和中部地区的私营个体经济固定资产投资的解释力度高于东北和西部地区，其中，广东、福建最高，全国动态因子可以解释40%以上的私营个体经济固定资产投资波动，而中部地区除河南、山西偏低之外，其余均在13%以上，西部地区除了内蒙古、云南之外，数值偏低。省份动态因子对中部地区私营个体经济的解释力度最高，均值在30%以上，西部地区主要是西南地区的四川、重庆、广西、贵州数值较高，西北地区除甘肃之外均较低，省份动态因子对东部和东北地区的私营个体经济的投资影响很小。区域动态因子能够解释河北、山东1/3左右的私营个体经济投资波动，对其余省份的影响不大，并呈东部、东北部、中部、西部递减。最后，东北地区个体私营经济投资波动的异质性最为突出，西部次之，中部最低。

4.2.2.2 省份各类型固定资产投资波动的特征

根据上述分析，我们可以得到如下省份各类型固定资产投资波动的特征：

首先，结合基于核密度估计的不同类型因子贡献度的分布(图4—2)，省份间全社会和国有经济固定资产投资波动的同步性较高，全国动态因子是其波动的主要驱动力，而省份间私营个体固定资产投资的波动很少受到全国投资周期(全国动态因子)的影响。因此，个体私营固定资产投资的异质性提高了针对投资波动的宏观调控难度。

其次，区域动态因子对省份各种类型固定资产投资的解释力度均很弱，从核密度估计来看，三者核密度函数亦较为接近，主要分布在10%以内，这表明省份投资波动很少受到四大板块的区域性因素影响，因而，至少对于投资波动的调控而言，四大板块的区域划分并不适宜于宏观调控政策在空间上细化的作用层次。

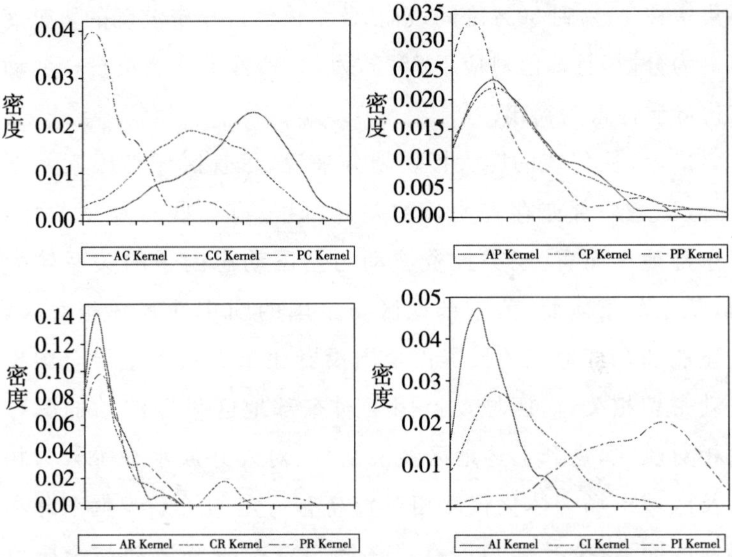

图 4—2　基于核密度估计的不同类型因子贡献度的分布

注:第一个字母 A、C、P 分别表示全社会、国有经济、私营个体经济固定资产投资,第二个字母 C、P、R、I 分别表示国家、省份、区域动态因子以及异质性成分。如 AC 表示全社会固定资产投资被国家动态因子的解释程度。

第三,省份动态因子对全社会和国有经济固定资产投资波动贡献度的核密度分布非常接近,主要分布在 10%—30%之间,对私营个体经济固定资产投资波动贡献度的分布则主要集中在 5%到 15%之间,是影响上述类型投资波动的第二大因子。尤其是在西部地区,省份动态因子对其国有经济固定资产投资波动的解释力度,平均在 40%以上。因此,就宏观政策调控而言,很有必要在空间上细化到省这一层次。

第四,从核密度估计来看,异质性成分对省份全社会固定资产投资波动的贡献度最为集中,且数值偏小,集中于 5%到 25%之间;对省份国有经济固定资产投资波动的贡献度分布相对分散,主要集中在10%到30%之间;对私营个体经济投资波动的贡献度分布最为分散,且峰值对应于75%,因此,私营个体经济投资波动的省份异质性最为突出。

最后,从传统的四大板块划分来说,尽管区域性因素并不重要,且区域内部亦存在明显的差异,但也有一些有意思的特点。就东部地区而言,三类投资波动与全国动态因子的关系较为密切,就东部整体而言,东部地区与全国的同步性水平相对较高,这显然和东部地区的投资占全国投资比重大从而主导全国投资波动密切相关;而区域动态因子对东部地区投资波动的解释力度相对较强,这和上述地区经济结构、对外开放水平等较为相似以及区域市场一体化程度相对较高有一定的关系。就东北和中部地区而言,全社会与国有经济固定资产投资波动与全国投资波动的同步性水平较高,这和两个地区国有经济投资比重偏高从而主导全社会固定资产投资波动相关。中部和西部地区的省份动态因子的重要性高于其他两地区,即在剔除全国及区域动态因子的影响之后,省份内部各类型投资波动的同步性相对较高,其中,中部和西南地区私营个体经济、西部地区的国有经济固定资产投资的省份因子贡献度均较为突出,这可能因为上述地区地方国有经济比重相对较高,从而地方政府更易于控制,而且私营个体经济发展相对滞后,其发展和投资对国有经济具有较高的依赖性,从而形成较强的省内协动性。

4.2.3 省份特征与动态因子的影响力

类似于前面章节的分析,我们进一步分析国家、省份、区域动态因子以及异质性成分对各省份全社会、国有经济和私营个体经济固定资产投资波动的解释力度与省份特征之间的关系。我们选取的省份特征变量分别是地方财政支出比重(GOV),表示政府规模;进出口总额占 GDP 的比重(OPEN),表示对外开放程度;工业比重(IN2),表示工业化水平;相对人均 GDP 水平(RPGDP,以上海为 100),表示经济发达程度;最后是本省 GDP 占全国 GDP 的比重(S),表示该省对全国经济的影响力,取 1984—2007 年间的均值。上述省份特征与动态因子影响力的相关系数计算结果见表 4—4。

表 4—4　省份特征与动态因子影响力的相关系数

	AC	AP	AR	AI	CC	CP	CR	CI	PC	PP	PR	PI
GOV	−0.70	0.77	−0.04	−0.17	−0.55	0.73	−0.23	−0.25	−0.19	−0.18	−0.12	0.36
P值	0.000	0.000	0.819	0.358	0.002	0.000	0.228	0.184	0.324	0.344	0.530	0.053
OPEN	0.21	−0.35	0.30	0.23	0.05	−0.26	0.37	0.15	0.36	−0.37	−0.08	0.16
P值	0.254	0.056	0.104	0.213	0.800	0.159	0.043	0.417	0.044	0.042	0.682	0.385
IN2	0.55	−0.69	0.14	0.29	0.44	−0.72	0.19	0.40	−0.02	−0.06	0.31	−0.09
P值	0.002	0.000	0.450	0.111	0.013	0.000	0.296	0.025	0.905	0.753	0.090	0.637
RPGDP	0.22	−0.42	0.16	0.41	0.16	−0.37	0.16	0.26	0.03	−0.38	0.06	0.32
P值	0.227	0.019	0.395	0.023	0.390	0.040	0.386	0.154	0.876	0.035	0.739	0.081
S	0.57	−0.54	0.17	−0.09	0.39	−0.59	0.72	0.01	0.25	0.05	0.37	−0.38
P值	0.001	0.002	0.352	0.638	0.029	0.001	0.000	0.967	0.172	0.803	0.042	0.036

在此,我们主要讨论通过了 10%以上显著性水平检验的特征变量。首先,就地方财政支出比重来看,政府规模越大的省份,国家动态因子对其全社会和国有经济投资波动的解释力度越弱,省份异质性的比重越高,私营个体投资的异质性成分更高。其次,对于对外开放程度而言,开放度越高的省份,省份动态因子对三类投资波动的解释程度越小,区域动态因子对全社会和国有经济投资波动的解释程度越高,国家动态因子对私营个体经济投资波动的解释程度亦越高。第三,工业比重和全社会、国有经济投资波动的关系恰好与财政支出比重相反,工业比重越高的省份,异质性成分对国有经济投资波动的解释程度最高,区域动态因子对私营个体经济投资波动的影响力也越大。第四,相对人均 GDP 越高的省

份，省份动态因子对各类型投资波动的影响力越弱，不过，全社会和私营个体经济的异质性也更突出。最后，从省份 GDP 占全国的份额来看，经济规模越大的省份，全国动态因子对全社会、国有经济投资波动的影响力越大，省份动态因子对全社会、国有经济投资波动的影响力越弱，区域动态因子对国有经济和私营个体经济投资波动的解释力度越高，且私营个体投资波动的异质性越弱。

因此，总的来说，对外开放水平和工业化水平越高、经济规模越大、政府规模越小、经济越发达的省份，其投资波动和全国共同周期成分的同步性越高，而省份动态因子的影响力越弱。此外，对外开放水平高、经济规模大的省份，区域动态因子的影响力相对而言较强。

4.3　所有制结构与投资周期

从上文分析来看，国有经济固定资产投资波动和全社会固定资产投资波动的省份特征较为接近，但是私营个体经济固定资产投资波动呈现明显的异质性，但是多动态因子模型所估算的动态因子包含了三类投资间的协动性，无法分别给出各类型投资的具体演进状态和波动特征，也不能给出同一类型投资省份间的同步性测度。因而，我们无法确认上文所述的不同类型固定资产投资省份间同步性的差异是因为不同类型投资波动之间同步性的差异还是同一类型投资省份间同步性的差异所造成的或者是兼而有之。所以，在本部分，我们利用单动态因子模型分别对全社会、国有经济、私营个体经济固定资产投资波动进行分析。

4.3.1 方法说明

关于各类型固定资产投资自身的全国性动态因子估计,我们利用第二章所介绍的动态因子模型(DSFM)。具体模型估算方法和过程见第二章。在模型设定方面,我们假定共同因子和残差项遵循二阶滞后。

$$I_t^{\mathrm{m}}=\gamma(L)F_t^{\mathrm{m}}+\xi_t^{\mathrm{m}},\quad m=a,c,p \tag{4-5}$$

$$D(L)\xi_t^{\mathrm{m}}=\upsilon_t^{\mathrm{m}} \tag{4-6}$$

$$\varphi(L)F_t^{\mathrm{m}}=\eta_t^{\mathrm{m}} \tag{4-7}$$

$$\Sigma=\mathrm{cov}([(\varepsilon_t^{\mathrm{m}}),\eta_t^{\mathrm{m}}])=diag[\sigma_1^2,\cdots,\sigma_G^2,\sigma_\eta^2] \tag{4-8}$$

根据式(4—5)至式(4—8)构成的动态因子模型,I_t^{m} 是 N 个省份第 m 类固定资产投资的增长率(从而保证序列平稳)序列,并经过标准化处理;a、c、p 分别表示全社会、国有经济和私营个体经济固定资产投资;F_t^{m} 是共同因子,遵循一个自回归过程;$\gamma(L)$、$D(L)$、$\varphi(L)$、ξ_t^{m}、υ_t^{m} 和 η_t^{m} 的定义和性质与第二章相同,估算方法也相同。具体而言,在年度数据模型的估算中,我们设定 $D(L)$和 $\varphi(L)$分别为一、二阶滞后,$\gamma(L)$不存在滞后期。我们对一阶差分作标准化处理,从而保证各序列的平稳性,也避免因为规模差别造成对估算结果的影响。

4.3.2 动态因子估算结果及分析

4.3.2.1　估算结果说明

根据估算结果,我们分析不同类型固定资产投资波动的同步性问题。图 4—3 给出了全社会、国有经济和私营个体经济固定资产投资增长率动态因子的估算结果。相较于上文估算的投资波动的全国动态因子(见图 4—1),全社会和国有经济固定资产投资的共同因子和全国投资动态因子波动的拐点基本上一致,而私营个体经济固定资产投资的动态因子则与其存在一定程度的差异。

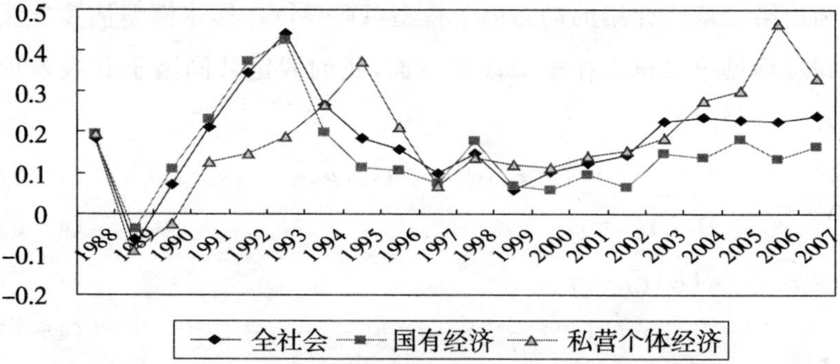

图 4—3　各类型经济固定资产投资增长率的动态因子

我们引入动态相关系数(Croux,et. al.,2001),给出三类投资与全国投资动态因子的同步性定量结果。由于本书重点关注的是经济周期,即通常定义在 1.5 年—8 年间的经济波动,简单的相关系数难以捕获到这一频段上两列时间序列的相关性, Croux,et. al.(2001)将动态相关系数定义为两列时间序列的联合谱除以(Co-Spectrum)各序列自身谱(Spectra)乘积的开方,从而可以捕获到样本期内两列时间序列在不同频率点和频带(Frequency Band)上的相关性。具体计算结果见图 4—4。图中阴影部分(π/4,π)对应于 2—8 年的经济周期部分,与直观相同,全社会固定资产投资动态因子与全国投资动态因子的相关性最高,均值达到 98.2%;国有经济固定资产投资动态因子与全国投资动态因子的相关系数次之,均值为 94.7%,而私营个体经济固定资产投资的动态因子与全国投资动态因子的相关系数明显低于前者,为51.8%。不同类型投资波动与全国投资动态因子同步性的差异对于后者在解释不同省份间不同类型投资波动的差异起着关键性的作用。

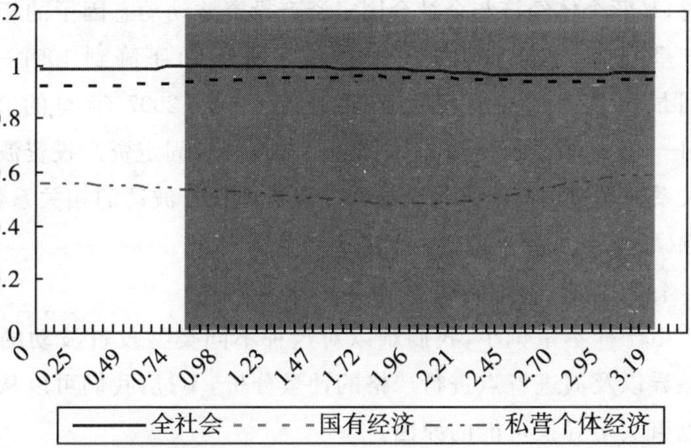

图 4—4　各类型经济投资因子与全国投资动态因子的动态相关系数

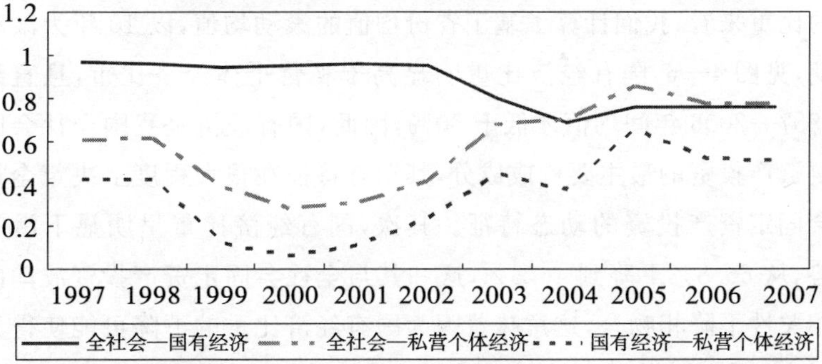

图 4—5　全社会、国有经济、私营个体经济投资动态因子间的相关系数

从全社会、国有经济和私营个体经济固定资产投资动态因子相互之间的关系来看,就统计意义上而言,后两者是前者的组成部分。进一步分析后两者与前者的同步性,为了考察这种同步性演变过程,利用滚动相关系数,以 10 年为滚动期,计算结果见图 4—5。从该图来看,全社会与国有经济固定资产投资波动动态因子的同步性

水平呈下降态势，相关系数从 1988—1997 年间的 0.96 下降到 1998—2007 年间的 0.76，明显的转折点发生在 1994—2003 年间。同时，私营个体经济与全社会固定资产投资波动动态因子的相关系数则呈 U 型，在初始 1988—1997 年间的 0.60 下降到 1991—2000 年间最低值 0.28，然后逐渐回升至 1998—2007 年间的 0.78。1994—2003 年间之后，私营个体经济与全社会固定资产投资波动的相关系数超过国有经济与全社会固定资产投资波动的相关系数，但差额微小。

4.3.2.2 结果解释

由于样本量偏小，我们难以对这种不同类型投资波动的同步性差异以及演进特点进行严格的计量分析，不过，我们可以从以下几点事实中寻找可能的原因。

首先，从国有经济和私营个体经济投资占全社会固定资产投资的比重来看，我们计算了基于省份均值的滚动均值，以 10 年为滚动期，见图 4—6，国有经济比重明显高于私营个体经济比重，且直到 1997—2006 年间均值才低于 50%，因此，国有经济是我国全社会固定资产投资的最主要构成成分，其动态特征在很大程度上决定全社会固定资产投资的动态特征。其次，国有经济比重呈明显下滑态势，从 66.8%下降到 46.3%，这和其与全社会固定资产投资波动的相关性下降相吻合，这意味着因为国有经济比重的下降可能使得其对全社会固定资产投资波动的影响力下降，而私营个体经济比重呈明显的 U 型，这亦和前述同步性的演变特征相吻合。但是，比重的变化并不能完全解释这种同步性的差异及演变。[①] 因此，我们也需

---

① 从图 4—5 来看，国有经济和全社会固定资产投资波动的相关性呈突变性变化，这和国有经济比重的平缓下降是不一致的。另外，个体私营经济比重变化幅度并不大，而其与全社会固定资产投资波动相关性的变动幅度相对更大。

要借助制度变迁来解释上述问题，特别是 1994 年以来的突变性问题。

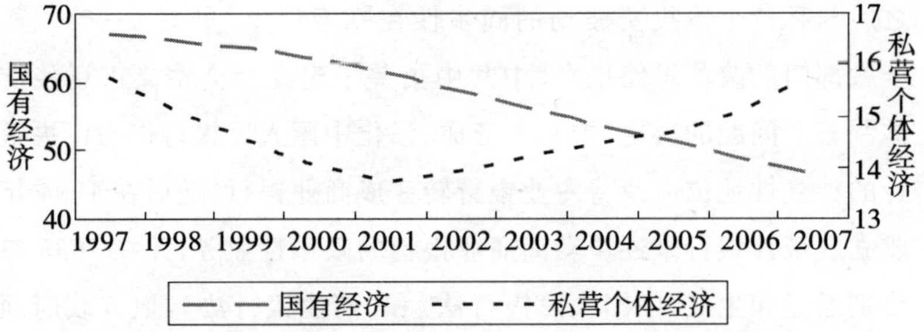

图 4—6　国有经济和私营个体经济固定资产投资比重的滚动均值(%)

从政治经济周期形成省份投资波动的观点来看，这一经济周期的形成以地方政府对经济具有较强控制力和影响力为前提，具体包括地方财权、地方国有经济的控制力和银行信贷影响能力。我国宏观经济管理体制的变迁深刻影响着这一前提。1994 年以来的财政分权体系的大幅改革，地方财权收缩，归属地方的财政收入比重下降，地方财政支出对中央政府的依赖性增强，降低了地方对投资等经济活动的影响力。增强国有企业自主性一直是国有企业改革的主线之一。1993 年 11 月底十四届三中全会通过的《中共中央关于建立社会主义市场经济体制若干问题的决定》，正式提出国有企业经营机制要建立"适应市场经济要求，产权清晰、权责明确、政企分开、管理科学的现代企业制度"，随后在实践中逐步推行的抓大放小①，大量地方国有企业转制或者破产，以及十五大以来大力推行的国有企业股份制，都使得地方政府对国有经济的控

① 在十五届四中全会中通过的《中共中央关于国有企业改革和发展若干重大问题的决定》中强调了这一措施的正确性和有效性。

制力明显下降，国有企业成为市场经济中追求利润最大化的主体，其经济行为逐渐与私营经济趋同，其投资波动在1996—2005年间之后与私营个体投资波动的同步性在0.5以上(见图4—5)。而金融部门的改革思路也在《中共中央关于建立社会主义市场经济体制若干问题的决定》中基本形成：强化中国人民银行作为中央银行的独立性地位以及将专业银行转变成商业银行，随后在1994年成立政策性银行来逐步剥离商业银行的政策性业务，并在1995年分别通过和生效《中国人民银行法》和《商业银行法》，地方政府通过银行信贷影响国有经济投资的途径并不完全畅通了。显然，上述20世纪90年代中期以来的体制变迁，降低了地方政府对国有经济投资的影响力，20世纪90年代中期以前的投资波动机制发生了一定程度变化，投资波动中的政治体制性的影响力有所下降。同时，随着对外开放程度的不断提升，国际经济冲击对中国经济周期的影响很大，经济周期的影响因素日益多元化，市场化因素的重要性日益突出。这两种力量的此消彼长，在一定程度上推动了全社会和国有经济、私营个体经济投资动态因子的相关系数在20世纪90年代中期以后的逆转。

此外，针对样本期初私营个体经济和全社会固定资产投资动态因子相关系数较高的现象(见图4—5)，我们认为，在样本初期，中国经历一次改革开放以来最严重的紧缩期和经济过热期，通常在经济严重紧缩或者高度过热时，相关经济变量的协动性也较高，所以会出现这一现象。而对于私营个体经济的波动在20世纪90年代前半期明显滞后于全社会和国有经济固定资产投资的现象(见图4—3)，我们认为这亦和体制性的因素有关。根据林毅夫等(1999)，20世纪90年代中期之前，政府对传统发展战略目标的倾向，宏观调控的突出特点之一是抑制非国有经济的发展，尤其是在紧缩之后，资源更为短缺，政府首先考虑体现其战略目标的大中型国有企业的资源需求，客观上在信贷等方面不利于非国有经济的资源获取，造成体制复归，从而表现为图4—3中私营个体经济固定资产投资复苏幅度低于国有经济，且明显滞后于国有经济。[①] 最后，2005年以来个体私营经济投资的迅速增长在一定程度上和国务院颁发的《关于鼓励支持和引导个体私营等非公有制经济发展的若干意见》有关，具体包括放宽非公有制经济市场准入、加大对非公有制经济的财税金融支持和完善对非公有制经济的社会服务等，这对个体私营经济的发展起到了重要的促进作用。

4.3.3 同一所有制类型投资周期的省份间同步性分析

4.3.3.1 估算结果说明

在不考虑不同类型投资间的协动性的情况下，我们分析同一类型投资省份间同步性。载荷矩阵可以度量各省份各类型投资波动与动态因子(共同周期成分)同步性的强度[②]和方向。三种类型投资的省份载荷系数及衡量其显著性水平的T统计量见表4—5。

根据表4—5，就以载荷系数衡量的同步性而言，平均来说，全社会固定资产投资波动的省份间同步性最高，国有经济仅以微小

① 事实上，在应对2008年以来的金融危机的经济刺激中，国有经济的信贷环境也明显优于私营个体经济，比如房地产行业，国企背景的房地产企业频繁成为"地王"，引发了又一场关于"国进民退"的讨论。

② 根据动态因子模型式(4—5)至(4—8)，以及对$\gamma(L)$的设定，各省份m类型投资的方差分解如下：$var(I_t^m)=\gamma^2 var(F_t^m)+var(\xi_t^m)$。我们在估算中作了标准化处理，因此，动态因子$\gamma^2 var(F_t^m)/var(I_t^m)=\gamma^2$。

的差距次之，而私营个体经济的同步性最低。全社会固定资产投资的载荷系数除海南、西藏外，均通过了1%以上的显著性水平检验；国有经济固定资产投资的载荷系数也是海南、西藏以及宁夏偏低，其余地区均非常显著，而且，从变异系数来看，两类投资的载荷系数和T统计量的省份差异较小。而私营个体经济的省份差异明显，远高于前两种类型，大部分东部沿海地区、中部地区私营个体经济投资与本类型动态因子的同步性相对较高，北京、黑龙江、上海、海南以及部分西部省份的同步性较弱。所以，基于多动态因子模型估算的个体私营经济投资波动的同步性较弱的结果，不但与私营经济投资波动与国有经济、全社会投资波动的协动性较弱有关，也与私营个体经济自身省份间的同步性偏低有关。

表4—5　各类型投资动态因子的省份载荷系数及其T统计量

	全社会		国有经济		私营个体			全社会		国有经济		私营个体	
	载荷	T	载荷	T	载荷	T		载荷	T	载荷	T	载荷	T
北京	0.60	4.04	0.65	3.99	0.16	0.91	湖南	0.69	5.29	0.76	5.10	0.65	4.00
天津	0.63	4.08	0.46	2.67	0.28	2.03	广东	0.68	4.48	0.68	4.12	0.33	1.72
河北	0.71	4.99	0.69	4.15	0.48	3.89	广西	0.77	5.83	0.82	5.65	0.34	2.37
山西	0.46	2.67	0.50	2.75	0.25	1.80	海南	0.36	2.07	0.39	1.98	−0.04	−0.23
内蒙古	0.54	3.72	0.41	2.37	0.54	4.15	重庆	0.62	4.12	0.39	2.43	0.28	1.88
辽宁	0.67	4.68	0.61	3.85	0.48	3.33	四川	0.60	4.38	0.57	3.58	0.57	3.66
吉林	0.67	4.14	0.70	4.55	0.27	1.58	贵州	0.50	3.00	0.62	2.95	0.16	0.90
黑龙江	0.69	4.80	0.57	3.17	0.16	0.93	云南	0.72	5.28	0.77	4.99	0.53	3.22
上海	0.60	4.66	0.55	3.34	0.18	1.23	西藏	0.13	0.96	0.11	0.63	0.38	2.38
江苏	0.71	5.05	0.67	3.89	0.53	3.29	陕西	0.54	2.85	0.63	3.74	0.24	1.77
浙江	0.62	4.27	0.70	4.23	0.66	4.25	甘肃	0.44	3.48	0.45	3.33	0.60	4.64
安徽	0.72	5.18	0.63	4.07	0.65	5.25	青海	0.51	2.33	0.50	2.56	0.22	1.47
福建	0.60	4.52	0.57	3.53	0.43	2.49	宁夏	0.44	2.45	0.35	1.94	0.18	1.61
江西	0.69	4.24	0.67	3.40	0.61	4.33	新疆	0.63	3.38	0.53	2.93	0.15	0.89
山东	0.67	4.22	0.69	3.97	0.44	3.05	均值	0.60	4.02	0.59	3.54	0.38	2.59
河南	0.66	4.33	0.78	5.19	0.55	3.34	v	0.22	0.28	0.26	0.31	0.50	0.53
湖北	0.71	5.11	0.72	4.61	0.61	4.14							

注：v为变异系数。

4.3.3.2 进一步解释

显然,国有经济是全社会固定资产投资最为重要的组成部分,因此,后者波动的特征很大程度上由前者决定,包括同步性。所以,我们重点解释国有经济和私营个体经济投资波动省份同步性差异的原因。我们依然从政治经济周期的角度去理解。如上文所述,中国具有明显的政治经济周期,总固定资产投资增长率的4次峰值分别出现在中共十三大、十四大、十五大和十六大召开的次年(Tao,2004)。根据这一逻辑,在改革以来的前15年,中央和地方政府对国有经济的控制力和银行信贷的影响力都很强,作为政治经济周期最主要的冲击,中共代表大会的召开对于地方而言是共同冲击,而地方换届在时机上也基本同步,这样便构成了政治周期冲击的同步性,从而使得国有经济以及全社会固定资产投资的同步性水平较高。而对于私营个体经济而言,利润最大化是其首要目标,而这往往受地方投资环境的影响,容易体现地区的异质性;而且,在我们的样本期初到20世纪90年代前期,中国省际市场分割程度处于恶化的阶段,诸侯经济登峰造极,市场一体化程度到20世纪90年代中期才开始好转(白重恩等,2004;陈敏等,2007),这必然影响资本在省际的流动,割裂了个体私营经济波动在省际的联系和扩散效应;此外,由于改革早期对个体私营经济的认识有所反复,地方政府对其松紧措施亦有所区别,上述因素都将降低私营个体经济投资波动的同步性。

我们进一步从同步性的时间演进特点来验证上述解释。我们以10年为滚动期,计算了全社会、国有经济和私营个体经济投资波动的滚动 Cohesion 指数。Cohesion 指数基于所有省份投资增长率动态相关系数的均值而得,可以用来衡量省份投资波动的同步性(Croux 工,et. al. ,2001),在本书中,涉及 465 对省份的动态相关系数。图 4—7 给出了各类投资波动 Cohesion 指数在经济周期阶段(1.5—8 年)的均值。

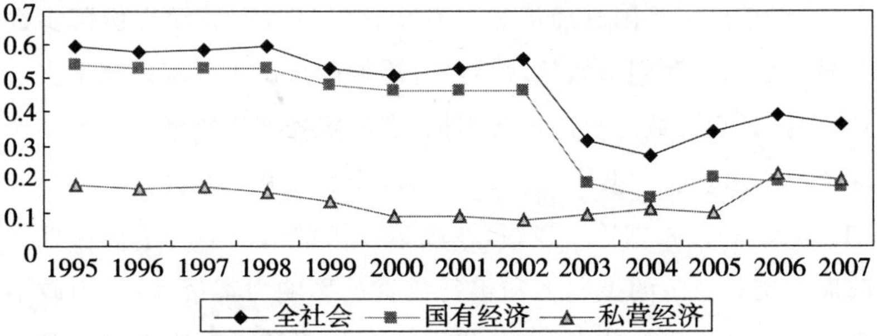

图 4—7　各类投资波动的 Cohesion 指数

根据图 4—7,全社会固定资产投资波动的省份同步性和国有经济固定资产投资波动的省份同步性的演变基本一致,Cohesion 指数亦基本呈全社会、国有经济、私营个体经济波动同步性递减,与前述基于动态因子模型估算的省份同步性一致。从时间上的演进来看,全社会和国有经济投资波动的省份同步性呈下降态势,1986—1995 年间及 1993—2002 年间的降幅很缓慢,而 1994—2003 年间 Cohesion 指数突然深幅下滑,到 1996—2005 年间之后,全社会和国有经济投资波动的省份同步性演进并不同步,前者重新上升,后者仍未好转。而个体私营经济投资的省份同步性变动幅度不大,经历了先下降后上扬的过程,上扬点亦出现在 1994—2003 年间,并在 1997—2006 年间之后,同步性超过国有经济投资波动的同步性。这种不同类型投资波动同步性的演进过程表明,在 20 世纪 90 年代中期以来,随着市场经济体制的逐渐建立、完善和国际经济冲击影响力的上升,传统的政治经济周期影响机制弱化，同样，建立在政治冲击基础上的省份投资波动的同步性亦开始下降，而基于国内外市场一体化程度提升、政企分开、央行独立等市场化因素推动下的同步性开始逐步提高，逐渐成为推动全社会固定资产投资波动省份同步性提升的重要力量。最后，需要指出的是，因为数据缺失，我们无法对联营经济、股份制经济、外商投资经济、港澳台投资经济的投资波动进行分析，而股份制以及港澳台投资和外商投资也日益成为我国固定资产投资的重要组成部分，其波动特征也将深刻影响全社会固定资产投资波动。在市场经济体制和宏观调控体制不断完善的今天，上述所有制经济的投资行为与个体私营经济的投资行为就本质上而言是相同的。不过前述所有制经济主体的经济实力，平均而言强于后者，其投资布局所受局限少于后者，因此，在一体化程度不断提升的前提下，前述所有制经济投资波动的省份同步性可能高于个体私营经济，从而也是现在和未来推动我国省份投资波动同步性提升的重要组成力量。这和第二章中发现的事实相吻合：即2000年以来，市场化因素重要性的提升，逐步改变了同步性省份差异的分布格局，推动了市场化程度较高的东部地区、尤其是东南沿海地区与全国共同周期的同步性，其对共同周期的影响力度处于提升态势。

4.4　本章小结

体制因素是中国经济周期形成的重要影响因素，而投资则是影响机制实现的客体。另外，高投资率是中国经济增长的重要源泉，投资波动也是中国经济波动的主要因素。本章根据

1984—2007 年间省份全社会、国有经济和私营个体经济固定资产投资增长率的数据，利用多动态因子模型提取相互正交的全国、省份、区域投资动态因子，并将上述各省份各类型投资波动原因分解为全国共同投资周期、省份投资周期、区域投资周期的影响以及异质性成分。分解结果表明，在省份全社会和国有经济固定资产投资波动中，全国共同投资周期的重要性最为突出，分别平均解释了两类投资 50%以上和 40%以上的波动，省份动态因子的影响力次之，区域动态因子的影响力最弱。而对于私营个体经济固定资产投资波动而言，异质性成分居于主导地位，省份动态因子和全国动态因子分别解释了 15.9%和 10.1%的波动，区域动态因子的解释力依然最弱。因此，个体私营固定资产投资的异质性提高了针对投资波动的宏观调控难度，四大板块的区域划分并不适宜于投资调控政策在空间上细化的作用层次，且很有必要在空间上细化到省这一层次。

从上述方差分解的区域分布来看，东部地区三类投资波动与全国共同周期的关系较为密切，这和其投资占全国比重大相关，而且因为东部地区省份经济结构、对外开放水平等较为相似，区域动态因子对东部地区投资波动的解释力度相对较强；中部和西部地区的省份动态因子的重要性高于其他两个地区，这和地方国有经济比重相对较高从而地方政府更易于控制有关，而且私营个体经济发展相对滞后，其发展和投资对国有经济具有较高的依赖性，从而形成较强的省内协动性。进一步结合省份特征的分析验证上述结论，总体而言，对外开放水平和工业化水平越高、经济规模越大、政府规模越小、经济越发达的省份，投资波动和全国共同周期成分的同步性越高，而省份动态因子的影响力越弱。此外，对外开放水平高、经济规模大的省份，区域动态因子的影响力相对而言较强。

根据单动态因子模型，我们分别提取全社会、国有经济、私营个体经济投资动态因子，发现多动态因子模型中省份私营个体经济投资波动异质性突出的原因是私营个体经济投资波动与全社会和国有经济投资波动的协动性弱以及私营个体经济投资本身省份同步性不强。根据我们利用滚动相关系数和滚动 Cohesion 指数给出的私营个体与全社会、国有经济投资波动的协动性以及私营个体经济自身省份同步性的演进特点，结合政治经济周期逻辑，我们分析了上述差异形成的体制性因素。国有经济与全社会投资波动的相关性长期高于私营个体经济与全社会投资波动的相关性，但是在样本期末，两者关系发生了逆转，这除与国有经济投资比重下降有关，还与体制性因素有关。随着 20 世纪 90 年代中期以来市场经济体系的逐渐建立和完善，财政分权体制改革、央行独立性增强、国企改制，都削弱了地方政府对经济的影响力，投资波动中的政治体制性的影响力有所下降，国际冲击等市场化因素的重要性日益突出，因此，曾长期被国有经济投资波动主导的全社会投资波动与私营个体投资波动的相关性逐步提升。同时，早期全社会和国有经济投资的省份高同步性在一定程度上与政治周期的共同冲击以及地方政府换届时机的同步性密切相关，而个体私营经济投资的省份低同步性则与地方投资环境差异、地方政府对私营经济发展的态度差异、省级市场分割等密切相关。随着 20 世纪 90 年代中期市场化改革的深入，政治周期冲击的重要性下降，全社会投资的省份同步性开始下滑，不过，国内外市场一体化程度提升、政企分开、央行独立等市场化因素推动下的同步性开始逐步提高，逐渐成为推动全社会固定资产投资波动省份同步性提升的重要力量。因此，我们仍需要不断深化市场化改革，继续推进市场一体化建设，提高基于市场化因素的省份投资的同步性。

第5章　区域出口周期:国际经济冲击和区域经济波动

自1978年改革开放以来,我国对外开放水平不断提高,与世界经济的联系日益密切,外部经济冲击势必对我国经济波动产生影响。考虑到我国人民币资本项目可兑换仍未放开,人民币仍实行较严格的有管理的浮动汇率政策,因此,国际经济冲击的影响主要通过国际贸易渠道来实现(杜婷,2006)。根据图5—1,我国对外贸易依存度从1978年的9.8%提高到2008年的59.2%,出口总额从1985年的273.5亿美元增加到2008年的14285亿美元,出口依存度则从8.9%上升到2008年的33%。因此,出口成为与投资、消费并驾齐驱的拉动中国经济增长的三驾马车之一,也深刻影响着中国经济周期的形成与演变。根据本书第二章区域经济周期总体特征的分析,20世纪90年代后期以来,国际经济冲击对区域经济周期的区制转换以及其他特征的影响逐渐显现。所以,我们很有必要从开放的视角出发,利用贸易这一传导渠道,研究中国的经济周期问题。

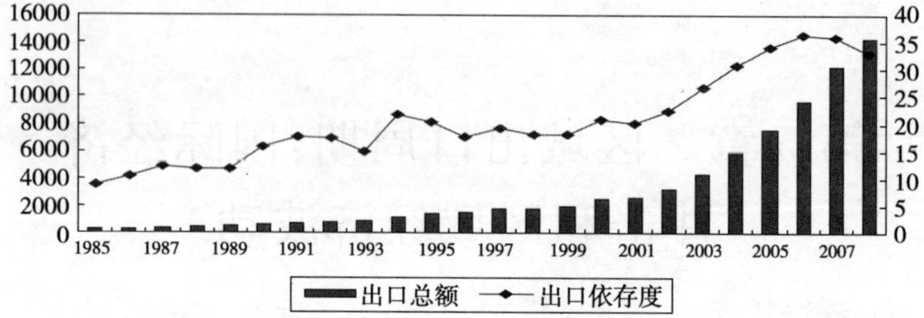

图 5—1　中国出口总额和出口依存度(1985—2008)(单位:亿美元;%)

注:出口依存度的计算方法为:美元计价的出口总额乘以名义汇率除以GDP。

同时,就区域层面而言,中国对外开放水平呈现明显的区域差异,根据图 5—2,1985—2008 年间,广东的出口依存度接近 70%,最低的贵州则不到 3%,31%的省份超过 10%,21%的省份低于 5%。而且,不同区域的出口国别结构和产业结构亦存在明显的差异。因此,不同区域出口对国外市场冲击的反应可能有所不同,不同区域国民经济对出口冲击的反应亦可能有所不同,而这些差异将影响区域经济周期的形成与演变。所以,结合区域对外开放水平的差异,分析世界经济冲击对区域出口、区域出口对区域经济波动的影响,对于我们更好地理解全球化背景下区域经济周期的形成和特征,以及如何更好地进行区域有别的宏观调控,具有非常重要的理论和现实意义。

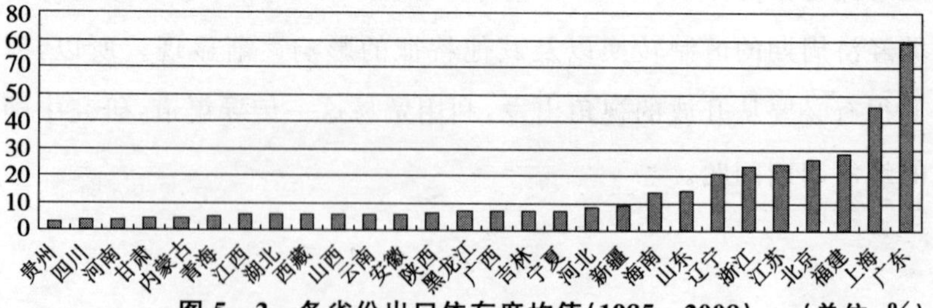

图 5—2　各省份出口依存度均值(1985—2008)　　(单位:%)

注:重庆、湖南和天津的数据缺失,图中不包含三地。

本章将按照世界经济冲击→区域出口波动→区域产出波动的逻辑,致力于上述问题在区域层面的细化研究。[①] 本章分为以下四个部分:第一部分分析区域出口周期的基本特征;第二部分利用动态因子模型构建发达国家经济周期和东亚经济周期,分析上述外部周期对区域出口波动的影响,包括方向、程度以及时滞等方面;第三部分将我国各省份划分为高出口依存度、中出口依存度和低出口依存度三类区域,利用面板 VAR 技术分析各区域经济波动对出口冲击的反应,讨论不同出口依存度地区的反应差异;最后是结论。

5.1　区域出口周期的提取和基本特征

对于区域出口周期基本特征的分析是我们分析的出发点。这些问题的研究目前仅限于全国加总数据的分析,如高铁梅等(2007)利用主成分法构建中国出口景气指数,发现 20 世纪 90 年代前期的中国出口主要受政府调控和国内投资等因素影响,而 20 世纪 90 年代之后则受世界经济等外部冲击的影响;杜婷(2006)分析了我国对外贸易周期特征,通过计算国际贸易乘数分析国际贸易冲击对我国经济周期的影响,但是这些分析均没有具体到区域层次。本部分使用消除趋势后的时间序列二阶矩来描述经济周期的波动性、持续性

---

① 目前,这一方面的相关研究主要是分析对外贸易结构与区域间经济周期同步性的关系,比如 Poncet(2004)考虑到对外开放度的差异对区域经济周期同步性的复杂影响,当各区域面临相似的外部冲击时,相似的对外开放度可能促进区域间经济周期同步性的提高,但是,海外市场的需求可能在一定程度上有助于降低省份经济对国内经济周期的反应程度,不同水平的对外开放程度可能引致经济周期的同步性,中国的经验研究支持后者。不过,这一类研究并没有分析区域对外贸易波动特征与国际冲击之间的关系以及区域之间的差异;分析视角也局限于同步性,亦没有探讨区域产出对出口波动的反应强度差异。

和协动性，根据这一思路分析中国各省份出口周期的基本特征。

5.1.1 基于CF滤波的区域出口周期的提取

剔除宏观经济变量的长期趋势部分、保留经济周期成分的趋势消除计量工具很多，具体的选择取决于经济变量的时间趋势性质。大量的理论和经验分析表明大多宏观经济变量并不具有一个确定性时间趋势，其趋势成分具有单位根过程，因此目前研究常用滤波手段，主要有自然对数一阶差分、HP滤波、BK滤波和CF滤波。

本书用于区域出口周期特征分析的数据为各省份月度出口额，并利用名义汇率折算成人民币计值，样本期为1995年1月—2009年3月，数据来源于中经网统计数据库。类似于第二章，我们在分析中采用非对称全样本的CF滤波，根据出口额对数值不同阶的平稳性，选择具体的滤波技术（Christiano and Fitzgerald，2003），计算结果见图5—3。[①]

根据图5—3，从1995年1月起，大部分省份的出口经历了短期的下调，这可能和1995年中国政府实施了"双稳健"的财政政策、抑制宏观经济过热有关；出口在1996年和1997年逐步复苏后于1998年左右先后经历深幅下调，这对应于1998年前后的亚洲金融危机，主要亚洲经济体的经济下滑和货币贬值，对中国出口形成了巨大的冲击；1999年后，随着亚洲金融危机影响的逐渐消除，大部分省份的出口进入上升通道，而发达国家IT经济的繁荣，进一步推动我国各省份出口增长，但是这一增长在2000年的互联网泡沫破灭和2001年的"9·11"事件后又深幅下调至谷底；不过，随着

① BJ：北京；TJ：天津；HB：河北；SX：山西；NMG：内蒙古；LN：辽宁；JL：吉林；HLJ：黑龙江；SH：上海；JS：江苏；ZJ：浙江；AH：安徽；FJ：福建；JX：江西；SD：山东；HN：河南；HB：湖北；HN：湖南；GD：广东；GX：广西；HN：海南；CQ：重庆；SC：四川；GZ：贵州；YN：云南；XZ：西藏；SX：陕西；GS：甘肃；QH：青海；NX：宁夏；XJ：新疆。

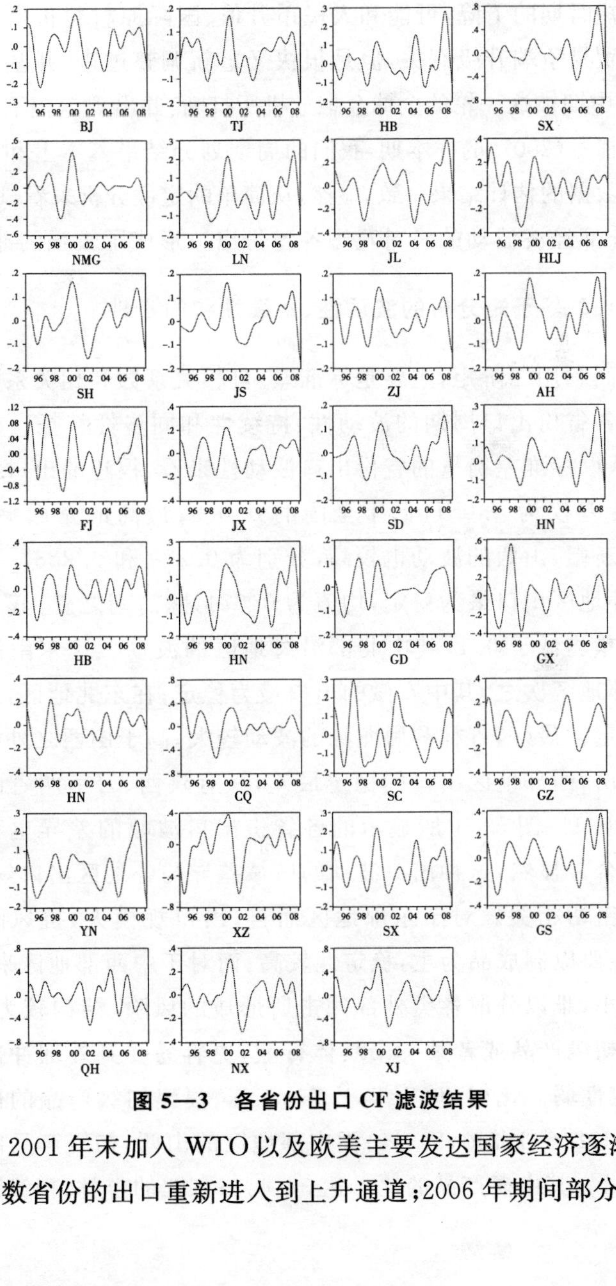

图 5—3　各省份出口 CF 滤波结果

中国于 2001 年末加入 WTO 以及欧美主要发达国家经济逐渐复苏，绝大多数省份的出口重新进入到上升通道；2006 年期间部分省份出口有较短时期的下降,可能和人民币升值、国际原材料价格上升以及国际贸易争端升级有关,但是很快又重新调整过来,并基本上在2008年中期被这一轮的全球金融危机所打断,并出现深幅下调。根据高铁梅等(2007)的样本期,我们的周期划分结果基本上和他们基于全国数据的估计结果一致,显然,从简单的定性分析来看,1997年以后,外部经济波动的确对我国各省份出口形成了较强的冲击。

5.1.2 基于矩分析的波动性、持续性和同步性

下面利用二阶矩,主要是标准差、自相关系数和相关系数来分析我国各省份出口周期的波动性、持续性和同步性特征。根据表5—1,从以标准差衡量的省份出口波动性来看,福建的出口波动最小,标准差仅为0.051,低于全国的0.059;最高的是西藏,高达0.235,新疆、山西的波动也较高,分别为0.229和0.228。平均而言,东部地区出口最为稳定,均值为0.074,除海南之外,其余省份的标准差均低于0.1,其中北部沿海地区的波动大于东南沿海地区;中部地区次之,其中安徽的出口最为稳定;在东北地区,辽宁的出口稳定性最好,吉林和黑龙江的波动较大,高于山西之外的其余中部省份;西部地区出口的稳定最差,只有陕西、云南两省的标准差低于0.1。图5—1所显示的各省份出口波幅的差异也和这一结论吻合。显然,这种出口波动的区域差异与各地区出口规模、出口结构密切相关。对于东部地区而言,出口规模大,抗风险能力强,且主要以制成品为主,稳定性较高;而对于中西部地区来说,出口规模小,难以分散各类外部冲击所形成的风险,结构较为单一,集中于初级产品或者某一个具体行业,更容易受到外部冲击的影响,稳定性弱。比如2007年,广东、江苏、福建初级产品的比重分别仅为1.8%、1.2%、5.9%;而中部地区的山西,初级产品的比重为38.8%,其中矿产品的比重达37.4%;东北的吉林,初级产品的

比重为15.7%;西部地区的新疆,主要出口商品是棉花及其初级制成品、番茄酱等初级产品。[①] 这种波动性的地区间差异也表明,尽管中西部地区的出口占GDP的比重并不高,但其较高的波动性可能会对经济活动产生较强的冲击,因此,对于这些地区而言,外部冲击以及出口波动对国民经济的影响也是不容忽视的。

表5—1 各省份出口波动的基本特征

板块	省份	标准差	自相关系数				与全国相关系数
			滞后1阶	滞后3阶	滞后6阶	逆转时点	
东部	北京	0.090	0.977	0.855	0.536	11	0.691
	天津	0.067	0.957	0.785	0.408	10	0.439
	河北	0.087	0.974	0.822	0.427	10	0.692
	上海	0.076	0.976	0.863	0.582	12	0.801
	江苏	0.066	0.96	0.819	0.518	12	0.878
	浙江	0.065	0.966	0.817	0.456	10	0.925
	福建	0.051	0.963	0.775	0.311	8	0.765
	山东	0.063	0.976	0.859	0.568	12	0.786
	广东	0.062	0.973	0.84	0.494	10	0.845
	海南	0.111	0.974	0.822	0.427	10	0.711
东北	辽宁	0.092	0.977	0.84	0.491	11	0.746
	吉林	0.160	0.984	0.892	0.653	18	0.499
	黑龙江	0.144	0.983	0.864	0.535	11	0.386
中部	山西	0.228	0.978	0.857	0.545	12	0.643
	安徽	0.079	0.975	0.841	0.508	12	0.901
	江西	0.110	0.981	0.855	0.497	10	0.909
	河南	0.085	0.971	0.824	0.473	11	0.719
	湖北	0.116	0.969	0.781	0.297	8	0.868
	湖南	0.111	0.979	0.86	0.56	13	0.834

① 山西为2006年的数据,根据《山西统计年鉴2007》计算而得;其余省份为2007年数据,根据相应省份2008年统计年鉴计算而得。

	内蒙古	0.157	0.978	0.838	0.446	9	0.709
	广西	0.190	0.98	0.835	0.422	9	0.682
	重庆	0.207	0.975	0.837	0.482	10	0.635
	四川	0.121	0.979	0.848	0.494	10	0.254
	贵州	0.122	0.982	0.855	0.5	10	0.565
西部	云南	0.098	0.972	0.852	0.57	13	0.684
	西藏	0.235	0.984	0.866	0.544	12	0.440
	陕西	0.088	0.967	0.789	0.328	8	0.724
	甘肃	0.157	0.967	0.809	0.439	11	0.792
	青海	0.209	0.971	0.785	0.304	8	0.176
	宁夏	0.131	0.969	0.821	0.456	10	0.542
	新疆	0.229	0.979	0.849	0.5	10	0.440
	全国	0.059	0.969	0.83	0.491	10	1.000

根据滤波后出口额的自相关系数来看，我国各省份出口波动在短期内具有较强的自相关性，前一个季度（前 3 个月）的自相关系数基本上在 0.8 以上，前半年（前 6 个月）的自相关系数分布于 0.3—0.6 之间，大部分省份在 10—12 个月期间的自相关系数转为负数，发生了所谓的逆转。也就是说，出口周期中的扩张期或者收缩期通常维持在 10—12 个月，即不到 1 年的时间，随后进入到收缩期或者扩张期。这一结果和贾俊雪(2008)利用年度全国出口数据所作的分析基本一致。与 GDP、工业产出、消费、投资等其他重要宏观经济变量高达 3 年的持续性相比，各省份出口波动的持续性较低，周期性波动更为频繁。从持续性的地区差异来看，并未出现类似于波动的明显的地带差异，其中，福建、湖北、陕西、青海的持续性最小，在第 8 个月开始出现逆转；而吉林的持续性最强，直到第 18 个月（一年半）才出现逆转。

最后，根据滤波后的各省份出口波动与全国出口波动的相关系数来看,绝大多数省份与全国出口的同步性较高,均值为0.667,其中,浙江与全国出口波动的相关系数最高,为0.925;青海与全国的同步性最低,相关系数仅为0.178。平均而言,中部地区与全国的同步性最高,江西与全国的相关系数为0.909,仅次于浙江,山西的同步性较弱。东部地区次之,这主要因为北部沿海省份与全国同步性较弱而降低了东部地区的平均水平,其中,天津与全国的相互系数仅为0.439,北京、河北亦不到0.7;海南除外的东南沿海地区和全国的同步性水平很高,并不低于中部地区。东北地区除了辽宁与全国的同步性较高之外,吉林和黑龙江的同步性水平不高。西部地区整体同步性水平偏弱,且分布不均衡,甘肃与全国的同步性最高,相关系数为0.792,最低的青海和四川,与全国的相关系数不到0.3。显然,江苏、上海、浙江、福建、广东这5个主要东南沿海省市是我国最主要的出口地,90年代中期以后,安徽、江西等中部省份与东南沿海的经济联系不断加强,也是东南沿海地区制造业转移的主要目的地,因此,上述省份出口波动与全国的同步性最高。此外,四川与全国相关系数偏低的原因可能与其出口商品结构有关,核反应堆、电机、声视频设备是该省最重要的出口行业之一,在2007年达到出口总额的34.7%,这些行业的经济周期可能与其他出口行业周期的协动性较弱。

5.2 国际经济周期与省份出口波动

从上文基于CF滤波的各省份出口波动来看,其扩张与收缩在一定程度上和重要的国际经济波动相关,在本部分,我们将定量分析这一问题。发达国家 7 国集团 G7(美国、加拿大、英国、德国、法国、意大利、日本)和主要东亚经济体(中国香港、中国台湾、韩国、马来西亚、泰国)是我国大陆最主要的贸易伙伴,我们将分别考虑两大国际集团与我国大陆省份出口波动的同步性。

5.2.1 G7 与东亚经济周期

为了与出口的月度数据相吻合,我们选择相应国家和地区的月度工业产出数据,尽管工业产出并不能完美体现以服务业为主导产业的发达国家的经济波动,但是,后者并不是我们所关心的可贸易品,因此,就本章的研究对象——出口周期而言,工业产出波动可能是更合适的经济周期测度指标。相关的数据来自于世界银行全球经济监控在线数据库,样本期为 1991 年 1 月—2008 年 12 月。我们利用 CF 滤波剔除这些序列趋势性成分,保留了 18—96 个月的周期性波动。

考虑到 G7 内部各国间和东亚内部各经济体间的同步性较高的事实,我们引入动态因子模型,该模型可以较好地捕获各时间序列间的协动性,广泛应用于国际经济共同周期的提取上(Gregory, et. al. ,1997;Kose, et. al. ,2003)。我们也将利用这一模型分别计算 G7 和东亚经济体的共同经济周期。

设各国工业产出的时间序列为:

$O_n=(O_{n,1}\cdots,O_{n,T})'$,其中 n 表示相应国家或地区,$n=1,\cdots,N$。

相应的,令

$O_t=(O_{1,t}\cdots,O_{N,t}),t=1,\cdots,T$。

动态因子模型假设上述时间序列的变动依赖于一个潜在变量(Latent Variable),可以表示为如下的线性表达式:

$$O_{i,t}=\lambda_i F_t+\varepsilon_{i,t} \quad (5—1)$$

其中,F_i 为潜在的共同因子,λ_i 为因子载荷。考虑到我们数据的动态结构有别于一般的主成分分析方法,赋予共同因子 F_t 和 $\varepsilon_{i,t}$ 相应的动态结构,F_t,$\varepsilon_{i,t}$ 分别遵循 ARMA(p, q)和 AR 过程:

$$(1+\phi_1 L+...+\phi_p L^p)F_t=(1+\theta_1 L+...+\theta_q L_q)\eta_t \quad (5-2)$$

$$(1+\delta_{1,1}L+...+\delta_{1,l_i}L^i)\varepsilon_{i,t}=\mu_{i,t} \quad (5-3)$$

其中,L^p 为 p 阶滞后算子,η_t 和 $\mu_{i,t}$ 为白噪音。显然,式(5－1)、(5－2)、(5－3)可以改写为衡量方程—转移方程分析框架,进而可以利用卡尔曼滤波技术对上述方程进行估计(Doz and Lenglart ,1999)。根据 AIC、BIC 信息以及待估参数的 T 统计量,在 G7 共同周期和东亚共同周期的估算中均选取 ARMA(1,1)和 AR(1),估算结果见图 5—4。

为了进一步分析上述方法估计的共同周期的性质,我们选用 Bry 和 Boschan(1971)的非参数算法(即 BB 算法),对上述结果进行周期拐点识别。BB 算法的主要思想是将原序列适当光滑后,推测波峰和波谷的大概位置,然后再逐渐迫近原序列的波峰和波谷,最后通过确定序列 y_t 的局部最大值(最小值),即波峰(波谷),来判断经济周期的拐点,即

$$\{y_t>(<)y_{t\pm k}\},\quad k=1,\cdots,K \quad (5-4)$$

关于 K 的取值, BB 算法要求扩张期(收缩期)至少要持续 6 个月(2 个季度),一个完整的经济周期至少要持续 18 个月(6 个季度)。相应的统计基础见第二章。具体的识别结果见图 5—4。需要指出的是,我们是基于 CF 滤波的周期划分,因此是对增长周期的拐点识别,因而周期个数多于经典周期,图中阴影部分表示收缩期。

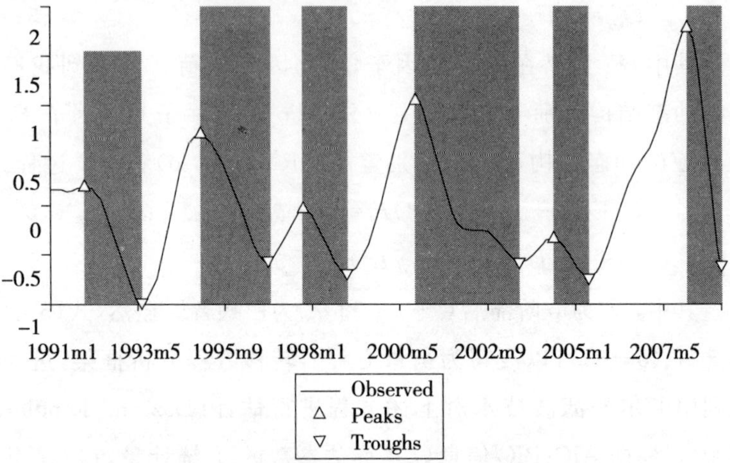

a G7 共同周期及其拐点识别

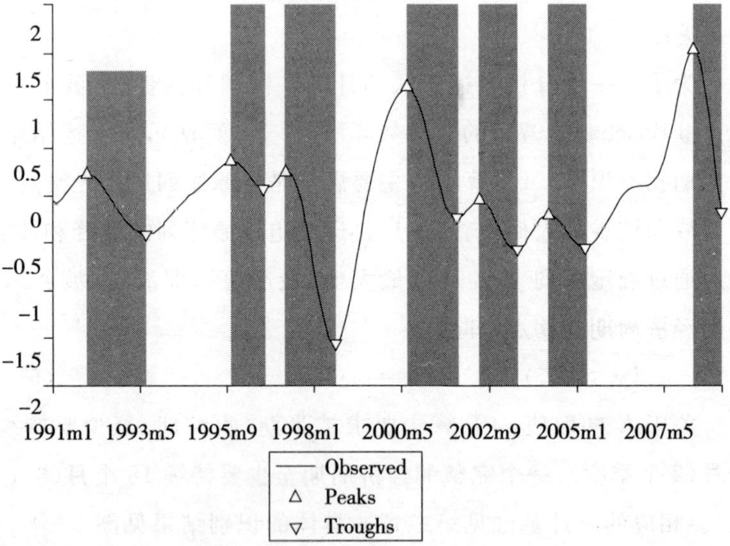

b 东亚共同周期及其拐点识别

图 5—4 国际经济周期及其拐点识别

从结果来看，发达国家大致经历了 20 世纪 90 年代初的经济下滑(Gregory, et. al., 1997)、1995 与 1996 年间的增速放缓，随后扩张被亚洲金融危机所打断，经历了一个短暂的收缩期，但整体影响不大，甚至个别国家几乎未受到影响，如美国，并在 IT 经济繁荣的推动下在 2000 年 10 月达到顶峰，随后在 IT 泡沫破灭和"9・11"事件的双重打击下，发达国家经济深度下滑，直到 2003 年年中经济复苏，形成新一轮的经济扩张，并被 2008 年初这场席卷全球的金融危机所打断。东亚的增长型周期与 G7 国家周期的同步性较强，主要是在 20 世纪 90 年代中期的经济波动有所差异；另外，1997 年的亚洲金融危机对东亚经济体的影响非常大，形成了样本期内东亚经济最大幅度的下滑；对于最新一轮的金融危机，东亚经济大约滞后于发达国家 2—3 个月进入到收缩期。

5.2.2 国际经济周期与中国区域出口周期的同步性

我们首先利用 Harding 和 Pagan(2002)的一致指数方法测度各省份出口和 G7 以及东亚共同周期的同步性。设 E 和 Y 为两个宏观经济变量序列，根据 BB 算法确定这两个宏观经济变量的拐点，即波峰和波谷的位置，进而确定其具体周期波动的扩张期和收缩期。然后，定义 E 和 Y 的虚拟随机变量序列：

$$S_{Et}=\begin{cases}1, & \text{表示序列 } E \text{ 在 } t \text{ 时期处于扩张期。}\\ 0, & \text{表示序列 } E \text{ 在 } t \text{ 时期处于收缩期。}\end{cases}$$

$$S_{Yt}=\begin{cases}1, & \text{表示序列 } Y \text{ 在 } t \text{ 时期处于扩张期。}\\ 0, & \text{表示序列 } Y \text{ 在 } t \text{ 时期处于收缩期。}\end{cases}$$

则两个序列的一致指数为，

$$\hat{I}=\frac{1}{T}\left\{\sum_{t=1}^{T}S_{Et}S_{Yt}+\sum_{t=1}^{T}(1-S_{Et})(1-S_{Yt})\right\} \tag{5—5}$$

其中，T 为样本长度。$\hat{I}$ 测度了两个序列同处于扩张期(收缩期)的概率。计算结果见表 5—2。

表 5—2　国际经济周期与省份出口周期的关系

板块	省份	一致指数		滞后阶数		相关系数	
		G7	东亚	G7	东亚	G7	东亚
东部	北京	0.61	0.47	2	3	0.68	0.42
	天津	0.59	0.71	2	1	0.72	0.80
	河北	0.61	0.56	4	4	0.63	0.71
	上海	0.74	0.70	1	1	0.74	0.71
	江苏	0.69	0.61	1	1	0.76	0.78
	浙江	0.73	0.60	1	2	0.86	0.77
	福建	0.75	0.81	2	2	0.64	0.68
	山东	0.73	0.70	3	3	0.83	0.91
	广东	0.73	0.67	0	1	0.60	0.52
	海南	0.78	0.68	3	3	0.62	0.61
东北	辽宁	0.62	0.70	3	3	0.79	0.90
	吉林	0.59	0.63	4	4	0.73	0.75
	黑龙江	0.61	0.68	4	4	0.54	0.79
中部	山西	0.70	0.69	4	3	0.78	0.69
	安徽	0.65	0.58	2	2	0.80	0.83
	江西	0.72	0.62	1	4	0.60	0.62
	河南	0.67	0.60	4	4	0.86	0.82
	湖北	0.65	0.54	3	4	0.58	0.61
	湖南	0.74	0.61	3	4	0.81	0.83
西部	内蒙古	0.56	0.65	1	2	0.61	0.82
	广西	0.71	0.64	2	5	0.34	0.41
	重庆	0.73	0.61	2	4	0.66	0.75
	四川	0.61	0.67	6	6	0.21	0.40
	贵州	0.77	0.69	4	4	0.36	0.42
	云南	0.76	0.61	3	2	0.81	0.50
	西藏	0.46	0.45	0	3	0.08	0.23
	陕西	0.68	0.70	2	2	0.57	0.58
	甘肃	0.61	0.51	0	1	0.47	0.25
	青海	0.46	0.36	3	6	0.09	0.12
	宁夏	0.72	0.73	1	1	0.64	0.59
	新疆	0.46	0.56	0	0	0.31	0.39

根据表5—2,平均而言,我国各省份的出口与G7共同周期和东亚共同周期的同步性水平较高,一致指数的均值分别达到0.66和0.62。其中,海南与G7、福建与东亚共同周期一致指数最高,分别为0.78和0.81,即前者的出口波动有近78%的时间与G7共同周期阶段一致,后者有近81%的时间与东亚共同周期一致;西藏与G7、青海与东亚共同周期的一致指数最低,分别为0.46和0.36,因而基本上属于不相关的区域。从一致指数的区域分布来看,东部地区的出口周期和发达国家经济周期的同步性最高,其与G7的一致指数平均为0.69,其中,除山东外,北部沿海地区的一致指数水平相对较低,东南沿海的均值高达0.73。中部地区与G7共同周期的同步性水平仅次于东部地区,西部地区和东北地区与G7的一致指数较低,其中西部地区内分布较不平衡,除四川之外的西南地区的一致指数较高,西北地区陕西、宁夏的一致指数较高,其他省份的水平则较低。与东亚共同周期的一致指数的区域分布来看,东北地区和东部地区最高,中部地区次之,西部地区最低。因此,基于一致指数所度量的同步性而言,我国东部地区的出口周期与国际经济周期的同步性最高,其波动方向与国际经济周期波动方向一致的时间比重最高,中部地区和东北地区次之,西部地区因部分地区较低的一致指数而呈现较弱的同步性。这一结果和我们的直观是相符合的。

不过这一指标只是给出了两个时间序列处于共同周期阶段时间比重的信息,无法给出我国各省份出口对国际经济周期的反应时滞。我们通过计算各省份出口与G7以及东亚共同周期不同滞后阶数的相关系数,选择相关系数最大的相应滞后阶数来确定各省份出口波动对国际波动反应的时滞,具体结果见表5—2。除河北、山东和海南之外,其余东部省份与G7共同周期的最大相关系数的滞后阶数都在两期以内，而中部地区和东北地区除了安徽、江西之外，其余省份与G7共同周期最大相关系数的滞后期都在三期以上，与东亚共同周期的相关系数的滞后阶数的区域分布也与之类似。从不同滞后阶数相关系数的最大值来看，平均而言，我国各省份的出口与G7共同周期和东亚共同周期的同步性水平较高，相关系数的均值分别达到0.61和0.62，其中，河南与G7、山东与东亚共同周期的同步性最高，分别为0.86和0.91；西藏和青海分别与上述两个集团的共同周期同步性最低。不过，从相关系数的区域分布来看，不同于一致指数给出的结果，中部地区和东北地区整体与国际经济周期同步性最高，而部分对外出口依存度较高的省份，如广东、福建等省，与G7、东亚共同周期的相关系数却不高。

显然，我国各省份出口波动深受国际经济周期的影响，因此，存在国际经济冲击影响中国各省份经济波动的贸易渠道，当然，这种影响的力度和时滞存在一定的区域差异。出口依存度较高的东部地区对国际经济周期的反应时滞段短于其他地区，这和东部地区与国际市场一体化程度高这一事实密切相关。从基于一致指数衡量的省份出口周期和国际经济周期的同步性来看，东部地区与国际经济周期处于同一周期阶段的时间比重最高，即基于周期阶段识别的同步性最高。中部地区和东北地区反应时滞长，但是基于相关系数衡量的省份出口波动与国际经济波动的同步性较高。这表明这些地区出口波动更容易受到国际经济的冲击，这可能是因为这些区域的出口竞争优势尚未形成，且出口产品以初级品和劳动密集型产业为主。初级品作为上游产品，其需求依赖于下游制成品的扩张，其波动存在一定的时滞效应，而且通常波动幅度较大。而这两个地区劳动密集型产业的竞争力不如东部沿海地区，因此在国际经济下滑期间,其出口更容易受到东部地区的排挤,因此出口波动对国际经济冲击的反应更为强烈。而部分东部地区出口规模大,出口竞争力较强,可以在一定程度上避免外部冲击的影响,从而降低了相关性。[①]

5.3　出口冲击与区域产出反应

根据上文分析,我国各区域的出口周期与国际经济周期密切相关,即国际经济冲击可以通过出口这一渠道影响我国的区域经济周期形成与演变,当然,这种演变依赖于各区域出口依存度以及出口波动所形成冲击的大小。在本部分,我们根据各省份 1985—2008 年间出口依存度的大小,分别以 10%、5%为界,将 28 个省份[②]划分为高、中、低出口依存度区域[③]。一般而言,区域产出反应与波动大小、出口依存度呈正相关,考虑到平均而言,高出口依存度地区出口波动明显低于中、低出口依存度区域的事实,我们并不能完全依赖于定性分析,需要作深入的定量分析,研究出口波动的冲击对各地区经济波动的影响方向和程度。

5.3.1 数据与面板 VAR 模型

由于缺乏足够长的月度或者季度产出数据,此处选择各省份

---

① 魏后凯(2009)根据最新一轮金融危机发生以来区域出口波动的统计描述和本书的结果类似。

② 因为数据缺失,此处不包括天津、重庆和湖南三地。

③ 高出口依存度区域包括广东、上海、福建、北京、江苏、浙江、辽宁、山东和海南;中出口依存度区域包括新疆、河北、宁夏、吉林、广西、黑龙江、山西、安徽、云南、山西、西藏、湖北和江西;低出口依存度地区则包括青海、内蒙古、甘肃、河南、四川和贵州。

年度实际 GDP 和年度实际出口值，前者用 GDP 平减指数剔除名义部分，后者利用实际有效汇率剔除名义部分，并折算成人民币计价。样本期为 1985—2008 年，实际有效汇率来源于 IFS 统计数据库，GDP 和 1992 年以后的出口数据来自中经网统计数据库，1992 年以前各省份的出口数据则来自于《新中国 55 年统计资料汇编》。年度数据可以避免月度等高频噪音的影响，为了避免对数据生成过程认识的误差，我们选择 HP 滤波方法，根据 Eviews（2007）的建议，惩罚因子选择 100①，从而获得各省份实际 GDP 周期和实际出口周期（年度），并保证了序列的平稳性。

为了定量分析出口波动对不同类型地区产出波动的影响，我们选择面板 VAR 模型。该模型一方面包含了传统 VAR 模型的优势，将产出和出口波动均作为内生变量；另一方面，利用面板数据的固定效应可以控制未观测到或不可观测的个体异质性（Love and Zicchino，2006），因为我们的研究将所有省份同等对待，面板数据模型可以避免直接加总数据造成规模较大省份权重较大的问题。本部分的目的在于利用脉冲响应比较不同地区产出对出口波动的反应，我们选择考勒斯基分解对残差项进行正交化处理，具体冲击的识别取决于变量的顺序，变量的顺序依照外生性的强弱依次置放。显然，出口的外生性要强于产出，因而，具体的计量模型设定如下：

$$Z_{it}=\Upsilon_0+\Upsilon_1+\cdots+\Upsilon_p L^p Z_{it}+f_i+e_t \qquad (5-6)$$

其中，Z_{it} 是两变量向量 $\{E,Y\}$，E 为出口，Y 为产出，Υ_j（j=0，

① 郭庆旺、贾俊雪（2004）建议使用 25，不过，两种选值对结果影响不大。

1，……9)为待估系数，e_t 为残差项。对于存在的个体异质性，即通过 f_i 表示的固定效应，因为其与被解释变量的滞后期（即回归元）相关，消除固定效应的传统均值差分技术可能会产生有偏的估计量。为了解决这一问题，Love 和 Zicchino(2006)建议使用前向均值差分方法，即用所谓的"Helmert 程序"(Arellano and Bover，1995)进行转换，这一方法可以使得转换后的变量和滞后回归元之间保持正交性，同时也消掉了常数项和固定效应，而且，我们可以使用滞后回归元作为工具变量，并利用系统 GMM 估计相应的系数。最后，关于脉冲响应函数的置信区间估计，我们利用蒙特卡罗模拟技术，重复次数选择 500 次，并报告 5％和 95％分位数作为置信区间。

5.3.2 估计结果

考虑到本部分使用年度数据，样本量也较小，在估计中滞后阶数选择滞后 1 或 2 阶，具体根据 T 统计量和 AIC 信息选择。[①] 图 5—5、5—6、5—7 分别报告了高、中、低出口依存度区域实际产出对出口波动冲击的脉冲响应，并给出了基于蒙特卡罗实验的 90％的置信区间。

根据图 5—5，在其他情况不变的前提下，一个标准差的出口冲击导致高出口依存度区域实际产出在即期高于趋势水平0.8％，并在第 1 期达到峰值，高于趋势水平 1.29％，随后影响效应逐步递减，到第六期减少至 0.4％。根据图 5—6 和图 5—7，中、低出口依存度区域的产出反应也类似于驼峰状。中出口依存度区域的实际产出在即期基本上没有反应，在第 2 期达到峰值，高于趋

① 限于篇幅，我们省略了面板自回归的估计结果。

势水平的0.72%，随后逐期递减；低出口依存度区域的实际产出在即期的反应也很小，在第2期达到峰值0.52%，最后逐期递减。相比较而言，高出口依存度区域的实际产出波动对出口冲击的反应最为灵敏，且强度最大，峰值分别是中、低出口依存度区域的1.8倍和2.5倍；后两个区域实际产出对出口的反应，滞后于高出口依存度区域，中出口依存度区域实际产出的反应强度高于低出口依存度区域。

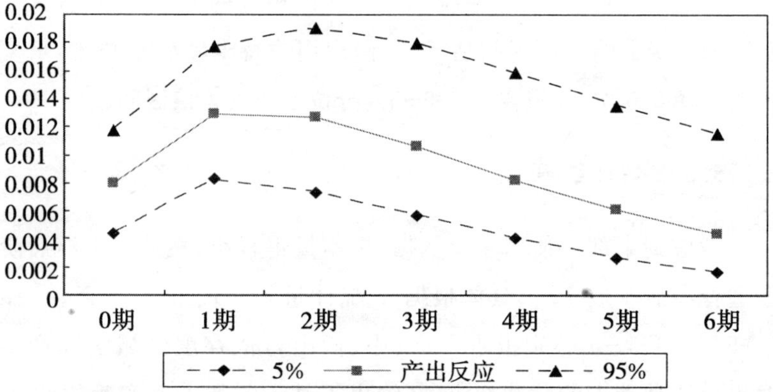

图5—5　高出口依存度区域产出对出口波动冲击的反应

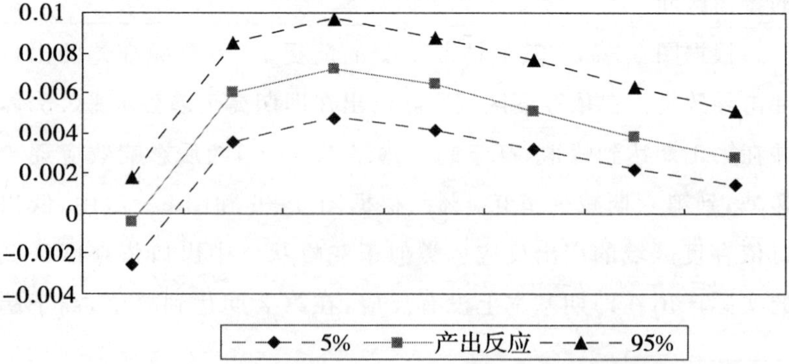

图5—6　中出口依存度区域产出对出口波动冲击的反应

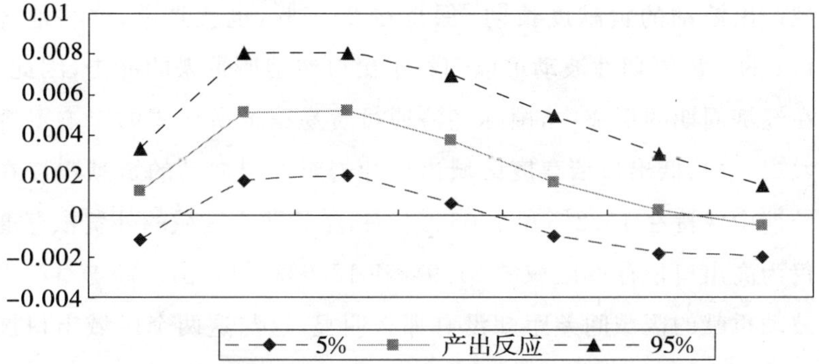

图 5—7　低出口依存度区域产出对出口波动冲击的反应

我们利用预测误差方差分解的方法,将产出波动的成因分解为与自身冲击相关和与出口冲击相关的两个部分,得出出口冲击对产出波动的影响程度。预测前 s 期向量自回归的误差为:

$$z_{i,t+s}-\hat{z}_{i,t+s|t}=e_{i,t+s}+\phi_1 e_{i,t+s-1}+\cdots+\phi_{s-1}e_{i,s-1} \quad (5-7)$$

其中,i 为省份标识。因此,前 s 期预测的均方误差 MSE 为:

$$MSE(\hat{z}_{i,t+s|t})=E[(z_{i,t+s}-\hat{z}_{i,t+s|t})(z_{i,t+s}-\hat{z}_{i,t+s|t})] \quad (5-8)$$

在方差矩阵被考勒斯基正交分解之后,利用式(5—6)给出每个正交化信息对前 s 期预测 *MSE* 的贡献率,我们就此可以分析产出波动中出口冲击和产出冲击的重要性,计算结果见表 5—3。

表 5—3　区域实际产出预测误差的方差分解(%)

冲击类型	出口冲击		产出冲击	
	第 10 期	第 20 期	第 10 期	第 20 期
高出口依存度区域	26.45	26.50	73.55	73.50
中出口依存度区域	15.17	15.22	84.83	84.78
低出口依存度区域	9.05	9.05	91.0	91.0

首先,产出冲击时产出波动最主要的来源,其重要性呈高、中、低出口依存度区域递减;其次,从出口冲击来看,其对高依存度区

域产出波动的贡献度长期[①]保持在 26.5%，也就是说，这些地区 1/4 的产出周期性波动可以归咎于出口波动所带来的冲击，因此，在经济周期的形成中，国际经济通过贸易渠道所形成的影响不容忽视。中、低出口依存度区域出口冲击对产出波动的贡献程度在长期中保持在 15.2%和 9.05%左右，尽管两个区域的外贸依存度仅为高出口依存度区域的 21.9%和 12.6%，但是出口冲击对产出波动贡献的区域间差距却没有那么明显，这与这两个区域出口波动较大有关。所以，从这一角度来看，即使出口依存度不高的区域，外部冲击通过贸易渠道对区域经济周期的影响亦需要重视。

5.4 本章小结

本章首先利用 CF 滤波提取我国各省份月度出口的周期性成分，分析了各省份出口周期的主要特征。由于区域出口规模、产品结构等差异，东部地区、尤其是东南沿海地区的出口最为稳定，中西部地区出口波动较大；各省份出口波动在短期内具有一定持续性，但是基本上在 10—12 个月发生周期逆转，周期性波动较为频繁；绝大多数省份出口与全国出口的同步性较高，东南沿海地区和中部地区与全国的同步性最高，西部地区最弱，这和我国东南沿海地区是主要出口区域且部分中部省份与东南沿海产业联系紧密有关。

其次，利用动态因子模型提取 G7 共同经济周期和东亚共同经济周期，利用 BB 算法识别国际经济周期和我国各省份出口周

① 我们计算了第 30 期的方差分解结果，与第 10、20 期的结果几乎一致。

期的拐点,进而计算一致指数,结果表明各省份与国际经济周期的同步性较高,存在国际经济冲击影响中国各省份经济波动的贸易渠道。东部地区与国际经济周期处于同一周期阶段的时间比重最高,即基于周期阶段识别的同步性最高。从滞后效应来看,出口依存度较高的东部地区对国际经济周期的反应时滞段短于其他地区。不过,虽然中部地区和东北地区对国际经济冲击的反应滞后于东部地区,但是因为出口产品结构、出口产品竞争优势尚未完全建立等原因,上述两个地区对国际经济冲击的反应更为强烈,因而相关系数较大。由于缺乏较为完整的省份出口产业结构数据,我们无法对这一问题做进一步的深入分析和定量研究,有待今后的继续研究。

最后,根据年度出口和 GDP 的 HP 滤波数据,我们利用面板 VAR 模型分析了出口波动对不同出口依存度地区产出波动的影响。分析结果表明,实际产出波动对出口波动的脉冲响应呈驼峰状,高出口依存度区域的实际产出波动对出口冲击的反应最为灵敏,且强度最大,中出口依存度区域的反应强度次之,低出口依存度区域的反应强度最小。方差分解结果表明,各区域出口波动分别解释了 26.5%、15.2%和 9.1%的高、中、低出口依存度区域产出波动,尽管后两个区域的出口依存度远低于前一区域,但是因为后两者出口波动性较大以及部分地区受国际经济周期的影响较大,出口以及国际经济周期对这些地区经济波动的影响也不容忽视。

第6章　财政政策的区域经济稳定效应分析

基于上文对中国区域经济周期运行的基本特征分析，在本章，我们将转入宏观经济稳定政策的区域效应评价上。显然，区域经济周期的同步性、波幅以及区域经济结构的差异，可能会导致中央财政政策在区域层面上执行效果的差异。对这种差异的分析，可以给中央财政政策在区域层面的细化提供重要的经验研究基础，同时，也为理解财政政策对加总经济的稳定效应提供区域层面的信息。但是，已有的研究局限于中央财政政策对全国加总经济的稳定效应分析，缺乏中央财政政策对各区域经济稳定效应的分析，这是本章重点研究的问题。考虑到我国自1994年分税制改革后，中央政府才有足够的财力、意愿和能力实行基于经济稳定的财政政策（张文彬、童笛，2009a），因此，本章经验研究的数据也集中于1994年之后。

不同于全国加总层面的研究，在财政政策的区域经济稳定效应分析中，不能忽视地方财政政策的影响。尽管长期以来，在地方财政职能中，稳定经济通常被实践者和研究者划归为中央财政的职能而受到忽视。但是，考虑到地方财政支出在经济中所占的份额、地区间要素和商品的流动性并不像理论假设那样的无成本以及经济冲击日益区域化等因素，地方财政的稳定职能不仅涉及单个地区的经济稳定，而且通过区域、产业等传导机制影响整个国民经济的稳定，因此，地方财政政策的稳定职能不容忽视（Gramlich，

1987)。在 Gramlich(1987)的研究之后,在地方财政职能中,经济稳定职能逐渐受到研究者的重视(Sorensen and Yosha,2001)。对于中国而言,地域辽阔,区域差异明显,2006 年地方财政支出占 GDP 的比重高达 14.05%,对经济增长和波动的影响不容小觑;而且,在关于中国经济波动的因素讨论中,也非常强调地方政府的作为,所以非常值得做系统性的研究。

本章分为以下五个部分:第一部分是从理论上说明财政政策经济稳定效应及区域差异的可能原因;第二部分是数据和方法的描述;第三和第四部分是经验研究结果及分析;最后是结论。

6.1　财政政策经济稳定效应及区域差异的理论说明

财政政策经济稳定效应一直是宏观经济学极富争议的领域,财政政策对实际产出影响的争议,主要包括关于赤字政策的李嘉图等价之争、财政扩张的挤出效应以及财政稳固(fiscal consolidation)的扩张效应(即非凯恩斯效应)三个方面。

李嘉图等价是指税收和赤字对消费的影响是相同的(Barro,1974),这意味着财政赤字不会影响加总的私人储蓄或者投资行为。不过,李嘉图等价的成立,依赖于一系列严格的条件,比如有效无限规划期的存在、对未来税负的确定性、完全的资本市场(即不存在借贷约束)、理性预期、非扭曲性税收等(Agénor and Montiel,2008)。从已有的经验研究来看,工业化国家的结论是不一致的,而发展中国家的情况更难以满足上述条件,李嘉图等价基本上不成立(Agénor and Montiel,2008)。在区域层面而言,因为经济发展水平、资本市场发育程度、居民借贷约束以及不确定性水平等方面的差异,会导致政府债务中性效应在区域层面上的差异,从而导致中央赤字政策在区域层面执行效果的差异。落后地区对李嘉图等价的偏离可能更为明显,从而中央赤字政策的效果也更为凸显。更为重要的是,在跨期预算约束有效的前提下,由于地区税收能力的差异,中央当前赤字可能主要由发达地区的未来税收来偿还,因此,相对于欠发达地区而言,发达地区的理性代表性行为人可能进行更多的储蓄、减少消费来应付未来增加的税收,从而甚至形成紧缩效应;而如果中央支出在区域间均等化或者偏向于欠发达地区,则对欠发达地区形成明显的扩张效应。

财政扩张的挤出效应是指增加的财政支出全部或者部分取代民间部门的支出,其机制如下:财政扩张形成的赤字主要依赖于政府债券融资,在货币政策不变的情况下,根据新古典主义理论,这会导致实际利率的上升,进而排挤私人部门的投资需求。这一机制实现过程,取决于实际利率是否发生变化。早期凯恩斯学派强调 IS 曲线的零利率弹性,认为不存在排挤效应。另外,结构主义学派会强调处于金融压抑的发展中国家的利率并不完全市场化,甚至主要由政府决定,因而不存在挤出效应,但是,Agénor 和 Montiel(2008)认为,发展中国家和地区政府赤字的上升,挤占了银行的信贷份额,导致私人部门信贷份额的下降和信贷成本的上升,形成挤出效应。从微观机制来看,财政扩张的挤出效应还取决于政府投资和私人投资之间的互补性和替代性,如果两者之间是互补的,政府投资则会刺激私人投资。因此,财政扩张对私人投资、产出和增长的影响,依赖于赤字的来源和政府支出的结构。就区域层面而言,各区域在市场化程度、资本市场发育程度、投资主体结构方面的差异,会导致投资利率弹性的差异以及具体政府支出结构的差异,尤其是政府投资的结构性差异,这都会导致财政扩张政策在区域层面的差异。

显然，基于信贷约束以及为避免长期的高通货膨胀，需要通过削减财政赤字来实现财政稳固，这通常通过削减政府支出，因而这一过程实际上是稳健或者紧缩性财政政策的实施的过程。根据凯恩斯主义的观点，这种财政稳固的过程会降低社会总需求，从而产生紧缩性效应，这使得财政稳固的实施面临产出下降和通货膨胀上升的两难境地。但是，自 Giavazzi 和 Pagano(1988)的研究之后，财政稳固的扩张效应，即非凯恩斯效应受到学者的关注，并通过财富效应、信用效应和预期效应从理论上加以解释。已有针对发达国家的结论基本上支持存在这种效应(Perotti,1999;Giavazzi et al.,2000;2005)，不过 Hogan(2004)发现这种效应非常微弱，但是关于发展中国家的经验研究仍不够充分(Agénor and Montiel,2008)，难以得出较为准确的结论。根据已有的经验和理论研究，这种非凯恩斯效应的存在性以及大小往往和政府规模(Barry and Devereux,2003)、赤字规模和公共债务的增长速度以及财政稳固的具体财政调整结构(Perotti,1999)等密切相关。因此，区域层面上的预期效应、财富效应、信用效应的差异以及政府规模、赤字规模的差异，也会造成财政稳固所带来的经济效应的区域差异。

郭庆旺等(2007)根据上述争议，利用中国数据对是否存在李嘉图等价、财政扩张是否存在挤出效应以及财政稳固是否存在非凯恩斯效应做了系统的分析，否定了李嘉图等价和挤出效应，肯定了非凯恩斯效应。根据上文的分析，区域层面市场化程度、资本市场发育程度、政府规模、经济发展水平、不确定性等方面的差异，都有可能影响上述效应的方向以及程度，因此，就这一角度而言，我们也很有必要从区域层面去研究这一问题。

此外，当我们具体到区域层面的分析时，还涉及中央财政资源的区域配置问题，比如在中央财政扩张期，新增财政支出的区域配置将直接影响中央财政政策在地区层面的执行力度，并与相应的区域特征相互作用，从而直接导致中央宏观政策的经济稳定效应出现区域差异。最后，因为区域经济发展水平的差异以及中央、地方税收分成的相应规定，不同地区地方财政支出对中央财政的依赖程度不同，特别是在对地方财政预算平衡的要求比较严格时（如我国要求地方政府实行严格的年度预算平衡制度，即不得出现财政赤字），部分地方政府的财政支出扩张可能完全依赖于中央财政的转移支付，那么这些地区的财政政策及其政策效应更能体现中央的精神。

6.2 数据、指标和方法

在财政政策变量指标的选择之前，有必要对我国财政政策演进的体制性背景做必要的介绍。

以维护经济稳定为主要目标的宏观调控是财政政策的重要职能。根据我国财政体制改革的历程，改革开放以来，我国财政政策的宏观调控职能的演变经历了两个阶段：第一个阶段是 1978—1993 年间，我国结束了计划经济时期的“统收统支”，进入到“包干阶段”，地方财政支出由原先的中央计划指令改为指导性的意见，地方财政支出的自主性大大增强。在这一阶段，财政分权程度不断扩大，中央财政收入占全国财政收入的比重从 1983 年的 35.8%下降到 22%，从而引发了国家财政过度分散、中央财政能力下降的问题，直接削弱了国家财政宏观调控能力，表现为明显顺周期的财政赤字变化和支出政策（贾俊雪、郭庆旺，2008；张文彬、童笛，2009a），财政政策不仅没有缩小反而扩大了宏观经济波动（贾俊雪、郭庆旺，2008；刘霞辉等，2008）。

第二个阶段是 1994 年以来，中国实行适应社会主义市场经济要求的分税制改革，中央政府对财政收支特别是财政收入的控制力度显著增强，而在以收定支的财政预算制度下，这实际上表现为集权化的过程，中央财政收入占全国财政收入的比重从 22%迅速提高到 1994 年的 55.7%，扣除掉返还税收，中央的比重也在 2005 年达到 40.4%。在这一财力分配格局下，中央可以利用地方对其的依赖度，通过返还收入形式的多样化和规范化等途径，提高中央财政对地方财力使用上的宏观调控效果（刘霞辉等，2008）。在这一阶段，我国分别在 1994—1997 年间、1998—2003 年间和 2005—2008 年上半年间实施紧缩性、扩张性和稳健性财政政策，并在 2008 年末开始实施扩张性财政政策，以应对相应的经济过热或者紧缩，即财政政策"逆风向而动"，并在一定程度上发挥了稳定经济的作用（郭庆旺等，2007；贾俊雪、郭庆旺，2008；刘霞辉等，2008）。

6.2.1 中央财政政策的度量和分析

在本书的分析中，我们首先需要刻画中央财政政策和地方财政政策。遵循已有的研究，我们选择财政赤字占 GDP 的比重作为中央财政政策的替代变量[①]，具体见图 6—1 最上方的曲线，1978—2007 年的数据来自于中经网统计数据库，2008 年的数据来

① 郭庆旺、贾俊雪（2003）和李永友（2006）等将财政政策分解为周期性和结构性，前者理解为自动稳定的财政政策，后者理解为相机抉择的财政政策。其分解方法主要有两类：一类直接使用 HP、BP 等滤波技术，但是缺乏经济原理支持，难以证明分离出的周期性成分完全是财政赤字对经济周期的自动反应且不含政府相机抉择的因素；另一类是利用财政预算与经济的相互影响关系，根据潜在产出估算周期性和结构性财政赤字，但是这一方法的稳健性取决于潜在产出以及财政收支对潜在产出的敏感系数的合理估计，特别是后者，由于我国财政制度在样本期内变革剧烈，难以得到合理的估计值。因此，在本书中，我们不对财政赤字作具体的分解。

自《关于2008年中央和地方预算执行情况与2009年中央和地方预算草案的报告》。

表6—1　赤字率马尔科夫区制转换模型[MSI(3)－AR(0)]的估算结果

区制	均值	时期	其他统计量	参数值
扩张期	－2.57 **	1979;2000－2003	似然值	－32.94
稳健期	－0.63 **	1980;1982－1999;2004－2006;2008	LR	18.43
紧缩期	0.56 *	1978;1981;2007	σ	0.397

注释：**、*分别表示通过5%和10%以上显著性水平检验。

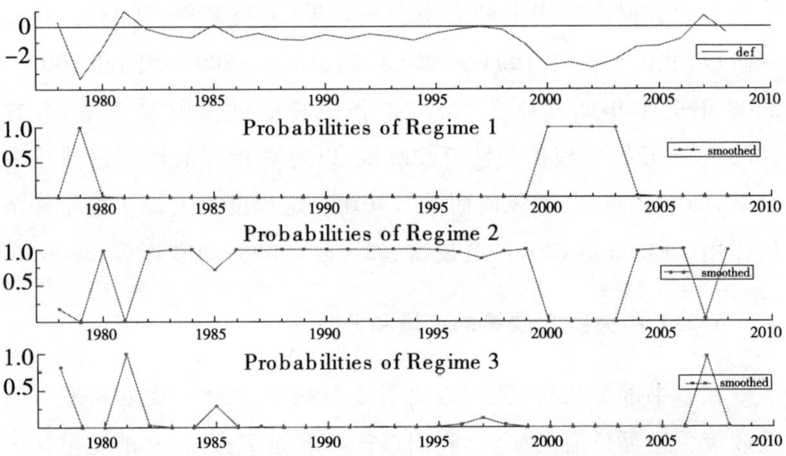

图6—1　中国财政赤字率及马尔科夫区制转换模型平滑概率

注：def表示财政赤字点GDP的比重。

我们利用马尔科夫区制转换模型给出中央财政政策的变动特征。考虑到有限样本量的限制、结合AIC信息，我们选择MSI(3)－AR(0)模型[①]，利用基于EM算法的最大似然估计，给出估算结果(见表6—1和图6—1)。区制转换模型分析的结果表明，我国中央财政政策分别在1979年和2000—2003年间经历了明显的扩张

① 事实上，滞后阶数为0时，MSI(3)－AR(0)等同于MSM(3)(Krolzig，1997)。

期，这和我国在这一阶段实施积极的财政扩张政策相吻合；并分别在 1978、1981 和 2007 年经历了紧缩期，其中 2007 年的紧缩对应于中央政府对经济过热的治理，而 2008 年从紧缩转为稳健状态则对应于下半年中央政府为了应对金融危机而重新开始采取扩张性财政政策的现实；其余大部分时间处于稳健期，其中 1995—1997 年间紧缩期的平滑概率略有上升，并对应于稳健期概率的轻微下降，这一变动也对应于这一期间中央政府实施的适度从紧的财政政策。

6.2.2 地方财政支出周期的度量和分析

关于地方财政政策的替代变量选择，我国法律法规对地方政府举债的限制比较严格，禁止出现预算赤字，尽管地方政府通常规避法律规定举借债务，形成隐形、或有负债，但是没有统计数据，无法从财政盈余（赤字）的变动来研究地方财政政策。相对于财政收入以及财政变量占 GDP 的比重等内生性强的变量而言，地方政府财政支出更适宜于度量财政政策（Woo，2005）。由于数据缺失，在本书研究的省份样本中，不含重庆和四川以及港澳台地区，剩余省份在四大板块的基础上分为东北、北部沿海、东南沿海、中部、西北、西南六大区域，其中北部沿海包括北京、天津、河北和山东；东南沿海为江苏、上海、浙江、福建、广东和海南；广西、内蒙古分别归于西南地区和西北地区。我们首先根据各省份 GDP 平减指数剔除财政支出中的价格性因素，再利用 HP 滤波剔除各区域地方财政支出的趋势性部分，获取实际地方财政支出周期性波动来刻画地方财政支出政策的变化。其中，1978—2007 年间的数据来源于相应省份 2008 年统计年鉴和中经网统计数据库，2008 年的数据来自于各省份 2008 年度预算执行情况。考虑到中央财政赤字政策可能对地方财政支出波动的影响，我们将地方财政支出波动对赤字率做 OLS 回归，根据回归结果，剔除中央财政赤字政策的影响①，结果见图 6—2。

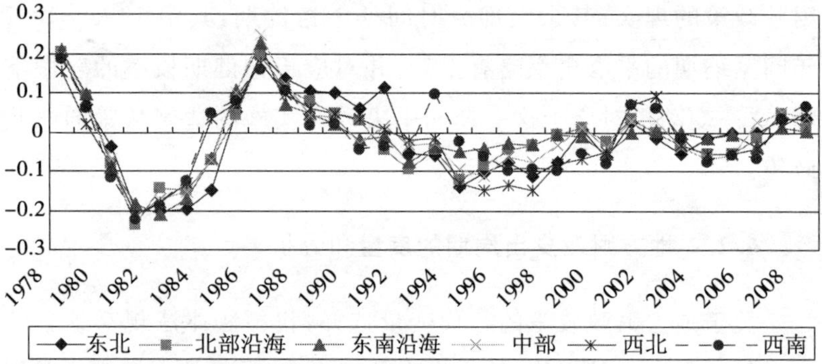

图 6—2 各区域财政支出波动

直观上来看，各区域在 1990 年之前的地方财政支出波动基本同步，而在 20 世纪 90 年代以来同步性有所下降。1994 年以来，根据标准差，东南沿海地区地方财政支出波动最小，北部沿海地区次之，中部地区和东北地区波动水平接近，西北地区和西南地区的波动最大；而且西北和西南两个区域在 1994—1997 年间的降幅最大，2000—2003 年间的升幅最高，因而，与国家中央财政政策的吻合性较强；另外，东北地区在 1994—1997 间的降幅也较大。

我们也利用马尔科夫区制转换模型给出各区域的财政支出周期划分，考虑到有限样本量的限制、结合 AIC 信息，我们选择 MSI(3)－AR(1)模型，利用基于 EM 算法的最大似然估计给出估算结

① 这一处理也避免了时变参数模型中赤字率和区域地方财政支出波动之间的相关性。

果，限于篇幅，在此省略具体的参数估计结果。我们发现，东部沿海地区、中部地区在 1987 年之后没有明显的周期拐点，处于稳健期；而东北地区在 1992—1997 年间经历了紧缩期；西部地区则在 2001—2002、2007—2008 年间经历了地方财政支出的扩张期，其中，西北地区在 1994 年间经历了紧缩期。因此，在剔除了中央财政赤字政策的影响之后，1994 年以来西部地区财政支出政策与国家财政政策的宏观调控更为吻合。

6.2.3 区域宏观经济波动模型：时变参数模型

为了测度中央财政政策、地方财政支出波动对各省份经济波动的影响，考虑到我国在样本期经历的巨大社会变革，固定参数模型难以刻画这种政策目标和制定体制的演变，因此，我们遵循 Kim 和 Nelson（1989），选择时变参数模型描述省份经济波动。Kim 和 Nelson(1989)利用该模型研究了货币政策（货币增长的不确定性）对实际产出波动的影响；贾俊雪、郭庆旺（2008）也利用该模型分析了结构性赤字、周期赤字政策和可预期以及不可预期货币政策对宏观经济的稳定效应。本章的区域经济波动时变参数模型设定如下：

$$y_t^p = \gamma_{0t}^p + \gamma_{1t}^p def_t + \gamma_{2t}^p sped_t^p + \gamma_{3t}^p yo_t^p + \gamma_{4t}^p g_t^p + e_t \quad (6-1)$$

$$\gamma_{it}^p = \gamma_{it-1}^p + \varepsilon_{it}^p \quad (i=0,1,\ldots,4) \quad (6-2)$$

$$e_t \sim i.i.d.\ N(0, \sigma_e^2), \quad \varepsilon_{it}^p \sim i.i.d.\ N(0, \sigma_{p,t}^2) \quad (6-3)$$

上式中，y_t^p 为 p 区域的经济波动，我们使用各区域实际 GDP 的 HP 滤波；def_t 为财政赤字率，$sped_t^p$ 为 p 区域地方财政支出波动，这两个变量表示中央财政政策和地方财政政策的力度和方向；yo_t^p 为除 p 区域之外其余区域产出加总后的 HP 滤波值，用以控制其余区域产出波动溢出效应的影响；g_t^p 为 p 区域地方财政支出占 GDP 的比重，用以控制政府规模变动对区域经济波动的影响；γ_{0t}^p 为 p 区域时变截距项，$\gamma_{it}^p(i,=1,\cdots,4)$ 为 p 区域相应的时变系数，均为随机游走过程；e_t 和 ε_{it}^p 为误差项，σ_e^2 和 $\sigma_{p,i}^2$ 分别为 e_t 和 ε_{it}^p 的方差。

我们可以将上述时变参数模型写成状态空间模型的形式：

$$y_t^p = \gamma^p(t)X^p(t) + e_t^p \tag{6—4}$$

$$\gamma^p(t) = \gamma^p(t-1) + \varepsilon_t^p \tag{6—5}$$

$$(e_t^p, \varepsilon_t^p)' - N\left\{\begin{bmatrix}0\\0\end{bmatrix}, \begin{bmatrix}\sigma_p^2 & 0\\0 & R\end{bmatrix}\right\} \tag{6—6}$$

其中，式(6—4)为测量方程，$X^p(t)=(1, def_t, sped_t^p, yo_t^p, g_t^p)'$，$\gamma^p(t)=(\gamma_{0t}^p, \gamma_{1t}^p, \gamma_{2t}^p, \gamma_{3t}^p, \gamma_{4t}^p)'$，$R$ 为协方差矩阵。我们遵循 Kim 和 Nelson(1999)的方法，利用卡尔曼滤波对各省份状态空间模型进行预测方差分解，并利用最大似然估计，得到各外生可观测变量对经济波动的时变影响系数。关于时变参数模型的具体估算方法和初值选取方法，可参见 Kim 和 Nelson(1999)。

得到区域经济波动时变参数模型的估计结果后，我们可以进行财政政策经济稳定效应的模拟分析。通过比较不存在中央财政政策或者地方财政政策时产出波动和实际产出波动的特征，从而给出财政政策在各区域经济稳定方面所发挥的效力。

6.3　财政政策的区域经济稳定效应结果及分析

图 6—3 给出了各区域 1994—2008 年间实际产出、不存在宏观赤字财政政策的模拟产出波动和不存在地方财政支出波动的模

拟产出波动。[①] 下文将根据 1994 年以来宏观财政调控经历的几次主要变动，具体分析各区域经济波动对中央财政赤字政策和地方财政支出波动的反应。

6.3.1 适度从紧的财政政策:1994—1997

在这一轮的财政政策调控期中，根据图 6—3，中央财政赤字政策对各地区的经济稳定效应并不明显，这可能和赤字财政政策从紧力度不够有关，尽管冠之以适度从紧，但是根据上文的马尔科夫区制转换模型分析，稳健性区制的概率高于紧缩性区制的概率，此外，也可能和非凯恩斯效应的作用有关。从区域差异来看，仅仅对于抑制中部地区和西南地区的经济扩张有一定的作用，而根据实际 GDP 的 HP 滤波结果，东部地区的过热程度最高，却几乎不受从紧政策的影响。

而地方财政支出波动的区域经济波动效应呈现明显的区域差异，对北部沿海地区和东南沿海地区实际产出波动基本没有影响，但是对东北地区、中部地区、西南地区和西北地区的经济抑制作用显著，尤其是西北地区和东北地区，抑制作用最为明显。在这一轮的紧缩性的财政调控中，并没有出现所谓的非凯恩斯效应，即没有产生所谓的扩张效应，可能的原因在于，根据 Perotti(1999) 的研究，当公共债务水平较高或者增长速度较快时，这种非凯恩斯效应才较为明显，之前我国的财政赤字比率一直较为平稳，且很低，因此，扩张效应所依赖的预期等机制基本不起作用。

---

① 尽管区域时变参数模型估计的样本期为 1978—2008，但是考虑到我国在 1994 年之后才有财力、能力和意愿以财政政策为手段进行以经济稳定为目标的宏观调控，因此，为了节约篇幅，在此只报告 1994—2008 年间的结果。

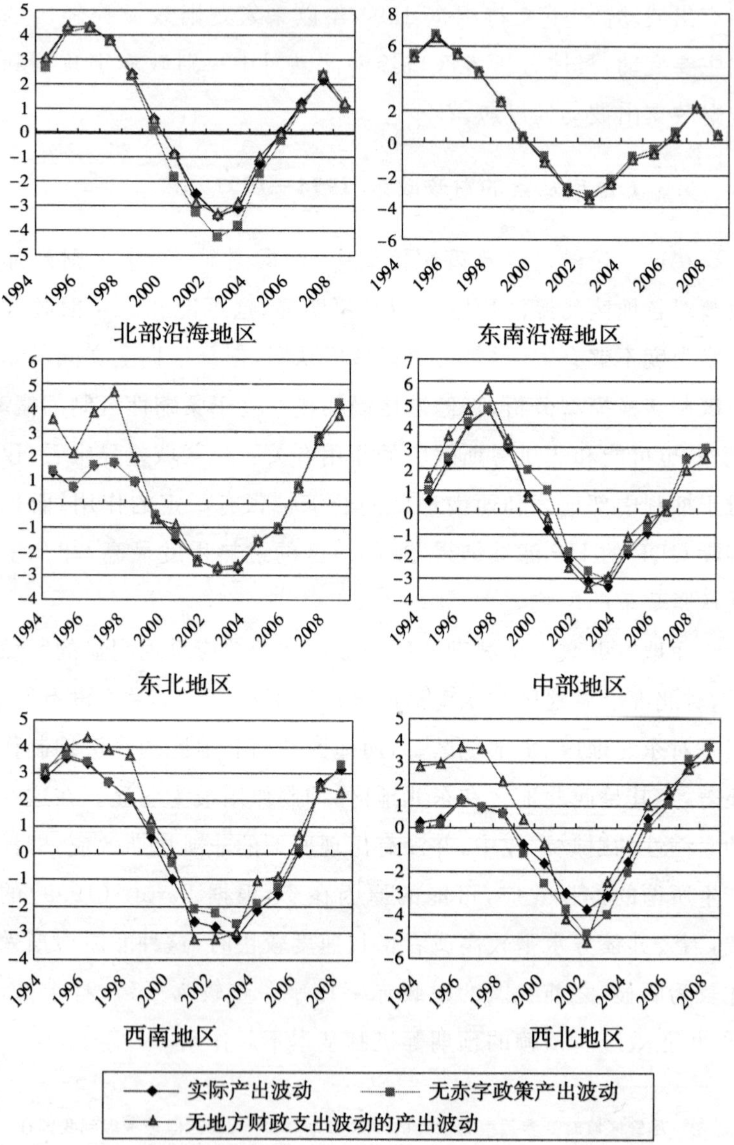

图 6—3　区域实际产出波动和无财政政策的模拟产出波动(%)

本轮财政政策经济稳定效应区域差异的原因在于：一方面，从政策力度来看，内陆地区财政支出波动的下降幅度高于沿海地区，即内陆地区地方财政紧缩力度强于沿海地区，尤其是东南沿海地区，地方财政支出波动不但没有下降，而且呈轻微的上升态势，这和内陆地区地方财政对中央财政依赖度较高有关，从而更能体现中央的意图。另一方面，内陆地区经济发展水平较低，市场化程度和资本市场发育度低于沿海地区，资源型行业以及第一产业的比重偏高，难以形成稳定的经济预期，这些因素可能使得内陆地区更为偏离李嘉图等价的条件，造成较强的紧缩力度。两方面因素的共同作用造成了这一区域差异。

所以，就这一轮的财政政策调控而言，中央财政政策基本上没有产生直接的作用，主要是通过影响地方财政支出波动来抑制经济过热，实现经济的软着陆。从区域层面来看，东部沿海地区是这一轮经济过热（始自 1992 年）的热源，1992、1993 年沿海地区投资增长率高于全国平均水平，1992 年的房地产投资热，热点集中在沿海地区，东南沿海地区房地产开发公司占全国总数的 44%，而同期西部地区的投资气氛清淡，大量中西部省份的工业增长率处于 10%以下，远低于沿海地区 30%以上的水平（袁钢明，1996）。但是政策效果分析表明，中央财政政策和地方财政支出波动对沿海地区的经济波动没有影响，而因为对中央财政的依赖度高，地方财政支出波动对于并不是热源且经济并不过热的中西部内陆地区的经济抑制作用显著。这一结果直接导致沿海地区和内陆省份经济差距的扩大，这和郭庆旺等（2007）发现 1994—1997 年间财政总支出引发区域人均产出基尼系数变动额迅速上升的事实相吻合。

6.3.2 积极的扩张性财政政策:1998—2003

在这一轮的财政政策调控期,根据图 6—3,宏观财政赤字扩张政策对于北部沿海地区和西北地区的经济扩张作用非常明显,其经济稳定效应在 1999 年开始显现,并于 2004 年基本结束,有效地减少了上述两个区域在 1998—2003 年间的经济下滑幅度。不过,该轮中央财政政策对东北地区几乎没有影响,并在中部地区、西南地区和东南沿海地区扮演了紧缩性的角色,特别是对中部地区和西南地区的紧缩性作用最为明显,对东南沿海地区的紧缩性作用非常微弱。

地方财政支出波动对于稳定东部沿海地区和东北地区经济波动的作用并不明显,而中部地区、西南地区和西北地区始自上一轮从紧政策的紧缩作用持续到 2000 年,在 2001—2002 年间,地方财政支出波动起到了稳定经济的作用,减少了经济下滑幅度。

本轮财政政策经济稳定效应区域差异的原因在于:首先,本轮的财政扩张政策和西部大开发的国家战略紧密结合,2000—2002 年间,中央财政性建设资金用于西部开发约 2700 亿元;1/3 以上的长期建设国债用于西部开发,达到 1600 亿元;中央财政对西部地区转移支付 3000 亿元;并在中央财政主导下进行了四大工程建设,分别是西气东输工程、西电东送工程、青藏铁路工程和退耕还林工程。从 2000 年开始,西部地区人均占有国家预算内财政投资已开始超过中部、东部地区(王洛林、魏后凯,2003)。这种具有明显区域导向性的财政扩张政策有利于西部地区的经济稳定。需要指出的是,西南地区的样本中缺少四川、重庆,而且根据省份经济波动时变参数模型的估算，贵州、西藏两地无论是宏观赤字政策还是地方财政支出波动的经济稳定效应均非常显著，中央财政政策对西南地区的紧缩性作用主要是由云南和广西引起的。在上述四大工程中，西气东输工程主要针对西北地区，青藏铁路则是其沿线地区，退耕还林项目中西北地区的还林面积尤其是造林速度高于西南地区(侯景新等，2006)，西电东送的南线工程部分涉及云南和西藏，此外，这一期间的基础设施工程主要是西安至合肥和重庆至怀化铁路、西部公路国道主干线建设、四川紫坪铺和黄河沙坡头等水利枢纽工程(王洛林、魏后凯，2003)，因此，在西部地区内部，主要参与地区为西北省份，2000—2003 年间基本建设投资中，西北省份中央项目的比重普遍高于西南省份(西藏除外)。这种中央重点工程项目的区域分布不均，导致中央财政赤字政策对广西、云南两地产生紧缩性作用。同时，在力度足够大的中央财政支持力度以及通过转移支付的形式和地方财政配套资金的支出下，西北地区、西南地区地方财政支出波动在这一轮调控期中的扩张力度，远高于其他地区；结合西部地区财政支出占地方经济的比重偏高、市场化程度偏低，地方财政对中央依赖程度偏高的区域特征，其经济环境对李嘉图等价条件的偏离程度较大，特别是考虑到这种扩张赤字可能主要由发达地区的未来税收承担，因此对于欠发达地区而言，基本上不存在李嘉图等价的约束；而且，西部地区基础设施、生态环境的严重滞后，降低了上述项目财政投资的挤出效应，因此，平均而言，这一轮调控对西部地区经济的稳定效应更为明显，减少了西部地区经济下滑的幅度。

其次，北部沿海地区对中央赤字财政政策的反应与中部地区、东北地区，尤其是东南沿海地区的差异，可能主要是因为在这一轮赤字扩张政策中，按照投资项目的隶属关系分，前者中央项目的比重偏高。显然，中央项目比重越高，受到中央支持的力度越大，则该区域经济越容易受到中央财政政策的影响。图 6—4 为 2000—2003 年间各区域基本建设投资中中央项目比重的省份平均值，西南地区[①]最高，是由西藏的中央项目比重偏高导致的，除了贵州之外，云南、广西的中央项目比重在30%左右，低于西北地区和北部沿海地区的平均水平；北部沿海地区中央项目的比重略低于西北地区，高于东北地区和中部地区，远高于东南沿海地区的 19%。尤其是北京、天津两个直辖市，中央项目的比重在 40%以上[②]。而且，就地理而言，北部沿海地区紧邻中央决策中心，国有经济比重较高，能够更好地体现中央调控的意图。

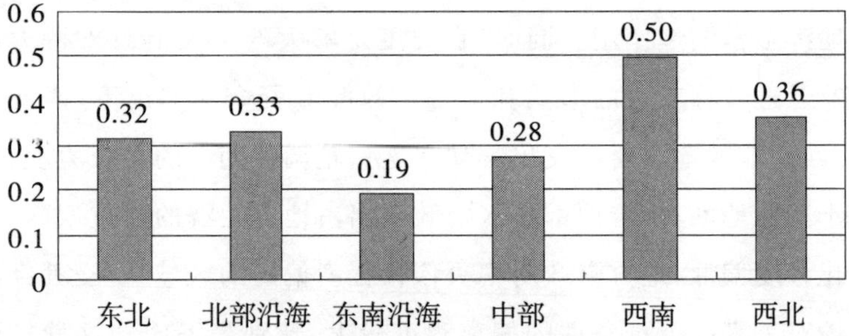

图 6—4　基本建设投资中中央项目的比重

总体而言，本轮财政政策经济稳定效应的区域差异不同于上一轮，这和本轮宏观调控过程更加注意到区域协调发展有关，在一定程度上吸取了上一轮调控的教训，避免因为宏观调控导致区域

① 为了保持分析上的一致性，西南地区不包含四川和重庆。

② 根据相应年份《中国统计年鉴》计算而得。

差距扩大，而是将扩张性的财政政策和西部大开发的国家战略紧密结合，在促进经济稳定的同时避免了区域差距的进一步扩大。至于这一轮财政政策调控是否真的缩小了区域差距，还取决于其对各区域实际GDP趋势项的影响。

6.3.3 稳健的财政政策及其转变：2004—2008

从2004年起，中国积极的扩张性财政政策基本淡出，开始实施稳健的财政政策，并在2007年全球性的通胀以及国内经济长期过热的情况下，消除了财政赤字，实际财政政策进入到从紧的状态。中央财政赤字政策对各区域经济波动的影响不大，即政策情势的转变（扩张到稳健）并不存在明显的凯恩斯效应。具体而言，对西北地区和北部沿海地区的支持效应逐年减弱，这种扩张效应的持续得益于已有政策项目的后续支持以及西部大开发战略的持续实施，到2007年转为紧缩性的效应；对于东南沿海地区、中部地区的紧缩性效应也逐渐消除，对东北地区仍基本上没有影响。

从地方财政支出波动的经济稳定效应来看，中部地区、西南地区和西北地区经济出现明显的紧缩，其中中部地区的紧缩性效应在2006年左右消除，而西部地区则在2007年消除，其他区域经济波动所受影响微弱。这种区域波动对地方财政支出波动的异质性反应，主要有以下两方面的原因。首先，中部地区、西南地区和西北地区地方财政对中央财政的依赖程度高，中央财政政策的情势转变直接影响地方财政支出的波动，从图6—2可见，三个地区地方财政支出波动的下滑幅度最为明显，而其余地区的变动不大，而东北地区的财政支出波动在2003年后呈扩张态势，这得益于东北振兴战略，直接避免了这一地区出现类似于1994—1997年间的紧缩性效应。其次，上述地区，尤其是西北地区，2000—2003年间经济从谷底到复苏，很大程度上依赖于地方财政支出波动的扩张，并没有有效地启动相应的私人消费和投资，民间资金和外商投资多数持观望态度（王洛林、魏后凯，2003），这种“政府热民间冷”的局面导致这些地区的地方财政支出紧缩产生所谓的凯恩斯效应。而在2005年以后，中西部地区因为资源型产业的繁荣，吸引大量不同所有制经济和地区的资本，GDP、财政收入增长速度明显提升，加速财政支出的增长速度，重新形成新一轮的地方财政支出扩张，对地方经济的进一步扩张起到了明显的刺激作用。

2008年是中国宏观政策调控政策转变最为激烈的一年，短暂的一年中，宏观调控方向从年初的双防（防止经济增长由偏快转向偏热、防止价格由结构性上涨演变为明显通货膨胀）转向年中的“一保一控”（保持经济平稳较快发展、控制物价过快上涨）再到第四季度调整为“一保一扩一调”（保增长、扩内需、调结构），我们的年度数据很难体现这种政策变化对区域的影响，特别是在第四季度提出的扩张性政策，比如增加中央投资1000亿元，两年内完成4万亿投资等，我们目前的年度数据难以体现上述政策的效应。不过从2008年政策的模拟结果来看，对外开放程度最高的沿海地区最先感知这一轮的金融危机，实际经济波动在2007年达到峰值之后开始下滑，而中部地区、西部地区仍处于扩张期，而且这些地区的地方财政支出波动对于推动上述区域的扩张发挥了重要作用。

6.4　财政政策的省份稳定效应和省份特征

从上文分析中，我们也发现，即使在各区域内部，中央财政政策和地方财政支出波动也存在一定程度的差异。在本节，我们利用省份数据，根据式(6－1)至式(6－3)的时变参数模型，描述各省份宏观经济波动，给出中央财政政策和地方财政支出波动的模拟结果。

6.4.1 财政政策的省份稳定效应

我们利用产出波动的标准差来衡量产出波动的程度，根据各省份 1994—2008 年间现实实际产出波动标准差(σ_{y^P})、不存在中央财政政策的模拟产出波动标准差($\sigma_{y^P_{def}}$)以及不存在地方异质性财政政策的模拟产出波动标准差($\sigma_{y^P_s ped}$)，我们分别利用($\sigma_{y^P}/\sigma_{y_{def}}-1$)和($\sigma_{y^P}/\sigma_{y_{sped}}-1$)，计算出中央财政政策和地方财政支出波动在降低省份产出波动中的作用，结果显示作用大小和该值成反比。当该值为负时，表明财政政策发挥了经济稳定的作用；而当该值为正时，则表明财政政策不但没有稳定经济，反而加大了经济波动。

根据表 6—2，中央财政政策和地方财政支出波动对各省份的经济稳定效应存在明显的差异，即使在上述区域内部。比如，尽管中央财政政策有助于北部沿海地区的经济稳定，但是提高了山东的经济波动幅度，实际上，在该区域内部，山东省 2000—2003 年间中央投资项目的比重仅为 20%，远低于京津两地，而地方财政支出波动却导致河北和山东实际产出波动水平的上升。在东南沿海地区，中央财政政策仅仅降低了江苏实际产出的波动水平，却不利于其他省份的稳定，除了上海和江苏之外，该地区的经济稳定主要依赖于地方财政支出波动，但效应非常微弱。西南地区的广西和云南的表现更接近于东南沿海地区。这与两个省份和东部地区的同步性较高有关。[①] 中央财政支出政策提高了辽宁和吉林的经济稳定水平，但加剧了黑龙江的波动，而地方财政支出则轻微地提高了辽宁的波动。对于中部地区而言，中央财政政策对于湖北和湖南实际产出的稳定效应较强，但是或多或少提高了其余省份的波动水平，而地方财政支出则只提高了河南的波动水平。最后，在西北地区，中央财政促进了山西、甘肃、宁夏和新疆的经济稳定，地方财政支出波动降低了所有省份的波动水平。

表 6—2　财政政策的省份稳定效应

	稳定效应			稳定效应	
	中央财政政策	地方财政支出		中央财政政策	地方财政支出
北京	−0.471	−0.402	辽宁	−0.069	0.013
天津	−0.024	−0.091	吉林	−0.088	−0.070
河北	−0.058	0.010	黑龙江	0.234	−0.013
山东	0.019	0.065	山西	0.190	−0.101
上海	0.053	0.176	安徽	0.089	−0.063
江苏	−0.194	0.003	江西	0.303	−0.218
浙江	0.119	0.000	河南	0.065	0.076
福建	0.038	−0.002	湖北	−0.293	−0.027
广东	0.030	−0.026	湖南	−0.176	−0.064
海南	0.000	−0.026	内蒙古	0.057	−0.075
广西	0.098	−0.123	陕西	−0.202	−0.511
贵州	−0.394	−0.342	甘肃	−0.386	−0.289

① 根据第二章，我们发现广西和云南与全国经济周期的同步性高于其他西部地区，程度接近东部地区。

续表

	稳定效应			稳定效应	
	中央财政政策	地方财政支出		中央财政政策	地方财政支出
云南	0.149	0.035	青海	0.243	－0.364
西藏	－0.106	－0.559	宁夏	－0.031	－0.335
新疆	－0.060	－0.147			

中央财政政策和地方财政支出波动的加总效应[①]表明，1994—2008 年间财政政策有利于京津冀、江苏、海南、除黑龙江之外的东北地区和除山西、河南之外的中部地区以及除云南外的广大西部地区的经济稳定，占本书样本省份的近 70%。此外，在其余省份中，除了上海、黑龙江、云南、河南、浙江之外，财政政策对经济波动水平的提高程度低于 10%，最高的为上海，实际产出波动水平提高了 24.4%。因此，从整体上来看，1994—2008 年间我国财政政策的经济稳定效应是比较明显的。

6.4.2 财政政策省份稳定效应的影响因素

根据本章第二部分的理论说明和第四部分区域差异的原因讨论，我们利用本部分的省份波动效应数据，结合省份特征数据，定量分析中央财政政策经济稳定效应省份差异的影响因素。我们分别给中央财政政策稳定效应存在的省份赋值为 1，无稳定效应的省份赋值为 0，构建中央财政政策省份稳定效应（STA _CEN）的解释变量，同样方法构建地方财政支出波动的省份稳定效应（STA _LOCAL）；引入中央项目占基本建设投资的比重（CEN）、固定资产投资中国有经济的比重（COU）、工业比重（IND）、地方财政支出依赖度

① 即比较现实实际产出波动和无中央财政政策、地方财政支出波动的模拟产出波动。

(DEP)和地方财政支出政策力度(FIS_L)五个省份特征变量。其中,中央项目占基本建设投资比重这一数据只统计到2003年,因此该变量为1994—2003年间的均值,数据来源于相应年份的《中国统计年鉴》。此外,地方财政支出依赖度利用各省份地方财政支出与地方财政收入之差占地方财政支出之比来表示,因为中国省份预算执行严格的年度平衡体制,支出和收入之差可以近似地表示为中央对地方的转移支付(Tochkov,2004;2007),从而可以用此来度量地方财政对中央的依赖程度。最后,地方财政支出政策力度用地方财政支出波动的标准来度量。除注明外,各变量为1994—2008年间均值,数据来源于各省份2008年统计年鉴和中经网统计数据库。

根据上文分析,首先,中央项目比重越高,地方投资越依赖于中央政府,因而更能体现中央政策意图,中央财政政策的经济稳定效应越强。其次,固定资产投资中国有经济的比重用来衡量省份国有经济的影响,通常而言,相对于民营经济,国有经济行为更能体现中央和地方政府的决策意图;另一方面,国有经济比重较高的区域往往市场化程度不高,对李嘉图等价的偏离可能更为明显,而且国有经济对利率的敏感性往往弱于民营企业,降低了财政扩张的挤出效应,因此,国有经济比重越高,财政政策的稳定效应则可能也越强。第三,在我国,工业比重高的省份也是经济相对较发达的地区,市场化制度也相对完善,居民收入水平较高,借贷约束相对较弱,高度不确定的农业比重低,预期相对稳定,从而更接近李嘉图等价的条件。而且,中央赤字主要由发达地区的未来税收来补偿,因此,相对于欠发达地区而言,发达地区的理性代表性行为人可能会进行更多的储蓄、减少消费来应付未来增加的税收,甚至形成紧缩效应。同时,工业化水平高的省份,基础设施较为完善,基础设施财政投资与私人投资的互补性较弱，资本市场化程度高，投资利率弹性较大，因此，扩张性财政政策的挤出效应可能大于工业比重较低的省份，相对称地，工业比重较低的省份，其产出在紧缩性财政政策下的紧缩效应可能也大于工业比重高的省份，因此，财政政策更有利于工业比重低的省份的经济稳定。第四，地方财政支出对中央的依赖度越深，则地方财政支出波动越能体现中央财政政策的意图，亦越能体现其稳定经济的政策意图。最后，地方财政支出波动的标准差度量周期性地方财政支出的政策力度，直观而言，政策力度越大，可能经济稳定效应越强。① 考虑到被解释变量是二元变量，我们选择 Probit 和 Logit 模型进行估计（Cameron and Trivedi，2005）②。

对于 Logit 模型，具体设定如下：

$$P_p=\Pr[y_p=1\mid x_p]=\exp(\beta_0+\beta_1 x_p)/(1+\exp(\beta_0+\beta_1 x_p)) \qquad (6-7)$$

对于 Probit 模型，具体设定如下：

$$P_p=\Pr[y_p=1\mid x_p]=\phi(\beta_0+\beta_1 x_p) \qquad (6-8)$$

其中，$\phi(\cdot)$是标准正态的累积分布函数，即式（6—8）为：

$$P_p=\Pr[y_p=1\mid x_p]=\int_{-\infty}^{\beta_0+\beta_1 x_p}(2\pi)^{-1/2}E^{-Z^2/2}dz \qquad (6-9)$$

根据表 6—3 所示的基于最大似然估计法的回归结果，Logit 和 Probit 的估计结果在符号上完全一致，也基本上满足 Logit 估

① 我们还考虑了对外开放度、人均 GDP 等指标，考虑到与工业比重等上述指标共线性问题，在最后的结果中，我们选择了统计上更为显著的工业比重。

② 在二值离散相应模型的经验研究中，我们难以确定具体的概率分布形式，即难以确定应该选择哪种估计模型，在实际上通常分别选择 Probit 和 Logit 模型进行估计。

计的参数值是 Probit 估计的 1.6 倍的经验性规律（Cameron and Trivedi，2005），Probit 模型中各参数的显著性水平更高。具体而言，基本建设投资中中央项目的比重越高，工业比重越低的省份，中央财政政策越有可能稳定其经济；而工业比重越低、国有经济比重越高、地方财政支出依赖度越高、地方财政支出政策力度越大的省份，地方财政支出波动越能稳定省份经济波动，因此，我们计量分析结果基本上证明了上述预期。

表 6—3　Logit 和 Probit 模型的估计结果

	STA_CEN		STA_LOCAL							
模型选择	Logit	Probit	Logit	Probit	Logit	Probit	Logit	Probit	Logit	Probit
CEN	8.9**	5.3**								
IND	−9.6*	−5.8**	−22**	−13***						
COU					13.9**	8.0**				
DEP							6.5**	3.9**		
FIS_L									78**	46***
截距项	0.98	0.61	10***	6.0***	−5.6**	−3.2**	−1.8	−1.1	−3.8*	−2.3**
Log 似然值	−16.3	−16.3	−12.5	−12.4	−13.0	−13.1	−14.3	−14.20	−12.1	−12.0
Wald chi2	4.9*	6.0**	6.0**	7.2***	5.1**	5.8**	4.9**	5.4**	6.1**	7.4***
Pseudo R^2	0.19	0.19	0.26	0.27	0.23	0.23	0.16	0.17	0.29	0.30

注：***、**、* 分别表示通过了 1%、5%、10% 显著性水平检验。

6.5　本章小结

本章具体讨论了我国 1994 年以来“逆风向而动”的中央财政政策以及地方财政支出波动对省份经济稳定的影响。就理论而言，在李嘉图等价条件、财政扩张挤出效应以及财政稳固的非凯恩斯效应存在与否的争论中，所涉及的相关机制、条件在区域层面上都存在一定程度的差异，比如区域经济发展水平、市场化程度、工业化水平、中央对区域的支持力度、区域对中央的依赖程度等。因此，财政政策的稳定效应是否存在以及效应大小可能在区域层面形成差异。

我们利用时变参数模型构建了区域宏观经济波动模型，比较各区域现实实际产出波动、无中央财政赤字政策的模拟产出波动以及无地方财政支出波动的模拟产出波动。我们发现，从 1994—1997 年间的财政政策调控效果来看，紧缩性中央财政政策对区域经济波动的直接影响微弱，紧缩性地方财政支出波动对于并不是热源的内陆地区产出扩张的抑制效应明显，并产生了区域差距扩大的副作用。在 1998—2003 年间的积极财政扩张政策中，中央财政政策对北部沿海和西北地区的经济刺激作用非常明显，但是不利于绝大多数东南沿海地区、部分中部地区以及部分西南地区的经济稳定；地方财政波动对于刺激中部地区和西部地区等内陆省份经济扩张的作用也大于东部地区，因而一定程度上避免了因为财政调控政策导致的区域差距扩大。该轮财政政策经济稳定效应的区域差异，除了与省份市场化程度、经济发展水平基本特征相关之外，还和本轮调控中更加注意区域协调发展和西部大开发的国家战略密切相关。在 2004—2008 年间，我国财政政策经历了从稳健到紧缩、再到 2008 年年底扩张的转变，稳健以及紧缩性的中央财政政策对区域经济波动基本上没有影响，而地方性财政支出波动对中部、西南和西北地区紧缩性影响明显，不过这种紧缩性效应低于 1994—1997 年间的水平，并被 2005 年以来的资源型产业繁荣所终止；而东北地区则因为东北振兴战略而并没有出现这种紧缩性影响。

我们利用时变参数模型进一步构建了省份经济波动模型，中央财政政策和地方财政支出波动对各省份的经济稳定效应也存在明显的差异，不过基本上表现为上文六大区域的差异，但是区域内部的差异也在一定程度上存在。相对而言，地方财政支出的稳定效应强于中央财政政策，这和 Pappa(2005)基于美国的经验研究类似。整体而言，财政政策有利于近 70%省份的实际产出稳定。我们利用 Probit 模型和 Logit 模型分析财政政策省份稳定效应和相关省份特征之间的关系，印证了下述基于理论和直观经验的假说：工业比重越低、基本建设投资中中央项目比重越高的省份，中央财政政策越有可能稳定其经济；工业比重越低、国有经济比重越高、地方财政支出依赖度越高、地方财政支出政策力度越大的省份，地方财政支出波动也越能稳定省份经济。

第7章 结束语:结论与展望

20世纪90年代以来,随着欧洲货币一体化进程的加快,最优货币区的标准引发了区域经济周期同步性的研究,随着国内宏观经济学的逐步形成,区域经济周期的经验研究受到了区域经济学家和宏观经济学家的重视。就我国这一发展中大国而言,地域辽阔,产业结构、市场化进程、国际化进程、经济发展水平的区域差异明显,同时作为转型大国,宏观经济管理体制、机制亦处于改革过程中,这将影响区域间经济周期的同步性以及差异,并形成了具有中国特色的区域经济周期特征。同时,根据经验研究,我国区域经济周期的福利成本不容忽视。因此,我们很有必要对这一方面做系统性的分析。从国内已有研究来看,存在定量分析不足、尚未形成与国际主流研究对接的技术平台等问题;也缺乏从中国经济的典型特征出发全面分析中国区域经济周期特征的研究;主要关注传统三大地带、四大板块的区域分析,忽视了地带、板块内部存在的明显的省份差异,不利于对区域经济周期基本事实和典型特征的正确认识;更缺乏较为严谨、基于定量分析的中央财政政策的区域稳定效应评价,本书在上述方面做了具体的尝试。在本章结束语中,我们首先给出本书的主要结论,然后根据本书的分析,揭示初步的政策含义,最后是本书的不足之处和进一步研究的方向。

7.1 主要结论

本书的主体内容分为三个部分:第一部分从总体经济视角出发,给出中国区域经济周期的总体特征;第二部分从产业结构出发,分析区域产业周期在总供给层面上的特征,并在市场化和国际化背景下,分析区域投资、出口周期在总需求层面上的特征;第三部分是以财政政策为例分析宏观调控政策的区域经济稳定效应。

第一,从中国区域经济周期的总体特征来看,首先,大部分省份经济周期与全国经济周期的同步性较高,尤其是大幅偏离趋势下滑区制的省份同步性更为显著,相对而言,基于年度数据度量的同步性明显高于基于月度数据的同步性。东南省份的经济周期变化领先于全国水平,而部分中西部地区则滞后于全国水平。东部地区对共同周期的影响力度处于提升态势。其次,省份经济周期以中速和高速增长区制为主,且持续期较长,是省份经济保持长期增长的基础。第三,省份经济周期的区制转换频率明显高于全国加总经济,省份经济波动性、突变性的非线性特征高于全国经济,因此,市场一体化以及相应的风险共享机制还尚未形成。第四,结合省份基本经济特征,年度数据和月度数据的结果都支持工业比重越高、地方财政支出比重越小、经济份额越高的省份,与共同周期的同步性也越高的结果。就省份经济波动的稳定性来看,根据2000—2008年间的月度数据,工业比重、对外开放水平高、地方财政支出比重小的经济发达省份,经济周期的持续期相对较长,不过波幅也相对较大,所以难以确定平稳性和省份特征之间的关系。

根据年度数据,政府支出比重高的省份,经济波幅较大,且保持持续高速增长的可能性较弱,而工业化水平高的省份,经济波动幅度相对较小,发达地区中速增长率较高。

因此,我国省份经济周期的同步性水平较高,但是,部分省份经济在周期拐点、波幅、经济周期阶段持续期等方面存在一定程度的差异,而且这种差异具有一定的系统性,与产业结构、政府控制强度、对外开放度和经济发展水平等省份特征密切相关,这种差异的系统性呈强化趋势。所以,我们很有必要从区域产业周期、区域投资周期和区域出口周期等多种视角出发,对我国区域经济周期的特征进一步细化、深入地分析。

第二,结合工业化、市场化和国际化这中国经济变迁的三大背景,考虑到中国区域经济周期总体特征差异的系统化趋势,我们的研究表明:

从区域产业周期的视角来看,首先,基于所有省份所有产业协动性的全国动态因子很好地刻画了中国宏观经济波动的基本特征。其次,从方差分解结果来看,全国共同周期是省份第二产业实际产出波动最重要的驱动力,平均而言能够解释50%以上的波动,对第三产业影响较弱,对第一产业几乎没有影响,所以,工业化进程的推进有助于省份经济周期同步性的提升;基于传统四大板块划分的区域动态因子对三次产业波动的影响非常微弱;省份动态因子对地方化程度较高的第一、第三产业具有一定程度的影响。基于本书的模型,异质性因素实际上接近于剔除了空间和产业间溢出效应的特定产业冲击的影响,是省份第一、第三产业实际产出波动最重要的驱动力。第三,结合省份特征,东部地区、经济发达以及相应产业产出波动小的省份,全国动态因子和区域动态因子的影响力较强，而政府规模较大、产业份额高、产出波动大的省份，其产业波动的省份性和异质性表现较为突出。最后，根据三次产业和GDP之间的关系，我们的估算结果表明，从供给角度来看，全国共同周期和省份异质性因素是驱动省份总产出波动重要的驱动力，区域共同周期影响力微弱，西部地区的省份异质性影响力最为突出，东部地区、中部地区的全国动态因子影响力高于前者。第二产业比重越高、政府规模越小，省份总供给波动同步性就越高。

结合市场化改革的进程，从区域投资周期视角来看，首先，省份全社会和国有经济固定资产投资波动中，全国共同投资周期的重要性最为突出，省份动态因子的影响力次之，区域动态因子的影响力最弱。而对于私营个体经济固定资产投资波动而言，异质性成分居于主导地位，省份动态因子和全国共同投资周期的解释能力较弱，区域动态因子的解释力依然最弱。其次，结合省份特征，总体而言，对外开放水平和工业化水平越高、经济规模越大、政府规模越小、经济越发达的省份，投资波动和全国共同周期成分的同步性越高，而省份动态因子的影响力越弱。此外，对外开放水平高、经济规模大的省份，区域动态因子的影响力相对而言较强。第三，这种不同所有制投资周期省份同步性的差异，特别是省份私营个体经济投资波动异质性突出，是因为私营个体经济投资波动与全社会和国有经济投资波动的协动性偏弱以及私营个体经济投资本身省份同步性不强。不过，国有经济与全社会投资波动相关性长期高于私营个体经济与全社会投资波动相关性的情况，在本书的样本期末发生了逆转，这除了由于国有经济投资比重下降之外，还与体制性因素有关。结合政治经济周期的逻辑，随着20世纪90年代中期以来市场经济体系的逐渐建立和完善，财政分权体制改革、央行独立性增强、国企改制,都削弱了地方政府对经济的影响力,投资波动中的政治体制性的影响力有所下降,国际冲击等市场化因素的重要性日益突出,因此,全社会投资波动与私营个体投资波动的相关性逐步提升。第四,样本期早期全社会和国有经济投资的省份高同步性,一定程度上和政治周期共同冲击以及地方政府换届时机的同步性密切相关,而个体私营经济的省份低同步性,则与地方投资环境差异、地方政府对私营经济发展的态度差异、省级市场分割等密切相关。最后,随着 20 世纪 90 年代中期市场化改革的深入,政治冲击的重要性下降,全社会投资的省份同步性开始下滑,不过,国内外市场一体化程度提升、政企分开、央行独立等市场化因素推动下的同步性开始逐步提高,成为推动全社会固定资产投资波动省份同步性提升的重要力量。

结合国际化进程,从区域出口周期的视角来看,首先,东部地区尤其是东南沿海地区的出口最为稳定,中西部地区出口波动较大,这和区域出口规模、产品结构等差异有关;各省份出口波动在短期内具有一定持续性,周期性波动较为频繁;绝大多数省份出口与全国出口的同步性较高,由于东南沿海地区是主要出口区域且部分中部省份与东南沿海地区产业联系紧密,东南沿海地区和中部地区与全国的同步性最高,西部地区最弱。其次,存在国际经济冲击影响中国各省份经济波动的贸易渠道,各省份出口周期与国际经济周期的同步性较高。出口依存度较高的东部地区与国际经济周期处于同一周期阶段的时间比重最高,对国际经济周期的反应时滞段短于其他地区,不过,中部地区和东北地区因为出口产品结构、出口产品竞争优势尚未完全建立等原因,对国际经济周期冲击的反应更为强烈,因而相关系数较大。最后,实际产出波动对出口波动的脉冲响应呈驼峰状，高出口依存度区域的实际产出波动对出口冲击的反应最为灵敏，且强度最大，中出口依存度区域的反应强度次之，低出口依存度区域的反应强度最小。各区域出口波动分别解释了26.5%、15.2%和9.1%的高、中、低出口依存度区域产出波动。尽管后两个区域的出口依存度远低于前一区域，但是因为后两者出口波动性较大以及部分地区受国际经济周期的影响较大，出口以及国际经济周期对这些地区经济波动的影响不容忽视。

最后，关于财政政策的区域稳定效应分析，考虑到自1994年分税制改革后，中央政府才有足够的财力、意愿和能力实行基于经济稳定的宏观财政政策，我们的经验研究也重点关注1994—2008年区间，包括1994—1997年间的紧缩政策、1998—2003年间的经济财政扩张政策和2004—2008年间的财政政策从稳健到紧缩、再到2008年年底扩张。

结合赤字政策的李嘉图等价之争、财政扩张的挤出效应以及财政稳固的扩张效应（即非凯恩斯效应）这三个方面的理论性说明，我们发现：在两轮紧缩或者相对稳健的财政政策下（分别是1994—1997年和2004—2008年上半年），紧缩性中央财政政策对区域经济波动的直接影响微弱，但是紧缩性的地方财政支出波动对中部地区、西部地区的紧缩效应明显，对东部地区没有显著的影响。不过，在后一轮的稳健财政政策调控中，因为西部大开发、东北振兴、中部崛起等区域协调发展国家战略的相继实施，地方财政支出波动的紧缩性效应低于1994—1997年间的水平，并被2005年以来的资源型产业繁荣所终止，甚至东北地区并没有出现这种紧缩性影响。而在1998—2003年的积极财政扩张政策中，中央财政政策对于北部沿海和西北地区的经济刺激作用非常明显，但是不利于绝大多数东南沿海地区、部分中部地区以及部分西南地区的经济稳定；地方财政波动对于刺激中部地区和西部地区等内陆省份经济扩张的作用也大于东部地区，因而一定程度上避免了因为财政调控政策导致的区域差距扩大。该轮财政政策经济稳定效应的区域差异和本轮调控中的西部大开发密切相关。

中央财政政策和地方财政支出波动对各省份的经济稳定效应也存在明显的差异，即使在区域内部差异也十分显著。地方财政支出的稳定效应相对强于中央财政政策。财政政策整体上有利于近 70%省份的实际产出稳定。平均而言，工业比重越低、基本建设投资中中央项目的比重越高的省份，中央财政政策越有可能稳定其经济；工业化水平越低、国有经济比重越高、地方财政支出依赖度越高、地方财政支出政策力度越大的省份，地方财政支出波动也越能稳定省份经济波动。

7.2　政策含义

尽管具体的政策框架设计和政策工具选择并不是本书的内容，但是，上文关于中国区域经济周期基本事实、典型特征和政策效应的经验研究，是相应政策设计所必需的事实依据，因而，本书的分析亦具有一些有意义的政策含义，为政策的制定提供一些思路，并指明一些应该注意的问题。

首先，应该建立健全区域经济周期的监控预警机制。科学、合理的经济周期监控预警机制是宏观经济调控的基础，直接关系到宏观调控政策制定与实施时机的确定，从而直接影响到宏观政策效应的发挥（贾俊雪，2008）。而根据区域经济周期存在明显差异的基本事实，更有必要建立这一机制。区域经济周期监控预警机制的核心在于区域经济周期拐点识别和预测分析，大概有两类方法：一类是本书第二章所使用的，根据经济周期的协动性和非线性特征，利用动态因子模型构建合成指数，包括领先、同步和滞后指数[①]，并借助马尔科夫区制转换模型或者 BB 算法进行拐点识别；另一类是以厂商和消费者为对象，采取问卷形式收集调查对象对当前经济运行和未来趋势的看法，对上述信息加以综合分析，编制各种信息指数和景气指数。目前，我国经济周期的监控预警机制建设主要在国家层面，还尚未进入到区域层面。尽管本书在第二章的研究中作了一些尝试，但通常意义上的经济周期长度为 6 个季度到 32 个季度，因此年度数据难以获取一些高频的经济波动事实，尤其是在以季度衡量的拐点识别上，年度数据难以发挥作用，而目前公开的季度或者月度频率的省份变量偏少，往往采取同步增长率的形式进行公布。但是，以理论模型为基础的经济周期经验研究却需要环比数据，这造成数据类型的不配。另外，基于问卷形式的经济景气指数还未在区域层面开展。因此，这种区域经济周期监控机制的缺乏，直接导致我国宏观经济政策在区域层面细化缺乏基本的数据支持。所以，建立健全区域经济周期的监控预警机制，关键要从数据和方法两个方面出发，一是完善统计体制改革，提高省份层面宏观经济变量类型的可得性和宏观经济数据的质量，尤其是要尽快建立环比数据体系，为预警机制提供良好的数据基础；二是引入国际先进的经济周期监控预警机制的计量模型，

① 本书计算的是同步指数，而领先、滞后指数的计算依赖于领先和滞后于经济波动的经济变量。

并结合中国各省份的实际情况加以修改和完善,从而为宏观调控政策稳定区域经济提供良好的数据、技术支持。

其次,关于宏观调控政策细化的空间层次,从我们的研究来看,国家和省份是两个最重要的层次。根据第二章到第五章的区域经济周期总体特征和三个具体视角的分析,尤其是从上文产业波动和投资波动的空间层次分解来看,国家共同周期和省份周期以及特定变量的省份异质性成分是波动的主要构成成分,而在剔除国家共同周期的影响之后,传统的东部、东北、中部和西部四大板块划分的区域周期对宏观经济变量周期性波动的影响微弱,只是对东南沿海地区有一定的解释力度。因此,即使考虑到经济周期在区域层面上的差异,本书研究结果仍支持宏观经济政策制定的总体方向应以国家共同周期为依据,只是在具体的落实方面,比如政策落实的时机、政策工具的强度可以根据区域的具体情况进行微调。同时,区域协调发展战略所依赖的四大板块等区域划分并不是相机抉择宏观经济调控政策细化所适宜的空间层次。此外,我们的研究也表明,省份经济周期在拐点、波幅、经济周期阶段持续期以及省份产业周期、投资周期、出口周期等方面存在的差异具有一定的系统性,与产业结构、政府控制强度、对外开放度和经济发展水平等省份特征密切相关,这种差异的系统性呈强化趋势,所以,很有必要结合省份特征,将宏观调控政策细化到省份这一层级。当然,相对于省份更低层次的地市一级,因为数据质量问题以及细化层级过低会导致调控政策制定成本偏高而难以实施。

第三,随着中国特色社会主义市场经济体制的建立和完善,市场化微观主体逐渐成为经济运行的主角,政府宏观调控手段亦主要依赖于经济和法律手段,调控时机、力度把握到位,基于行政手段的宏观调控和公有制居于完全主导地位的所有制结构相结合所形成的政治周期冲击的影响力下降，这些都有助于降低区域经济周期区制转换频率，促进区域经济稳定，从而为全国加总经济的稳定奠定必要的基础。同时，政治冲击影响的减弱，一定程度上将降低了区域经济周期的同步性，但这是一种“不好的”同步性，是基于调控本身所形成的不必要的经济波动。与此同时，随着工业化进程、国际化进程和市场一体化进程的推进，基于市场体制因素的“好的”同步性逐渐形成，因此，我们仍需要不断深化市场化改革，继续推进市场一体化建设，缩小区域差距，提高基于市场化因素的省份投资的同步性，减少不同步所造成的调控成本的上升；积极关注国际经济周期的演变，提高对外部经济冲击的抵御能力；进一步完善宏观调控的经济和法律手段，避免因为宏观调控自身带来的不必要的经济波动。

最后，在具体调控政策方面，本书主要讨论了财政政策的区域经济稳定效应。我国财政政策在稳定经济的同时开始注重区域经济的协调，在1998—2008年间的财政政策宏观调控中，结合西部大开发战略、东北振兴战略、中部崛起等战略，在平抑经济波动的同时，尽可能避免宏观调控促成的区域差距扩大。不过，东部沿海地区，尤其是东南沿海地区是我国经济最为发达的地区，GDP比重最高，是影响中国经济增长和波动的主导区域，这种注重区域协调的财政政策，可能一定程度上造成对东南沿海地区的忽视，增加了财政政策稳定宏观经济的难度。实施扩张性财政政策时，如果偏向于内陆地区，可能需要更大的财政刺激力度才能实现加总宏观经济的稳定。东南沿海地区因为市场化程度高、基础设施相对完善、对中央的依赖程度弱等因素导致财政政策的稳定效应较弱。

而且,这几轮东南沿海地区的经济紧缩和扩张很大程度上与国际经济周期相关,因此如果缺乏强有力的财政刺激项目,很难在短期内实现经济的稳定,并且需要汇率、货币政策、出口退税等政策的配套和协调。而当实施紧缩性财政政策时,因为财政依赖程度较高等原因,内陆地区的凯恩斯效应明显,而沿海地区并不明显,这造成了避免经济过热和区域差距扩大之间的两难。最后,根据我们的实证分析,不能忽视地方财政支出波动的经济稳定效应,所以,很有必要进一步完善中央和地方财政关系的体制建设,根据省份的关键性特征,利用转移支付、建立地方稳定基金等手段,调整省份财政支出波动的力度、方向,实现省份经济的稳定。

7.3　不足之处和进一步研究方向

本书的不足之处主要在于没有构建一个包含中国典型特征的区域经济周期理论模型。虽然本书定位于经验研究,但是,理论模型的构建对于我们深入认识区域经济周期形成机制、宏观政策在区域层面细化的区域反应具有积极的意义。目前主流的经济周期建模工具依然是动态一般均衡模型,国内已有的研究运用加总分析,而且往往是基本照搬国外的模型,只选择具体的中国参数加以模型校准、进行模拟分析,很难纳入中国特有的经济体制背景因素进行分析。而对于区域层面的经济周期建模而言,如果纳入本书所强调的产业结构①、国际化程度、市场化程度等诸多因素,理论

① Kouparitsas(1998)构建了一个包含经济发展水平差异(产业结构差异)的区域经济周期模型。

模型构建的难度很大，这将是笔者以后重点需要解决的问题，也是进一步的研究方向。

其次，因为数据可得性的限制，在关于中国区域经济周期总体特征的分析中，月度高频数据的变量偏少，样本期偏短，难以保证结果的稳健性；在区域产业周期的研究中，针对三次产业年度数据的分析，存在产业分类过粗以及年度数据难以捕获季度等高频波动的问题；在区域出口周期的研究中，因为缺乏较为完整的省份出口产业结构数据，难以对各种区域出口周期特征的影响因素进行深入分析和定量研究；等等。这些变量或者样本期的限制，都影响了本书计量模型的选择和结果的稳健性，甚至直接导致部分分析难以开展，比如关于货币政策的区域效应分析，货币政策的阶段非对称效应显著，却没有从区域层面进行分析，而目前区域层面数据的样本期根本不支持这种更加细致深入的分析（比如用多变量马尔科夫区制转换模型）。因此，随着数据变量的增多和样本期的扩展，本书可在内容、深度和稳健性上做进一步的发展。

附录一　稳定与增长：孰重孰轻？

——基于中国省份经济周期的福利成本估算和分析

自 Lucas(1987)的开创性研究以来，经济周期福利成本定量估算问题是经济周期研究中较为活跃的领域，因为这涉及经济周期研究的必要性，且具有明显的政策含义。显然，若经济周期的福利成本很低的话，则政府不必关心经济波动。所以，如果中国省份经济周期的福利成本很低，那么，我们似乎就没有必要关注中国的区域经济波动问题；反之，则将凸现区域经济周期研究的重要性。因此，省份经济周期的福利成本问题对于本书而言，是关乎研究的根本性问题。

其次，省际异质性和市场的不完全性问题进一步凸显了基于省份视角研究经济周期福利成本的重要性。显然，因为地域、文化、收入、教育等方面的差异，省际代表性消费者的偏好可能是异质的，而基于国家加总层面的数据则忽略了这种异质性。而且，即使假定省份代表性消费者偏好是同质的，在市场不完全的情况下，国家层面的消费数据也无法体现省份经济周期的福利成本。根据 Hess 和 Shin(1998)、del Negro(2002)，即使在国内市场高度一体化的美国，州之间的风险共担机制尚不完全，而根据郭庆旺、贾俊雪(2005)的研究,全国性共同成分大约解释了73%的省份消费波动和49%的产出波动,因此还有1/4以上的消费波动和1/2以上的产出波动是异质性的。所以,各省代表性消费者面临省份特定的冲击或者共同冲击所产生的省份异质性反应,难以通过不完全市场实现省份间的风险共担来平滑消费,因而将表现为比国家加总数据更强的消费波动。结合效用函数的凹性,对于代表性消费者而言,较大概率小损失的福利水平高于较小概率大损失的福利水平,因此,更强的省份消费波动将导致消费者更高的福利损失(Jacobs,et. al.,2005)。所以,在省际的异质性和市场不完全性的共同作用下,出于对区域经济周期问题的关注和更好的理解中国经济周期的福利成本,很有必要从省份的视角出发进行研究。

本附录分为五个部分:第一部分是对经济周期福利成本研究的回顾和估算模型的构建;第二部分基于估算模型,对中国各省份经济周期福利成本进行估算;第三部分给出中国各省份经济增长的福利得益以及与经济周期福利成本的比值,比较经济稳定和经济增长的重要性;第四部分结合省份特征分析上述计算结果的省份差异;最后是结论。

一、经济周期福利成本研究的回顾和估算模型的构建

Lucas(1987)奠基性的工作是在动态一般均衡模型的基础上提出了波动福利效应的计算方法。其假定代表性个体偏好为

CRRA 型效用函数:

$$U_0(\cdot)=E_0\sum_{t=0}^{\infty}[\beta^t C_t^{1-\gamma}/(1-\gamma)] \qquad (A1-1)$$

其中,C_t 为 t 期实际消费,$0<\beta<1$ 为主观效用贴现因子,$\gamma>0$ 为相对风险规避系数,E_0 为基于 0 期信息的期望算子。显然,在风险规避系数为正的前提下,确定性消费路径所形成的福利水平高于相同期望值的随机消费路径所形成的福利水平。Lucas(1987)使用补偿性等价变换的概念定义经济周期的福利成本。具体而言,引入补偿系数 γ,表示消费从确定性路径变为随机路径后保持效用水平不变需要对消费水平进行补偿的比例,即需要满足以下条件:

$$U_0((1+\gamma)\{C_t\})=U_0(E(\{C_t\})) \qquad (A1-2)$$

Lucas(1987)将消费路径定义为:

$$c_t=\bar{c}+\mu t-1/2\sigma_\varepsilon^2+\varepsilon_t,\quad \varepsilon_t\sim NIID(0,\sigma^2) \qquad (A1-3)$$

$\bar{c}$为 C_t 的自然对数,$\bar{c}$为常数,显然,c_t 是趋势平稳的过程,各期消费相互独立。结合式(A1-1)、(A1-2)和(A1-3),可以得到 λ 的显示解:

$$\lambda=e^{\gamma\sigma_\varepsilon^2/2}-1^{①} \qquad (A1-4)$$

Lucas(1987)基于美国加总的消费数据,利用式(A1-4)估算的美国经济周期福利成本仅为年均消费的 0.008%,因而,即使消除所有的消费波动,社会福利水平也难以得到明显的改善,其结论的政策含义显而易见,但与各国政府广泛关注经济波动以及利用

① 实际上,λ 也可以理解为经济稳定的福利得益。

各种手段平滑波动的事实不相符，很多学者尝试对 Lucas(1987)的模型加以修正。首先是对消费路径的修正，Obstfeld(1994)根据理性预期持久收入理论，认为消费路径可能包含一个单位根的过程，如通常表现为一阶差分平稳。那么，波动将影响消费增长率，且对消费水平具有永久性效应，除了风险规避系数和波动之外，个体时间偏好和消费增长速度也进入到福利成本函数中，提高了波动福利成本。其次，在效用函数设定上，特别是在消费波动具有较强持续性的情况下，为了有效区分个体风险态度和跨期替代行为，Obstfeld(1994)、Dolmas(1998)以及 Tallarin(2002)将个体偏好设定为 Epstein-Zin(1989)递归效用函数形式，研究结论因为消费路径设定和数据的不同而不同。此外，Otrok(2001)为了刻画消费时间依赖性，引入谱效用函数，利用实际经济周期的分析框架，结合消费波动持续性，发现经济周期的成本很低；而 Epaulard 和 Pommeret(2003)、Barlevy(2004)在内生增长模型的框架下估算经济周期的福利成本，但两者的结论并不一致。最后，部分研究在市场不完全的情况下，结合个体的异质性，考虑就业风险等因素分析经济周期成本(Storesletten, et. al. , 2001; Krusell and Smith, 2002；等等)，估算结果也存在明显的差异。在关于中国的经验研究中，基本上采用 Lucas(1987)的基准模型，无论是利用季度数据还是年度数据，中国经济周期的福利成本大于 Lucas(1987)的结果(陈彦斌，2005；陈彦斌、周业安，2006；陈太明，2007；张耿、胡海鸥，2007)，如陈彦斌、周业安(2006)发现中国经济周期的成本为美国的 22 倍，降低经济增长的福利成本与经济波动的福利成本接近，甚至后者高于前者，因此经济稳定政策在中国十分重要(陈彦斌,2005)。

与本书研究主题最为接近的是 Jacobs et al.(2005)和陈太明(2008)。前者在市场不完全和风险共享不完全的前提下,利用美国州一级零售数据,采用不同的效用函数设定和消费路径设定估算经济周期福利成分,经验研究结果表明,州级宏观经济波动的福利成本远高于 Lucas(1987)的估算结果,有将近一半的州,消除其经济波动的福利所得超过永久性提高增长率一个百分点的福利所得,因此,宏观经济稳定问题的重要性需要提升。陈太明(2008)利用 Lucas(1987)的基准模型,选取 1985—2005 年间中国分省份的居民消费数据,并分为城镇居民和农村居民,估算了省级经济周期的福利成本,得到类似于 Jacobs, et. al.(2005)的结论,即省级经济波动的成本高于全国的成本,省份之间、城乡之间存在明显的差异。但是其研究存在以下几个问题。

首先,其对消费路径的设定缺乏必要的检验,陈太明(2008)设定中国省份的居民消费路径遵循式(A1－3)的趋势平稳过程,但我们根据 1984—2007 年间的省份数据,在选择(A1－3)式进行回归时,发现残差项存在明显的自相关,因此,至少从我们的数据来看,基于式(A1－3)的 OLS 回归无法满足 OLS 的基本假设条件,很难保证结果的稳健性。事实上,根据我们下文的检验结果,自然对数后的人均消费不存在趋势平稳,而基本上表现为一阶差分平稳。

其次,如果省份消费路径并不是趋势平稳的,而是与持久收入假说相吻合,则表现为单位根过程,在差分上平稳,如下式所示:

$$c_t = c_{t-1} + \mu - 1/2\sigma_\xi^2 + \xi_t, \quad \xi_t - NIID(0, \sigma_\xi^2) \qquad \text{(A1－5)}$$

这样，消费波动具有长期效应，我们需要区分个体风险态度和跨期替代行为，从而引入递归效用函数，具体见下式：

$$U_t=\frac{\{(1-\beta)C_t^{1-\theta}+\beta[1+(1-\beta)(1-\gamma)E_tU_{t+1}]^{(1-\theta)/(1-\gamma)}\}^{(1-\gamma)/(1-\theta)}-1}{(1-\beta)(1-\gamma)}$$

（A1－6）

其中，$\theta>0$，$1/\theta$ 为跨期替代弹性。实际上，当 $\theta=\gamma$ 时，式（A1－6）所示的效用函数简化为式（A1－1）所示的效用函数。根据 Obstfeld（1994），结合（A1－6）、（A1－5）和（A1－2），我们可以得到 γ 的显示解：

$$\gamma=\left[\frac{1-\beta e^{(1-\theta)(\mu-\gamma\sigma_\xi^2/2)}}{1-\beta e^{(1-\theta)\mu}}\right]^{1/(1-\theta)}-1 \quad (\theta\neq 1) \qquad (\text{A1}-7)$$

与式（A1－4）相比较，影响经济周期的福利成本除了消费波动和风险规避系数之外，还有跨期替代弹性、个体时间偏好和消费增长速度等变量。

最后，通过比较经济周期的福利成本和经济增长的福利所得，可以得出两者之间的相对重要性。我们把消费增长率永久性地提高 1 个百分点（$\mu+1\%$）所带来的福利增进程度用 η 表示，类似于经济周期福利成本的定义，η 是代表性消费者放弃提高 1 个百分点增长率后为了保持其效用不变，需要对其消费水平的补偿程度，具体如式（A1－8）所示：

$$U_0((1-\eta)\{C_t\})=U_0(\{C'_t\}) \qquad (\text{A1}-8)$$

其中，$\{C'_t\}$ 与 $\{C_t\}$ 的标准差相等，不过前者的期望增长率比后者高出 1 个百分点。在 CRRA 型效用函数以及趋势平稳的消费路径下，η 的显示解为：

$$\eta=\left[\frac{1-\beta e^{\mu(1-\gamma)}}{1-\beta e_{(\mu+1\%)(1-\gamma)}}\right]^{1/(1-\gamma)}-1 \qquad (A1-9)$$ [①]

而在递归效用函数以及差分平稳的消费路径下，η 的显示解为：

$$\eta=\left[\frac{1-\beta e^{(1-\theta)(\mu-\gamma\sigma_{\xi}^{2}/2)}}{1-\beta e^{(1-\theta)(\mu+1\%-\gamma\sigma_{\xi}^{2}/2)}}\right]^{1/(1-\theta)}-1 \qquad (A1-10)$$

类似于陈彦斌(2005)、陈太明(2008)等，考虑到经济周期模型部分新的进展主要基于微观数据进行模型校准以及福利估算，显然，中国微观数据的缺乏导致难以进行类似扩展，而且部分扩展研究尚不成熟；同时考虑到便于与国际、国内已有研究的比较，本书首先根据 Lucas(1987)的基准模型进行估算，即根据式(A1－4)和式(A1－9)进行估算。不过，根据消费路径具有单位根的性质，我们进一步选择递归效用函数和差分平稳的消费路径设定进行省份经济周期福利成本和消费增长福利所得的估算，即根据式(A1－7)和式(A1－10)进行估算，其中，当 $\theta=\gamma$ 时，实际上是在 CRRA 效用函数和差分平稳的消费路径设定下进行经济周期福利成本和消费增长福利所得的估算。

二、估算结果

在本部分首先交代数据来源，并对各省份居民人均消费进行单位根检验，确定消费路径的形式；然后根据上文的计算公式估算各省份的经济周期福利成本和经济增长福利得益。

---

① 在一般动态均衡模型里，在均衡的状态下，消费增长率等于经济增长率，因此，我们可以将 η 理解为经济增长的得益。

(一)数据说明与消费路径

本附录采用中国省一级的人均居民消费数据,样本期为1984—2007年间,选择1984年作为基期,主要是取决于数据的可得性,名义值取自中经网统计数据库,并根据相应省份的CPI进行平减,从而得到各省份实际人均居民消费额。根据中经网统计数据库的注释,所使用的1990年以前人均居民消费名义值来源于《新中国五十年统计资料汇编》,1991—2004年间的数据则采用国家统计局重新核算和系统修订后的数据。由于缺乏重庆市1997年之前的数据以及西藏自治区的数据缺失也较为严重,而台湾、香港、澳门的经济体制与大陆存在明显的区别,因此,我们的分析中不含上述省、自治区、直辖市和特别行政区。

我们利用ADF对自然对数后的省份居民消费的时间序列作单位根检验,为消费路径的设定提供基本的经验证据。首先,根据式(A1—3),我们进行趋势平稳检验,在检验中包含趋势项和常数项,然后,根据式(A1—5)对该变量进行一阶差分后的单位根检验,在检验中包含常数项,滞后阶数的选择则结合各阶滞后项的t统计量和AIC值。表A1—1报告了单位根检验的结果。从表A1—1来看,除了广东、福建、海南三省之外,自然对数后的人均居民消费时间序列均不支持趋势平稳。而对上述数据进行一阶差分处理之后,除了内蒙古[①]之外,其他所有省份在包含常数项的情况下,基本上通过了10%以上的显著性水平检验,即一阶差分后各时间序列基本上表现为平稳过程。因此,即使在考虑时间趋势的前提下,

① 内蒙古人均居民消费在自然对数一阶差分后,只有在包含常数项和趋势项的情况下才平稳。

我国各省份的人均居民消费数据取自然对数后是一个单位根过程，从而不支持趋势平稳的消费路径。因此，各省份的消费路径的设定应该更倾向于式(A1－5)。

表 A1—1　各省份人均居民消费的时间序列单位根检验

省份	趋势平稳		差分平稳		省份	趋势平稳		差分平稳	
	统计量	P 值	统计量	P 值		统计量	P 值	统计量	P 值
北京	－2.117	0.510	－3.746	0.011	河南	－1.335	0.853	－3.685	0.012
天津	－1.246	0.876	－2.762	0.080	湖北	－0.075	0.992	－4.174	0.004
河北	－2.098	0.520	－5.636	0.000	湖南	0.270	0.997	－4.863	0.001
山西	－0.665	0.964	－4.117	0.005	广东	－4.012	0.028	－3.191	0.034
内蒙古	1.660	1.000	－4.579	0.008	广西	－2.209	0.463	－4.528	0.002
辽宁	－3.023	0.152	－3.888	0.008	海南	－4.309	0.015	－3.359	0.083
吉林	－0.810	0.950	－3.652	0.013	四川	1.272	1.000	－4.554	0.010
黑龙江	－0.153	0.989	－4.342	0.003	贵州	－1.479	0.807	－2.941	0.057
上海	－0.181	0.989	－4.028	0.006	云南	－0.068	0.942	－4.025	0.006
江苏	2.178	1.000	－2.760	0.080	陕西	0.415	0.998	－3.016	0.049
浙江	－1.825	0.659	－5.939	0.000	甘肃	－0.397	0.981	－3.328	0.026
安徽	－2.173	0.481	－4.414	0.002	青海	0.642	0.999	－3.323	0.026
福建	－4.631	0.009	－4.374	0.003	宁夏	0.150	0.996	－3.107	0.041
江西	－1.182	0.891	－2.960	0.055	新疆	－0.463	0.977	－3.218	0.033
山东	－1.379	0.840	－3.479	0.019					

注：趋势平稳的检验中，包含常数项和趋势项；差分平稳的检验中，内蒙古包含常数项和趋势项，其他省份则只含常数项。

根据经济周期成本计算公式，我们需要获取各省份人均居民消费的增长率以及波动的标准差。我们分别根据各省份的数据，利用式(A1－3)[①]和式(A1－5)进行 OLS 估计，估计结果见表 A1—2 和表 A1—3。

---

① 为了便于与已有研究的比较，本书仍将对假定趋势平稳的消费路径进行分析。

表 A1—2 在趋势平稳假定下的消费路径估计结果

	μ	σ_{ε}^{3}		μ	σ_{ε}^{3}
北京	0.071	0.134	河南	0.077	0.108
天津	0.065	0.096	湖北	0.053	0.107
河北	0.065	0.092	湖南	0.061	0.097
山西	0.056	0.135	广东	0.086	0.092
内蒙古	0.053	0.138	广西	0.064	0.064
辽宁	0.057	0.050	海南	0.046	0.146
吉林	0.054	0.084	四川	0.057	0.066
黑龙江	0.047	0.084	贵州	0.057	0.096
上海	0.075	0.068	云南	0.054	0.097
江苏	0.073	0.110	陕西	0.052	0.138
浙江	0.085	0.069	甘肃	0.052	0.108
安徽	0.057	0.127	青海	0.037	0.089
福建	0.081	0.063	宁夏	0.057	0.121
江西	0.056	0.100	新疆	0.035	0.084
山东	0.078	0.104			

注：估计模型 $c_t=\bar{c}+\mu t-1/2\sigma_{\varepsilon}^{2}+\varepsilon_t$，具体操作中实际上是对 $c_t=Constant+\mu t+\varepsilon_t$ 进行 OLS 回归；为各均值均通过 5%以上显著性水平检验；D.W.值基本上在(0,1)之间，因此，序列相关性明显。

表 A1—3 差分平稳假定下的消费路径估计结果

	μ	σ_{ε}^{3}		μ	σ_{ε}^{3}
北京	0.071	0.097	河南	0.078	0.057
天津	0.064	0.037	湖北	0.058	0.051
河北	0.076	0.088	湖南	0.063	0.078
山西	0.064	0.079	广东	0.087	0.066
内蒙古	0.061	0.056	广西	0.064	0.049
辽宁	0.059	0.039	海南	0.05	0.091
吉林	0.056	0.043	四川	0.061	0.048
黑龙江	0.052	0.078	贵州	0.056	0.049
上海	0.08	0.037	云南	0.061	0.094
江苏	0.075	0.051	陕西	0.063	0.068

续表

	μ	σ_ε^3		μ	σ^3
浙江	0.089	0.059	甘肃	0.06	0.054
安徽	0.065	0.059	青海	0.045	0.041
福建	0.079	0.046	宁夏	0.063	0.05
江西	0.057	0.054	新疆	0.044	0.05
山东	0.078	0.052			

注：估计模型 $c_t = c_{t-1} + \mu t - 1/2\sigma_\xi^2 + \xi_t$，结合单位根检验和参数约束检验，我们将该模型改写为 $c_t - c_{t-1} = Constant + \xi_t$ 进行估计，然后计算 ξ_t 的标准差，进而根据 $\mu = Constant + 1/2\sigma_\varepsilon^2$ 计算出消费增长率均值 μ；各估计参数均通过5%显著性水平检验；D.W.值基本上在2附近。

根据表A1—2和表A1—3，我们估算了各省份在两种消费路径设定下消费增长率和波动的核密度分布，见图A1—1。显然，两种消费路径下的消费增长率分布基本相似，两者的相关系数在96%以上，整体而言，差分平稳下的消费增长率高于趋势平稳设定下的消费增长率。不过，两种消费路径下的波动分布则呈现一定的差异，两者的相关系数为0.5，通过了0.7%的显著性水平检验。整体而言，差分平稳下的消费波动小于趋势平稳下的波动，且前者的分布较后者更为集中。同时，根据表A1—2和表A1—3，平均而言，东部地区的消费增长率明显高于其他地区，而中部地区的消费波动高于其他地区，西部和东北地区的消费增长率和波动相对而言较低。

（二）经济周期福利成本的估算结果

根据式（A1－4）和式（A1－7），经济周期福利成本的估算需要确定参数 β、γ 和 θ 的数值。根据 *Lucas*（1987）和 *Obstfeld*（1994），我们设 $\beta = 0.95$；而 γ 分别取1、2、5和10，处于这一参数被认可的区间内（*Mehra and Prescott*，1985）；相应的，θ 分别取2、5和10。

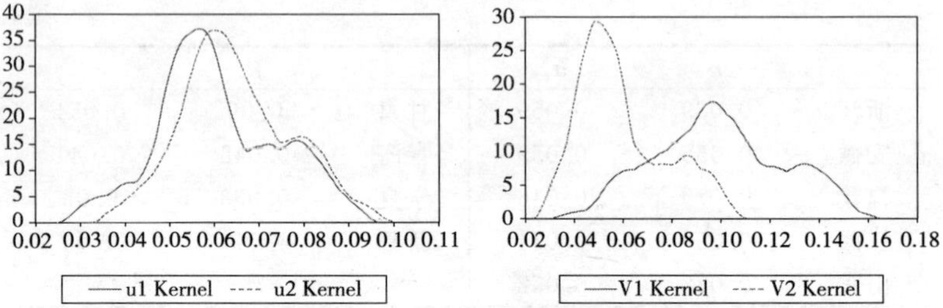

图 A1—1 消费增长率和波动的核密度

注：u1 和 V1 是据式(A1－3)估算的消费增长率和波动；u2 和 V2 是据式(A1－5)估算的消费增长率和波动

根据式(A1－4)估算基于 Lucas(1987)基准模型的省份经济周期福利成本，结果见表 A1—4。从估算结果来看，首先，与已有研究比较，省份经济周期的福利成本大大高于全国经济周期福利成本，以风险规避系数 $\gamma=5$ 为例，福利成本分布于 0.62% 到 5.44%，均值为 2.64%，是陈太明(2008)关于全国水平估算结果的 2.77 倍。其次，与 Jacobs et al.(2005)关于美国州级经济周期福利成本的比较来看，平均而言，高于美国州级水平，均值是其2.2 倍以上。第三，从省份间的比较来看，根据式(A1－4)，随着风险规避程度和消费波动程度的提高，经济周期福利成本上升，因为省份间消费波动差异明显，因此，经济周期的福利成本差异很大，分布在最低 0.12%($\gamma=1$，辽宁)到最高 11.17%($\gamma=10$，海南)之间。从具体的排序来看，我们的估算结果与陈太明(2008)存在明显的差异，这可能和数据有关，一是我们的样本期较长，二是 1991 年以后的历史数据经过修正。相对而言，东北地区经济周期的福利成本较低，其中辽宁省的福利成本为全国最低，当 $\gamma=5$ 时，其福利成本仅为 0.62%。在东部地区中，北京和海南的福利成本最高，上海和福建最低，当 $\gamma=5$ 时，前两者的福利成本分别是 4.58% 和

5.44%，后两者则为1.18%和1.01%，其中海南的福利成本为全国最高。中部地区的福利成本相对较高，当 $\gamma=5$ 时，最高的为山西和最低的湖南的福利成本分别为4.67%和2.38%。在西部地区，陕西和内蒙古的福利成本最高，广西和四川最低，当 $\gamma=5$ 时，前两者分别为4.90%和4.84%，后者分别为1.02%和1.09%。因此，各省份间以及四大板块内部省份间的福利成本差异明显。

表 A1—4　基于式(A1－4)的省份经济周期福利成本估算结果(%)

省份	$\gamma=1$	$\gamma=2$	$\gamma=5$	$\gamma=10$	省份	$\gamma=1$	$\gamma=2$	$\gamma=5$	$\gamma=10$
北京	0.90	1.81	4.58	9.36	湖南	0.47	0.95	2.38	4.82
天津	0.46	0.92	2.32		广东	0.43	0.86	2.16	4.36
河北	0.42	0.84	2.12	4.29	广西	0.20	0.41	1.02	2.05
山西	0.92	1.84	4.67	9.56	海南	1.06	2.14	5.44	11.17
内蒙古	0.95	1.91	4.84	9.92	四川	0.22	0.44	1.09	2.20
辽宁	0.12	0.25	0.62	1.24	贵州	0.46	0.93	2.35	4.75
吉林	0.35	0.70	1.76	3.56	云南	0.47	0.95	2.39	4.84
黑龙江	0.35	0.71	1.78	3.58	陕西	0.96	1.93	4.90	10.05
上海	0.23	0.47	1.18	2.37	甘肃	0.58	1.16	2.93	5.96
江苏	0.61	1.22	3.07	6.24	青海	0.40	0.79	1.99	4.03
浙江	0.24	0.47	1.18	2.38	宁夏	0.73	1.47	3.72	7.58
安徽	0.81	1.62	4.10	8.37	新疆	0.35	0.70	1.76	3.55
福建	0.20	0.40	1.01	2.03					
江西	0.50	1.01	2.54	5.15	均值	0.52	1.05	2.64	5.37
山东	0.55	1.09	2.76	5.59	中位数	0.47	0.95	2.38	4.82
河南	0.58	1.17	2.96	6.00	最小值	0.12	0.25	0.62	1.24
湖北	0.58	1.16	2.92	5.92	最大值	1.06	2.14	5.44	11.17

根据对各省份消费时间序列的单位根检验，差分平稳的消费路径设定更符合中国省份居民消费的实际，同时，为了考虑可能存在的跨期替代效应，我们选择如式(A1－6)所示的递归效用函数，根据式(A1－7)估算出各省份的经济周期福利成本，具体见表A1—5。

表 A1—5　基于式(A1—6)和式(A1—7)的省份经济周期福利成本估算结果(%)

	$\gamma=2$				$\gamma=5$				$\gamma=10$			
	$\gamma=1$	$\gamma=2$	$\gamma=5$	$\gamma=10$	$\gamma=1$	$\gamma=2$	$\gamma=5$	$\gamma=10$	$\gamma=1$	$\gamma=2$	$\gamma=5$	$\gamma=10$
北京	3.72	7.76	22.13	57.91	1.22	2.53	7.27	19.75	0.49	1.03	3.01	8.57
天津	0.56	1.14	2.89	5.96	0.19	0.39	0.99	2.04	0.08	0.16	0.41	0.85
河北	2.95	6.09	16.88	41.18	0.94	1.94	5.40	13.36	0.37	0.77	2.18	5.57
山西	2.60	5.35	14.62	34.59	0.89	1.82	5.01	12.09	0.37	0.76	2.11	5.24
内蒙古	1.34	2.71	7.08	15.30	0.46	0.94	2.45	5.33	0.19	0.39	1.03	2.27
辽宁	0.66	1.34	3.42	7.09	0.23	0.47	1.20	2.50	0.10	0.20	0.51	1.06
吉林	0.81	1.64	4.21	8.82	0.29	0.59	1.52	3.18	0.13	0.25	0.65	1.38
黑龙江	2.88	5.94	16.39	39.62	1.06	2.19	6.11	15.37	0.46	0.96	2.71	7.09
上海	0.50	1.00	2.55	5.23	0.16	0.31	0.79	1.63	0.06	0.12	0.31	0.64
江苏	0.98	1.97	5.09	10.77	0.31	0.63	1.63	3.44	0.12	0.25	0.64	1.38
浙江	1.18	2.39	6.21	13.31	0.35	0.72	1.86	3.99	0.13	0.27	0.70	1.53
安徽	1.42	2.88	7.55	16.42	0.48	0.98	2.56	5.60	0.20	0.40	1.07	2.36
福建	0.76	1.53	3.93	8.21	0.24	0.48	1.23	2.57	0.09	0.19	0.48	1.01
江西	1.27	2.58	6.73	14.48	0.45	0.91	2.39	5.19	0.19	0.39	1.02	2.25
山东	0.98	1.98	5.11	10.80	0.31	0.62	1.61	3.41	0.12	0.24	0.63	1.35
河南	1.21	2.44	6.36	13.65	0.38	0.77	2.01	4.31	0.15	0.30	0.79	1.72
湖北	1.15	2.33	6.06	12.94	0.41	0.82	2.14	4.61	0.17	0.35	0.92	1.99
湖南	2.57	5.29	14.44	34.09	0.88	1.81	4.97	11.98	0.37	0.76	2.10	5.21
广东	1.49	3.03	7.97	17.43	0.45	0.92	2.41	5.26	0.17	0.35	0.92	2.04
广西	1.00	2.02	5.21	11.03	0.34	0.69	1.78	3.77	0.14	0.28	0.74	1.58
海南	4.02	8.40	24.22	65.00	1.51	3.16	9.34	27.89	0.67	1.41	4.25	13.84
四川	1.00	2.03	5.23	11.08	0.35	0.70	1.82	3.87	0.15	0.30	0.77	1.64
贵州	1.08	2.18	5.66	12.03	0.38	0.78	2.02	4.33	0.16	0.33	0.87	1.88
云南	3.89	8.10	23.25	61.70	1.35	2.82	8.20	23.19	0.57	1.19	3.54	10.64
陕西	1.94	3.96	10.56	23.79	0.66	1.35	3.62	8.24	0.27	0.56	1.52	3.53
甘肃	1.27	2.57	6.70	14.42	0.44	0.89	2.34	5.06	0.19	0.38	0.99	2.17
青海	0.82	1.66	4.27	8.93	0.32	0.65	1.67	3.51	0.14	0.29	0.75	1.60
宁夏	1.06	2.14	5.53	11.74	0.36	0.73	1.89	4.03	0.15	0.30	0.79	1.70
新疆	1.27	2.58	6.73	14.48	0.50	1.02	2.66	5.80	0.23	0.46	1.22	2.69
均值	1.60	3.28	8.86	20.76	0.55	1.13	3.06	7.42	0.23	0.47	1.30	3.27
中位数	1.21	2.44	6.36	13.65	0.41	0.82	2.14	4.61	0.17	0.35	0.92	1.99
最大值	4.02	8.40	24.22	65.00	1.51	3.16	9.34	27.89	0.67	1.41	4.25	13.84
最小值	0.50	1.00	2.55	5.23	0.16	0.31	0.79	1.63	0.06	0.12	0.31	0.64

首先,与表 A1—4 中基准经济估算结果相比较,$\theta=\gamma$ 时,式(A1—6)退化为式(A1－1),此时表 A1—5 和表 A1—4 估算结果的差异来自于消费路径设定的差异,我们发现,具有单位根且差分平稳下的消费路径所形成的经济周期福利成本在风险规避程度较小时(如 γ 为 2 或 5 时),大于趋势平稳的消费路径所形成的成本;但是,当风险规避程度提高后,如 $\gamma=10$,前者小于后者①,所以,消费波动的积累效应在风险规避程度较小时提高了经济周期的福利成本。当跨期替代弹性很高时,即 θ 值较小时,相对于基准经济而言,经济周期的福利成本明显提升,如 $\theta=2$ 时,省份经济周期的福利成本平均提高 2 到 3 倍;当替代弹性下降到 0.2 时,省份经济周期的福利成本略高于基准经济,当替代弹性下降到 0.1 时,则小于基准经济。从已有关于 θ 取值的讨论来看,基本上认为其在 5 以内,且 $\theta=2$ 较为合理(Epstein and Zin,1991;Obstfeld,1994;Jacobs,et. al.,2005),因此,在这一 θ 的取值范围特别是 $\theta=2$ 来看,在差分平稳消费路径以及在递归效用函数的设定下,省份经济周期的福利成本明显提高。

其次,与 Obstfeld(1994)用同样方法估算的美国经济周期福利成本相比较,平均而言,我国省份经济周期的成本远高于美国,当 $\gamma=5$ 且 θ 分别为 2、5 和 10 时,省份平均成本分别是美国的 9.9 倍、6.5 倍和 5.1 倍。不过,与 Jacobs,et. al. (2005)利用类似方法估算的美国州级成本的比较来看②,中国省份经济周期的福利成本水平较低,当 $\gamma=5$ 且 θ 分别为 2 和 5 时,为了便于比较,令 $\beta=5$,中国省份

① 当 $\theta=\gamma$ 时,式(A1－7)可以约等于 $\frac{\beta e^{(1-\gamma)\mu}}{1-\beta e^{(1-\gamma)\mu}}\frac{\gamma\sigma_{\xi}^{2}}{2}$,而式(A1－4)约等于 $\frac{\gamma\sigma_{\varepsilon}^{2}}{2}$,显然,前者相对于后者的比值关于 γ 递减。

② Jacobs,et. al. (2005)关于美国州级消费路径的设定与本书式(A1－5)有一定的差异,但是其估计结果表明,80%以上州的消费路径和本书式(A1－5)一致,因此,与本书基于式(A1－5)消费路径的设定所估算的结果具有可比性。

中位数的福利成本分别是美国州级中位数的84.0%和51.1%。

最后，省份经济周期福利成本的差异也很明显，经济周期福利成本分布于0.06%($\gamma=1$，$\theta=10$，上海)和65%($\gamma=10$，$\theta=2$，海南)。就东部地区来说，海南和北京的经济周期福利成本最高，上海和天津最低，当$\theta=2$、$\gamma=5$时，前两者分别达到24.22%和22.13%，后两者则分别为2.55%和2.89%，东部地区同时包含了全国范围内周期成本最高和最低的两个省份。就东北地区而言，辽宁的经济周期福利成本最低，黑龙江最高，当$\theta=2$、$\gamma=5$时，两者分别为3.42%和16.39%。在中部地区，山西的经济周期福利成本最高，河南和湖北最低，当$\theta=2$、$\gamma=5$时，前者为14.62%，后两者分别为6.36%和6.06%。而在西部地区，云南的经济周期福利成本最高，青海、广西、四川的成本最低，当$\theta=2$、$\gamma=5$时，前者为23.25%，后三者分别为4.27%、5.21%和5.23%。与表A1—4的结果比较来看，北京、海南、山西等地经济周期福利成本均较高，而上海、福建、辽宁、四川、广西等地的经济周期福利成本均较低；不过也有部分省份的排序发生了重大变化，比如云南和湖南等省在基准经济下属于经济周期福利成本较低的省份，但是在式(A1—7)的估计下，则属于成本较高的省份。这种差异主要是因为不同消费路径设定下消费波动差异造成的，这和前文关于消费波动分布的讨论是一致的。

三、经济周期福利成本和经济增长福利得益的比较

如上文所述，从数量上来看，中国省份经济周期的成本仍不容忽视。Lucas(1987)、陈彦斌(2005)分别计算了美国和中国降低经济增长率所带来的福利成本，前者基于美国数据，认为相对于经济增长率下降的福利成本而言，经济周期的福利成本微不足道，后者

基于中国数据，则认为两种成本都重要。那么从省份的视角看，两种成本有何差异呢，即经济稳定和经济增长何者更为重要？

我们根据式(A1—9)估算了基于 Lucas(1987)模型的消费增长率提升 1 个百分点且经济波动不变的福利得益，具体见表 A1—6。当风险规避系数为 1 时，即效用函数是对数形式时，所有省份消费增长率提升 1 个百分点的福利得益都相等，为 20.92%，远高于经济周期的成本，或者说是经济稳定的福利得益。但是，消费增长率提升的福利得益随风险规避系数的提高而降低，当 $\gamma=5$ 时，平均福利得益下降为 2.84%；而且，消费增长率开始影响代表性消费者的福利得益水平，且与福利得益呈负相关。因此，经济增长速度较快的地区，进一步提高经济增长率所带来的福利得益小于经济增长速度较慢的地区。与 Obstfeld(1994)利用相同方法对美国数据的分析结果比较来看，各省份消费增长率提升的福利所得小于美国加总数据。与 Jacobs, et. al. (2005)关于美国州级数据的估算结果来看，亦基本上低于其各州的福利所得。而从经济增长和经济稳定的福利得益比较来看，从表 A1—6 中 η/λ 的计算结果来看，在风险规避程度较小时，如 $\gamma=1$ 和 $\gamma=2$ 时，经济增长的福利得益大大超过经济稳定的福利得益，不过两者比值的均值为 53.3 和 10.7，远低于 Lucas(1987)所计估算的 2500 倍，也低于 Obstfeld(1994)的估算结果。当 $\gamma=5$ 时，部分经济周期福利成本较高的省份，经济增长的得益开始低于经济周期的成本，比如，东部地区的北京、海南；中部地区的山西、内蒙古；西部地区的陕西、宁夏等地经济稳定的福利得益超过经济增长。当风险规避程度进一步提高到 10 时，所有省份经济周期成本均超过经济增长的福利得益。因此，就 Lucas(1987)的基准模型分析结果来看，相对于经济增长的福利得益，经济周期的福利成本亦非常重要，特别是当风险规避系数提高之后,后者甚至比前者更为重要。

表 A1—6 基于式(A1－9)估算的消费增长率提升的福利得益 η 及 η/λ(%)

	η				η/λ			
	$\gamma=1$	$\gamma=2$	$\gamma=5$	$\gamma=10$	$\gamma=1$	$\gamma=2$	$\gamma=5$	$\gamma=10$
北京	20.92	7.62	2.36	0.92	23.28	4.22	0.52	0.10
天津	20.92	8.09	2.59	1.04	45.55	8.78	1.12	0.22
河北	20.92	8.10	2.60	1.04	49.70	9.60	1.22	0.24
山西	20.92	8.83	2.98	1.24	22.82	4.79	0.64	0.13
内蒙古	20.92	9.03	3.10	1.30	22.02	4.73	0.64	0.13
辽宁	20.92	8.71	2.92	1.21	169.40	35.24	4.72	0.97
吉林	20.92	8.96	3.05	1.28	59.77	12.77	1.73	0.36
黑龙江	20.92	9.66	3.46	1.49	59.31	13.67	1.95	0.42
上海	20.92	7.37	2.24	0.86	89.15	15.68	1.90	0.36
江苏	20.92	7.52	2.31	0.90	34.48	6.17	0.75	0.14
浙江	20.92	6.81	1.99	0.74	88.75	14.43	1.68	0.31
安徽	20.92	8.67	2.90	1.19	25.92	5.35	0.71	0.14
福建	20.92	7.06	2.10	0.79	103.87	17.50	2.07	0.39
江西	20.92	8.77	2.95	1.22	41.57	8.69	1.16	0.24
山东	20.92	7.21	2.16	0.82	38.35	6.59	0.78	0.15
河南	20.92	7.25	2.18	0.83	35.78	6.18	0.74	0.14
湖北	20.92	9.04	3.10	1.30	36.30	7.82	1.06	0.22
湖南	20.92	8.40	2.76	1.12	44.31	8.88	1.16	0.23
广东	20.92	6.76	1.96	0.72	48.92	7.89	0.91	0.17
广西	20.92	8.14	2.62	1.05	103.12	20.03	2.57	0.51
海南	20.92	9.74	3.51	1.52	19.66	4.55	0.65	0.14
四川	20.92	8.73	2.93	1.21	96.00	20.01	2.68	0.55
贵州	20.92	8.69	2.91	1.20	45.01	9.32	1.24	0.25
云南	20.92	8.93	3.04	1.27	44.12	9.39	1.27	0.26
陕西	20.92	9.12	3.15	1.32	21.75	4.72	0.64	0.13
甘肃	20.92	9.11	3.14	1.32	36.07	7.83	1.07	0.22
青海	20.92	10.76	4.16	1.88	52.87	13.56	2.09	0.47
宁夏	20.92	8.68	2.90	1.20	28.54	5.90	0.78	0.16
新疆	20.92	11.00	4.33	1.98	59.89	15.72	2.46	0.56
均值	20.92	8.51	2.84	1.17	53.32	10.69	1.41	0.29
中位数	20.92	8.69	2.91	1.20	44.31	8.78	1.16	0.23
最大值	20.92	11.00	4.33	1.98	169.40	35.24	4.72	0.97
最小值	20.92	6.76	1.96	0.72	19.66	4.22	0.52	0.10

类似于经济周期福利成本的估算，我们在递归效用函数和差分平稳的消费路径设定下，根据式(A1－10)，估算了在保持消费波动不变的情况下，消费增长率提升一个百分点所带来的福利增进，见表A1—7。与基准模型相比，福利得益的分布范围明显缩小，最大值从20.92%下降到16.05%；而最小值大致相当。影响福利得益的参数除了增长率和风险规避系数之外，还包括波动程度和跨期替代弹性。不同于基准模型，在其他条件不变的前提下，风险规避系数的提高导致福利得益的提升；跨期替代弹性提高，福利得益也上升。与Obstfeld(1994)和Jacobs, et. al. (2005)利用相同方法的估算结果相比，我国各省份的福利得益仍低于美国整体水平，也基本上低于美国各州水平。从省份差异来看，消费增长率高且消费波动程度小的省份，福利得益也较少，反之则较高。

表A1—7 基于式(A1－10)估算的消费增长率提升的福利得益(%)

	$\gamma=2$				$\gamma=5$				$\gamma=10$			
	$\gamma=1$	$\gamma=2$	$\gamma=5$	$\gamma=10$	$\gamma=1$	$\gamma=2$	$\gamma=5$	$\gamma=10$	$\gamma=1$	$\gamma=2$	$\gamma=5$	$\gamma=10$
北京	7.95	8.30	9.54	12.63	2.52	2.70	3.39	5.59	1.00	1.09	1.45	2.74
天津	8.23	8.28	8.44	8.72	2.66	2.69	2.78	2.93	1.07	1.09	1.13	1.21
河北	7.60	7.86	8.76	10.79	2.35	2.48	2.94	4.18	0.91	0.98	1.22	1.89
山西	8.39	8.65	9.49	11.32	2.75	2.88	3.36	4.56	1.12	1.19	1.44	2.11
内蒙古	8.46	8.59	9.00	9.76	2.79	2.85	3.08	3.52	1.14	1.17	1.29	1.53
辽宁	8.60	8.66	8.86	9.21	2.86	2.89	3.00	3.20	1.17	1.19	1.25	1.35
吉林	8.91	8.99	9.24	9.69	3.03	3.07	3.21	3.48	1.26	1.29	1.36	1.50
黑龙江	9.39	9.70	10.75	13.10	3.30	3.48	4.16	6.01	1.41	1.51	1.88	3.00
上海	7.11	7.15	7.28	7.50	2.12	2.14	2.20	2.30	0.80	0.81	0.84	0.89
江苏	7.44	7.53	7.79	8.26	2.28	2.32	2.44	2.68	0.88	0.90	0.96	1.08
浙江	6.71	6.80	7.09	7.63	1.94	1.98	2.11	2.37	0.71	0.73	0.80	0.92
安徽	8.22	8.36	8.78	9.59	2.66	2.73	2.96	3.42	1.07	1.11	1.22	1.47
福建	7.18	7.25	7.44	7.79	2.15	2.18	2.28	2.44	0.82	0.83	0.88	0.96
江西	8.79	8.91	9.32	10.06	2.96	3.03	3.26	3.71	1.23	1.26	1.38	1.63
山东	7.29	7.37	7.63	8.10	2.21	2.24	2.37	2.60	0.84	0.86	0.92	1.04

续表

	γ=2				γ=5				γ=10			
	γ=1	γ=2	γ=5	γ=10	γ=1	γ=2	γ=5	γ=10	γ=1	γ=2	γ=5	γ=10
河南	7.33	7.43	7.75	8.35	2.22	2.27	2.43	2.73	0.85	0.87	0.95	1.11
湖北	8.73	8.84	9.20	9.86	2.93	2.99	3.19	3.58	1.21	1.24	1.35	1.56
湖南	8.46	8.71	9.55	11.36	2.78	2.92	3.39	4.59	1.13	1.20	1.46	2.13
广东	6.83	6.94	7.32	8.05	1.99	2.05	2.22	2.58	0.74	0.76	0.85	1.03
广西	8.26	8.35	8.64	9.17	2.68	2.73	2.88	3.18	1.08	1.11	1.19	1.34
海南	9.75	10.20	11.84	16.05	3.52	3.80	4.95	9.41	1.52	1.68	2.34	5.47
四川	8.50	8.60	8.90	9.45	2.81	2.86	3.02	3.33	1.15	1.17	1.26	1.43
贵州	8.85	8.96	9.29	9.92	2.99	3.05	3.24	3.62	1.24	1.28	1.38	1.58
云南	8.76	9.15	10.57	14.18	2.94	3.16	4.04	7.09	1.22	1.33	1.81	3.72
陕西	8.37	8.56	9.16	10.38	2.74	2.84	3.17	3.91	1.11	1.16	1.34	1.74
甘肃	8.56	8.68	9.07	9.80	2.84	2.90	3.12	3.54	1.16	1.20	1.31	1.54
青海	9.92	10.01	10.30	10.80	3.62	3.68	3.86	4.19	1.58	1.61	1.71	1.90
宁夏	8.30	8.40	8.71	9.28	2.70	2.75	2.92	3.24	1.09	1.12	1.21	1.37
新疆	10.09	10.24	10.69	11.54	3.73	3.82	4.12	4.72	1.64	1.69	1.86	2.21
均值	8.31	8.46	8.98	10.08	2.73	2.81	3.11	3.89	1.11	1.15	1.31	1.77
中位数	8.39	8.59	9.00	9.76	2.75	2.85	3.08	3.52	1.12	1.17	1.29	1.53
最大值	10.09	10.24	11.84	16.05	3.73	3.82	4.95	9.41	1.64	1.69	2.34	5.47
最小值	6.71	6.80	7.09	7.50	1.94	1.98	2.11	2.30	0.71	0.73	0.80	0.89

表A1—8是在递归效用函数和差分平稳的消费路径设定下，消费增长率提升的福利得益和经济周期福利成本之比的计算结果。首先，与基准模型相比较，总体来说，经济增长的福利得益与经济周期的福利成本之比明显下降，最大值为14.59，远低于基准模型下的最大值169.4，数值分布也较为集中，基本上在10以内。其次，在其他条件不变的情况下，跨期替代弹性对经济增长的福利得益和经济周期福利成本之比的影响并不大；后者与风险规避系数呈反比，且影响较为显著。与基准经济类似，当γ=5时，经济增长的福利得益和经济周期的福利成本较为接近，部分消费波动程度较高省份的周期成本超过增长得益，如东部的北京、河北和广东，东北的黑龙江，中部的山西、湖南以及西部的云南、陕西；而当γ=10时，除了天津、上海、辽宁、吉林和青海等地区经济周期成本略小于经济增长得益之外，

其他省份的周期成本均高于经济增长得益。最后,与 Obstfeld(1994)和 Jacobs,et. al.(2005)的研究结果比较来看,中国省份经济周期成本的重要性不但超过美国的整体水平,也超过美国各州的中位数水平。

表 A1—8 基于式(A1—7)和式(A1—10)的 η/λ

	$\gamma=2$				$\gamma=5$				$\gamma=10$			
	$\gamma=10$	$\gamma=1$	$\gamma=2$	$\gamma=5$	$\gamma=10$	$\gamma=1$	$\gamma=2$	$\gamma=5$	$\gamma=10$	$\gamma=1$	$\gamma=2$	$\gamma=5$
北京	2.14	1.07	0.43	0.22	2.08	1.07	0.47	0.28	2.05	1.06	0.48	0.32
天津	14.59	7.29	2.92	1.46	13.86	6.96	2.82	1.44	13.51	6.79	2.76	1.42
河北	2.57	1.29	0.52	0.26	2.50	1.28	0.55	0.31	2.46	1.27	0.56	0.34
山西	3.23	1.62	0.65	0.33	3.11	1.58	0.67	0.38	3.05	1.56	0.68	0.40
内蒙古	6.34	3.17	1.27	0.64	6.04	3.05	1.26	0.66	5.90	2.99	1.25	0.67
辽宁	12.94	6.47	2.59	1.30	12.27	6.16	2.50	1.28	11.95	6.01	2.46	1.27
吉林	10.95	5.48	2.19	1.10	10.37	5.21	2.12	1.09	10.09	5.09	2.09	1.09
黑龙江	3.26	1.63	0.66	0.33	3.12	1.59	0.68	0.39	3.05	1.57	0.69	0.42
上海	14.27	7.14	2.86	1.43	13.67	6.86	2.77	1.41	13.35	6.71	2.73	1.40
江苏	7.63	3.82	1.53	0.77	7.31	3.68	1.50	0.78	7.15	3.61	1.49	0.79
浙江	5.69	2.85	1.14	0.57	5.49	2.77	1.13	0.59	5.38	2.72	1.13	0.60
安徽	5.79	2.90	1.16	0.58	5.54	2.80	1.15	0.61	5.41	2.75	1.15	0.62
福建	9.44	4.72	1.89	0.95	9.05	4.55	1.85	0.95	8.85	4.46	1.83	0.95
江西	6.90	3.45	1.38	0.69	6.57	3.31	1.36	0.72	6.40	3.24	1.35	0.73
山东	7.45	3.73	1.49	0.75	7.15	3.60	1.47	0.76	6.99	3.53	1.46	0.77
河南	6.07	3.04	1.22	0.61	5.83	2.94	1.21	0.63	5.71	2.89	1.20	0.64
湖北	7.57	3.79	1.52	0.76	7.20	3.63	1.49	0.78	7.02	3.55	1.47	0.78
湖南	3.29	1.65	0.66	0.33	3.16	1.61	0.68	0.38	3.10	1.59	0.69	0.41
广东	4.57	2.29	0.92	0.46	4.42	2.23	0.92	0.49	4.34	2.20	0.92	0.50
广西	8.27	4.14	1.66	0.83	7.88	3.97	1.62	0.84	7.69	3.89	1.60	0.85
海南	2.42	1.21	0.49	0.25	2.33	1.20	0.53	0.34	2.29	1.19	0.55	0.40
四川	8.49	4.25	1.70	0.85	8.07	4.06	1.66	0.86	7.87	3.98	1.64	0.87
贵州	8.20	4.10	1.64	0.82	7.78	3.92	1.60	0.84	7.58	3.83	1.59	0.84
云南	2.25	1.13	0.45	0.23	2.18	1.12	0.49	0.31	2.15	1.12	0.51	0.35
陕西	4.32	2.16	0.87	0.44	4.14	2.10	0.88	0.47	4.05	2.07	0.88	0.49
甘肃	6.75	3.38	1.35	0.68	6.43	3.24	1.33	0.70	6.28	3.18	1.32	0.71
青海	12.05	6.03	2.41	1.21	11.31	5.69	2.32	1.19	10.96	5.53	2.27	1.19
宁夏	7.86	3.93	1.58	0.79	7.49	3.77	1.54	0.80	7.31	3.70	1.53	0.81

续表

	$\gamma=2$				$\gamma=5$				$\gamma=10$			
	$\gamma=10$	$\gamma=1$	$\gamma=2$	$\gamma=5$	$\gamma=10$	$\gamma=1$	$\gamma=2$	$\gamma=5$	$\gamma=10$	$\gamma=1$	$\gamma=2$	$\gamma=5$
新疆	7.93	3.97	1.59	0.80	7.46	3.76	1.55	0.81	7.23	3.66	1.53	0.82
均值	7.01	3.51	1.41	0.71	6.68	3.37	1.38	0.73	6.52	3.30	1.37	0.74
中位数	6.90	3.45	1.38	0.69	6.57	3.31	1.36	0.72	6.40	3.24	1.35	0.73
最大值	14.59	7.29	2.92	1.46	13.86	6.96	2.82	1.44	13.51	6.79	2.76	1.42
最小值	2.14	1.07	0.43	0.22	2.08	1.07	0.47	0.28	2.05	1.06	0.48	0.32

四、经济周期的福利成本及其重要性与省份特征的关系

由上文可知，省份经济周期的福利成本、经济增长的福利得益以及两者之比在省份间存在明显的差异，这种差异是否存在系统性的因素，与一些基本的省份特征之间的关系如何，本部分将利用回归的方法分析这一问题。

（一）回归模型设定

本部分关注的是省份间的差异，在实际经济活动中，各省份之间的经济活动是相互影响的，并非完全独立，这要求我们在分析时要考虑到各省份经济活动在地理空间上的相互依赖性。传统的计量经济学忽视观测值之间的空间依赖性，违反了高斯—马尔科夫定理，使得 OLS 估计不再具有最佳线性无偏估计的性质。空间计量经济学的发展在一定程度上解决了上述问题（Anselin，1988），空间计量回归模型的具体设定可以分为两类，一类是空间自回归模型（SAR），设定如下：

$$Y=Constant+\rho WY+\beta X+\omega \qquad (A1-11)$$

其中，Y 是被解释变量，如各省份的经济周期成本（λ）、经济增长得益（η）以及两者的比值（η/λ），在具体的回归中，我们选择 $\gamma=$

5 以及 $\theta=2$ 的计算结果。X 为被解释变量,是主要的省份特征,本书选取了四个指标,分别是:第二产业比重(IN2),表示工业化水平;地方财政支出比重(GOV),表示政府规模或者政府对经济的影响力;相对人均 GDP 水平(RPGDP,以上海为 100),表示经济发达程度;最后是进出口总额占 GDP 的比重(OPEN),表示对外开放程度。为了和上文一致,本部分的数据不含重庆、西藏,共有 29 个样本。W 为 29×29 阶空间权值矩阵,通过比较,本书选择以一阶相邻为基础的空间权重;ρ 和 β 为待估系数,其中 ρ 是空间自回归系数,ω 为独立同分布的残差项。另一类模型为空间误差模型(SEM),即空间依赖性体现在误差项上,具体设定如下:

$$Y=Constant+\beta X+\upsilon; \qquad \upsilon=\phi W\upsilon+\nu \tag{A1-12}$$

其中,υ 为具有空间相互关系的残差项,ν 为独立同分布的随机误差项。根据 Anselin(2005)给出基于 LM 检验的 OLS、SAR 和 SEM 之间选择的判别标准:如果 LM-Error 和 LM-Lag 检验都不显著,表明不存在空间相互依赖性,则选择 OLS;如果只有一个显著,如 LM-Lag 显著,则选择 SAR;如果两者都显著,则进入到下一步,需要比较 Robust LM-Lag 和 Robust LM-Error 之间的显著性,哪一个更显著,则选择哪一个模型。SAR 和 SEM 的估计选用最大似然估计方法。另外,考虑到各解释变量之间相关性较强,为避免出现严重多重共线性问题,我们对各解释变量进行逐一回归。

(二)回归结果及分析

根据上文回归模型的设定和估计方法的选择,表 A1—9 报告了回归结果。在回归结果中,我们剔除了解释变量未通过 10%显著性水平检验的回归,另外,在 OLS 下,第二产业产值和相对人均 GDP 与经济增长得益($\gamma=5$)呈显著的负相关,不过,相关检验表明存在明显的空间依赖性,需要利用 SEM,但回归结果表明上述两个变量通不过 10%以上显著性水平的检验,因此,在表 A1—9

中也舍去了上述两个回归结果。

表 A1—9　省份特征与 λ、η 和 η/λ 的回归结果

	λ	λ	η	η	η	η	η	η	η/λ	η/λ
	$\gamma=5$	$\gamma=5$ $\theta=2$	$\gamma=5$	$\gamma=5$	$\gamma=5$ $\theta=2$	$\gamma=5$ $\theta=2$	$\gamma=5$ $\theta=2$	$\gamma=5$ $\theta=2$	$\gamma=5$ $\theta=2$	$\gamma=5$ $\theta=2$
模型设定	SEM	OLS	OLS	SEM	OLS	OLS	SAR	SAR	OLS	OLS
IN2	-0.088^{b}	-0.27^{d}			-0.082^{b}				0.032^{a}	
GOV			0.081^{a}			0.13^{b}				
RPGDP							-0.025^{b}			0.011^{d}
OPEN				-0.005^{c}				-0.018^{b}		
WY							-0.20^{c}	-0.22^{c}		
$W\upsilon$	0.56^{a}			0.88^{a}						
Adj. R^2	0.32	0.07	0.41	0.65	0.25	0.26	0.27	0.28	0.83	0.07
Moran's	2.73^{a}	-0.25	1.59	3.42	2.05^{c}	0.86	1.98^{c}	2.09^{c}	-1.21	-1.09
LM-Lag	0.83	1.32	0.04	0.34	0.10	4.96^{c}	3.08^{d}	3.67^{d}	0.99	0.35
Rob. LM-Lag	3.82^{d}	2.58	0.10	1.15	1.14	6.46^{c}	6.36^{c}	7.74^{b}	0.31	1.52
LM-Error	4.63^{c}	0.29	0.99	7.64^{b}	2.37	0.13	1.95	2.38	1.88	1.85
Rob. LM-Error	7.62^{b}	1.56	1.06	8.45^{b}	3.41^{d}	1.63	5.23^{c}	6.46^{c}	1.20	3.02^{d}
LR Test	5.4^{c}			13.6^{a}			3.51^{d}	4.29^{c}		

注：a、b、c 和 d 分别表示通过了 0.1%、1%、5%和 10% 以上显著性水平检验。

根据表 A1—9，省份经济周期的成本与第二产业比重呈负相关关系，而其他省份特征的影响不显著。省份特征对经济增长福利得益的影响较大，其中地方财政支出比重的提升提高了经济增长的福利得益，而第二产业比重、经济发展水平以及对外开放程度越高的省份，经济增长的福利得益越小。经济增长的福利得益和经济周期福利成本的比值则与第二产业比重、经济发展水平呈正相关，但后者显著性水平不高。因此，我们可以发现，对于工业化水平较高的省份而言，经济周期福利成本和经济增长福利得益相对较低，经济增长的相对重要性较高；对于政府规模较大和对外开放水平较低的省份而言，经济增长的福利得益相对较高；对于经济发展水平较高的省份而言，经济增长的福利得益较低，但是经济增长的相对重要性较高。

考虑到我国工业化水平较高、对外开放程度较高以及人均GDP水平高的地区主要是发达地区,因此,发达地区的经济周期福利成本相对较低,这和发达地区内部风险分担机制相对完全,如社会医疗保障体制相对健全、就业机会相对充分等有关;而发达地区经济增长的福利得益相对较低,主要是因为本身消费水平和经济增长率较高,在消费边际效用递减的设定下,降低了增长率提高的效用增进水平。最后,对于发达地区而言,相对于经济周期福利成本的经济增长福利得益较高,即经济增长相对于稳定经济的重要性高于欠发达地区。那么,尽管发达地区经济增长率高于欠发达地区,但是,就这一福利意义而言,发达地区比欠发达地区更关注经济增长问题,而作为中国经济主要构成主体的发达地区,其对经济稳定在一定程度上的忽视所可能引致的经济波动,会对欠发达地区经济的稳定造成干扰,进而给欠发达地区造成相对较高的经济周期福利成本,不利于区域的协调发展。

五、结论

省份经济周期的福利成本是本书分析的必要前提,遵循Lucas(1987)和Obstfeld(1994)的方法,我们计算了中国各省份经济周期的福利成本、经济增长的福利得益以及两者的比较,以期给出经济稳定和经济增长的重要性。

基于Lucas(1987)的基准模型,即在CRRA型效用函数和趋势平稳的消费路径设定下,中国各省的经济周期福利成本大大高于全国经济周期福利成本,均值为2.64%($\gamma=5$),也高于美国州级水平,远高于美国国家水平;随着风险规避程度的提高,经济周期的福利成本亦上升;各省份间以及四大板块内部省份间的福利成本差异明显。考虑到我国省份居民消费数据基本上具有单位根过程和可能存在的跨期替代效应，我们利用递归效用函数重新估算了各省份的经济周期成本，当跨期替代弹性较高时，比如普遍认为比较合理的$\theta=5$，消费波动的积累效应进一步提高了省份经济周期的福利成本，并高于 Obstfeld(1994)用同样方法估算的美国经济周期福利成本，但是低于 Jacobs, et. al. (2005)估计的美国州级水平。无论是 Lucas 的基准模型还是 Obstfeld(1994)的修正模型，我们估算的省份消费增长率提升 1 个百分点所带来的福利得益，低于 Obsterfeld (1994)关于美国数据和 Jacobs et al. (2005)关于美国州级数据的估算结果。进一步，通过经济增长福利得益和经济周期福利成本的比较表明，我国各省份经济稳定的相对重要性远高于 Lucas(1987)和 Obstfeld(1994)的估算结果，也比美国州级的平均水平高；当风险规避程度提高到 5 以上时，省份经济周期的福利成本基本上与经济增长的福利得益相似，甚至前者超过后者。

因此，根据本书不同模型设定和不同参数选择的估算结果来看，中国省份经济周期成本不容忽视，经济稳定的重要性并不弱于经济增长，这也进一步表明，对区域、省份经济周期和经济稳定政策的研究，具有积极的现实意义。

最后，我们利用空间计量模型分析省份特征与经济周期福利成本、经济增长得益和经济稳定相对重要性的关系。研究结果表明，工业化程度、对外开放水平、经济发展水平较高的发达地区，省份经济周期成本和经济增长的得益较低，这可能与社会保障水平等有关；政府规模较大的省份，经济增长得益较高；欠发达地区经济稳定的相对重要性高于发达地区，这种差异所引致的地方政府行为的差异，可能会不利于区域协调，所以我们很有必要了解不同区域、省份经济周期特征，这是协调好经济增长和经济稳定政策的必要前提。

附录二　近年来美国及其他国家区域经济周期经验研究的主要结论

研究	主要数据	周期度量	分析方法	相关主要结论
Owyang, et. al.,2005	Crone 和 Clayton-Matthews(2005)的美国州一级的月度同步性指数（1979M1—2002M6）	马尔科夫区制转换模型	周期特征比较分析；一致指数	识别各州的经济周期拐点；无论在扩张还是收缩阶段中，区域之间的增长率呈明显的差异；各区域经济周期的情势持续性强，扩张期的持续期明显长于收缩期，但是各州的持续期呈现出明显的差异；州级经济衰退伴随着国家衰退出现，但是与国家经济周期的峰、谷拐点有着一定的差异，各州和国家之间的一致指数亦存在明显差异，国家经济周期与沿海地区的同步性高于中部地区。
Carlino 和 DeFina, 2004	美国州级/BEA 区域一位数行业的就业季度数据（1942Q1—1995Q4）	自然对数一阶差分；BK 滤波	动态相关系数及其分布；动态协调指数及其分布	发现州/行业相互系数分布较散，但基本上为正，不过均值偏低，州级行业就业波动具有明显的异质性；随着区域层次加总水平的提高或者时间的演进，同步性提升；同一行业在不同州之间的相关性高于同一州内不同行业的相关性；基于自然对数的一阶差分不能很好地捕获经济的周期性波动。
Clark 和 Shin,2000	美国 BEA 区域一位数行业的就业季度（1957Q2—1997Q4）和年度数据（1972—1993）	自然对数一阶差分	Disaggregate VAR/Facor	把经济周期形成的冲击分解为共同冲击、区域冲击、产业冲击以及异质性冲击，根据季度数据的结果，区域性以及异质性冲击作用较大，解释了 50%以上的区域/行业波动，区域经济周期同步性程度不高；而年度数据结果提升了共同冲击的作用，解释程度达到 71.5%，共同周期现象明显。
Carlino 和 Sill,2001	美国 BEA 区域人均收入季度数据（1956Q1—1995Q2）	Beveridge - Nelson 分解和 Gonzalo - Granger 分解	基于协整分析的共同周期特征；相关系数；方差分解；周期特征比较	除了远东地区，美国八个 BEA 区域呈现明显的共同周期和周期同步性；提取个人收入的周期和趋势成分，相关系数的结果支持上述结论，但是区域间的波动幅度存在明显差异，区域收入波动主要来自于周期性新息的冲击。

续表

研究	主要数据	周期度量	分析方法	相关主要结论
Forni 和 Reichlin, 2001	美国县级人均收入的年度数据(1969—1993)	自然对数一阶差分;谱分析	含有多层次冲击的动态因子模型	县级收入的波动主要来自于全国性冲击和地方冲击,解释了70%以上的波动,州级冲击的影响不大。
Owyang, et. al., 2009	美国州级层面人均收入和就业增长率的季度数据(1990Q1—2006Q3)	自然一阶差分	动态因子模型	共同周期可以解释相当程度的州级变量波动(平均在50%以上),但是在程度上存在明显的跨州差异,基于共同经济周期的收入载荷矩阵波动范围在0.01到0.8之间。
Kouparitsas, 2002	美国BEA区域人均收入季度数据(1961Q1—2000Q4)	BK滤波;Watson型的不可观测成分模型分解方法	相关系数;因子结构VAR	区域之间的经济周期同步性很高,经济波动持续性强,即期同步性一般高于领先/滞后关系,这种同步性来源于共同冲击的作用,溢出效应的作用很弱。
Partridge 和 Rickman, 2005	美国州级就业年度数据(1971—1998)	HP、BK和CF滤波	相关系数	在整个样本期内,相关系数表明同步性较高,但是同步性逐步下降,其主要原因可能和美国整体经济波动下降有关。
Altonj 和 Ham, 1990	加拿大分省分行业的年度就业数据(1961—1982)	自然对数一阶差分	Disaggregate VAR/Facor	美国冲击在加拿大总体就业波动中占主导地位,本国冲击次之,而剩余的冲击在1/10左右。不过从加拿大省份就业波动来看,在绝大多数省份中,省份特定冲击起到了重要作用;在部分省份中,异质性冲击也发挥重要作用。
Wall, 2007	日本八大区域工业生产指数的季度数据(1976Q2—2005Q3)	马尔科夫区制转换模型	周期特征比较分析;一致指数	给出日本各区域1976—2005年间的经济周期拐点。从扩张期和收缩期的增长率以及两个时期的增长率之差来看,存在明显的区域差异;从同步性来看,根据一致指数,在整本样本期内各区域平均有65%的季度和国家经济周期是相同的,同步性水平不是很高,但在20世纪90年代早期结构转变后,区域间、区域和国家间的同步性明显提升。
Norman 和 Walker, 2007	澳大利亚6个州的州内生产总值(GSP)和工作小时数的季度数据(1986Q4—2005Q2)	BK滤波;Watson型的不可观测成分模型分解方法	相关系数;因子结构VAR	新南威尔士和塔斯马尼亚两个州经济波动的异质性周期和共同周期的影响接近,共同周期成分解释了其他州产出波动的绝大部分;根据冲击的分解,同步性主要来自共同冲击,区域特定性冲击的溢出效应很小。

续表

研究	主要数据	周期度量	分析方法	相关主要结论
Hall 和 McDermott，2007	新西兰 14 个区域的就业、消费、出口以及信心指数等 23 个季度数据序列构建的区域合成指数（1977Q2—2002Q1）	经典周期；Bry and Boschan（1971）的非参计算程序；Brain-Shapior（1983）统计检验	周期特征比较分析；一致指数	大部分区域经济扩张周期的形状类似，但是衰退周期的形状和规模则存在一定的差异；除了西岸地区，其他地区经济周期基本上被特定事件终结，而不是自然消亡；根据各区域和国家加总的一致指数，14 个区域与国家周期的同步性较高，一些地域接壤、气候等农业条件相近或者产业相近以及都市地区的区域间同步性较高，不过约有一半的区域间同步性不显著。
Mastromarco 和 Woitek，2007	意大利 20 个区域 GDP 的年度数据（1951—2004）	HP 滤波；谱分析；政治经济周期	谱分析与 VAR（基于状态空间模型）	各区域周期和国家周期的同步性在 5—7 年和 7—10 年周期上高于 3—5 年的周期，在短期周期中，南部地区与国家的同步性非常低；这种同步性随着时间而变化，而在周期阶段转变中，除了 1975—1985 年间外，北部地区经济周期领先于南部地区，这种区域经济周期的结构性演变和两个地区的产业结构趋同过程密切相关；根据区域政治经济周期分析，发现选举效应对南部地区的影响要大于北部地区。

附录三　中国区域经济周期经验研究主要文献的总结

研究	数据	周期度量	分析方法	结论
刘树成等(1991)和刘树成、龚益(1997)	工业产出的月度数据(1988—1997)	一阶差分	相关系数标准差	与全国经济波动的同步性呈东、中、西递减；东部地区和西部地区波幅较大，而中部地区和三大直辖市的波幅较弱；在其划定的1995年8月—1997年4月的波谷期中，各省份工业经济波动与全国的同步性有所下降。
孙天琦(2004)	1953—2004年间省份GDP增长指数，固定资产投资名义增长率，CPI，一、二、三次产业增长率	一阶差分	相关系数标准差	绝大部分省份与全国经济波动的同步性高，但仍有一定的差异，发达省份快复苏、慢回调，欠发达省份则慢复苏、快回调，因此宏观经济调控可能加大区域差距的扩大；分产业来看，第二产业的相关性最高，第三产业次之，第一产业基本上不相关；省份经济波动幅度的差异问题突出，发达地区的波幅显著高于欠发达省份。
郭庆旺和贾俊雪(2006)	1979—2003年间的各省年度名义GDP、消费、投资增长率数据	一阶差分	Kose，et. al.(2003)的多动态因素模型	全国动态因子对我国省份产出和消费波动解释力度很强，对发达省份波动的解释力度相对更强，同步性水平高；而省份投资的波动更具特异性和独立性，同步性水平低。
Tang(1998)	1990—1995年间省份工业产出和零售价格指数的月度数据	一阶差分	基于Blanchard和Quah(1989)的结构VAR；相关系数	省份间的经济周期和通货膨胀率冲击的同步性较低；地理接近的省份同步性较强，部分省份形成相对独立的周期群。
Lan(2007)	1978—2003年间的分省GDP和CPI数据	一阶差分	基于Blanchard和Quah(1989)的结构VAR；相关系数	省份之间需求冲击的同步性较高；但是供给冲击的同步性相对较弱，欠发达的西南和西北地区供给冲击的异质性成分相对较高；整体而言同步性强。

续表

研究	数据	周期度量	分析方法	结论
Zhang 和 Sato(2008)	大陆、香港、台湾季度实际 GDP、狭义货币供应量、实际有效汇率(1980Q4—2006Q2)	一阶差分	长期约束条件的结构 VAR;时变相关系数(基于卡尔曼滤波)	大中华区各经济体的经济冲击的对称性不断提高,一体化程度加强。
Poncet(2004)	省级就业季度数据 1992Q2—2004Q2	HP 滤波	相关系数	同步性在样本期内提升,且水平较高,但是偏远省份与其他省份的同步性较弱。
Gerlach-Kristen (2008)	1962—2003 年省级年度 GDP 和 GDP 平减指数	HP 滤波	主成分分析	共同成分是省份经济周期最重要的驱动力,其重要性先降后升,2000 年后有轻微下降;大部分西北省份在近年中与共同周期的同步性有所减弱;通胀率的同步性也远高于经济周期的同步性。

附录四　合成指数的滤波结果

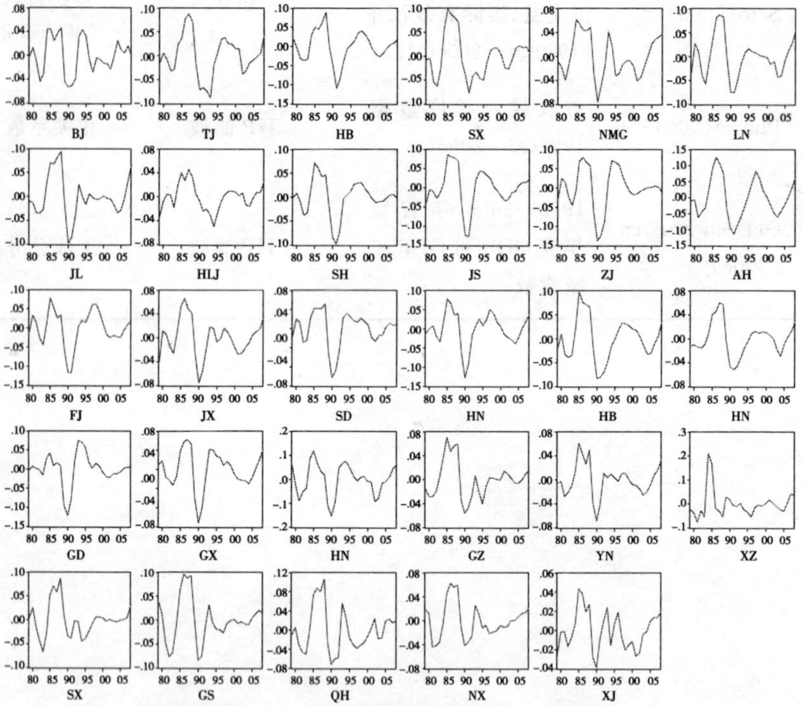

图 A4—1　年度合成指数的 HP 滤波结果

注：BJ：北京；TJ：天津；HB：河北；SX：山西；NMG：内蒙古；LN：辽宁；JL：吉林；HLJ：黑龙江；SH：上海；JS：江苏；ZJ：浙江；AH：安徽；FJ：福建；JX：江西；SD：山东；HN：河南；HB：湖北；HN：湖南；GD：广东；GX：广西；HN：海南；GZ：贵州；YN：云南；XZ：西藏；SX：陕西；GS：甘肃；QH：青海；NX：宁夏；XJ：新疆。

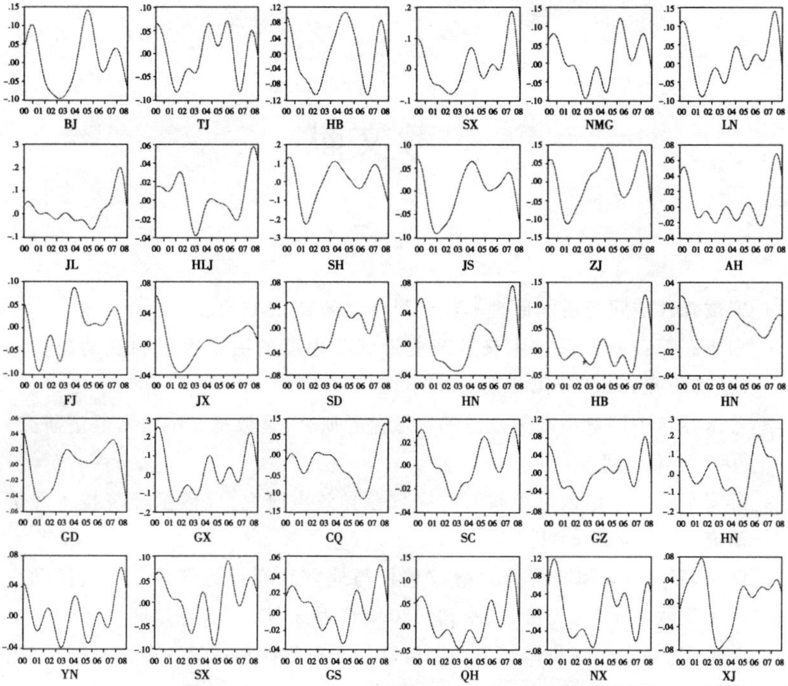

图 A4—2　月度合成指数的 CF 滤波结果

注：BJ：北京；TJ：天津；HB：河北；SX：山西；NMG：内蒙古；LN：辽宁；JL：吉林；HLJ：黑龙江；SH：上海；JS：江苏；ZJ：浙江；AH：安徽；FJ：福建；JX：江西；SD：山东；HN：河南；HB：湖北；HN：湖南；GD：广东；GX：广西；CQ：重庆；SC：四川；GZ：贵州；HN：海南；YN：云南；SX：陕西；GS：甘肃；QH：青海；NX：宁夏；XJ：新疆。

参考文献

[1]安虎森:《空间经济学原理》,经济科学出版社 2006 年版。
[2]白重恩等:《地方保护主义及产业地区集中度的决定因素和变动趋势》,《经济研究》2004 年第 4 期。
[3]曹永琴:《中国货币政策效应的区域差异研究》,《数量经济技术经济研究》2007 年第 9 期。
[4]陈安平:《我国财政货币政策的区域差异效应研究》,《数量经济技术经济研究》2007 年第 6 期。
[5]陈抗、Hillman 和顾清扬:《财政集权与地方政府行为变化——从援助之手到攫取之手》,《经济学(季刊)》2002 年第 1 期。
[6]陈浪南、刘宏伟:《我国经济周期波动的非对称性和持续性研究》,《经济研究》2007 年第 4 期。
[7]陈敏等:《中国经济增长如何持续发挥规模效应——经济开放与国内商品市场分割的经验研究》,《经济学》(季刊)2007 年第 1 期。
[8]陈太明:《中国经济周期的福利成本:1978—2004》,《数量经济技术经济研究》2007 年第 1 期。
[9]陈太明:《中国经济周期的福利成本差异性研究》《管理世界》2008 年第 1 期。
[10]陈彦斌:《中国经济增长与经济稳定:何者更为重要》,《管理世界》2005 年第 7 期。
[11]陈彦斌、周业安:《中国商业周期的福利成本》,《世界经济》2006 年第 2 期。
[12]丁纪岗:《区域视野下的中国经济增长与波动研究》,中国社会科学院研究生院博士学位论文,2006。
[13]丁文丽:《转轨时期中国货币政策效力的区域差异研究》,中国社会科学

出版社 2005 年版。
[14]董辅礽:《中华人民共和国经济史》(上卷、下卷),经济科学出版社 1999 年版。
[15]杜婷:《国际贸易冲击与中国经济的周期波动》,《国际贸易问题》2006 年第 12 期。
[16]杜婷、庞东:《制度冲击与中国经济的周期波动》,《数量经济技术经济研究》2006 年第 6 期。
[17]恩格尔曼等:《剑桥美国经济史》(第三卷),中国人民大学出版社 2008 年版。
[18]樊纲等:《中国各地区市场化进程相对指数》,经济科学出版社 2004 年版。
[19]弗兰克尔等:《世界宏观经济学》经济科学出版社 2005 年版。
[20]高铁梅等:《中国出口周期性波动及成因研究》,《商业经济与管理》2007 年第 2 期。
[21]高新才等:《西部地区基础设施建设投融资探析》,《社科纵横》2005 年第 6 期。
[22]耿识博等:《货币政策区域效应不对称效应》,《金融研究》2005 年第 7 期。
[23]龚六堂:《动态经济学方法》,北京大学出版社 2003 年版。
[24]郭庆旺、贾俊雪:《中国周期性赤字和结构性赤字的估算》,《财贸经济》2004 年第 6 期。
[25]郭庆旺等:《中国省份经济的全要素生产率分析》,《世界经济》2005 年第 5 期。
[26]郭庆旺、贾俊雪:《中国省份经济周期的动态因素分析》,《管理世界》2005 年第 11 期。
[27]郭庆旺、贾俊雪:《地方政府行为、投资冲动与宏观经济稳定》,《管理世界》2006 年第 5 期。
[28]郭庆旺等:《中国经济周期运行特点及拐点识别分析》,《财贸经济》2007 年第 6 期。
[29]郭庆旺等:《积极财政政策效果及淡出策略研究》,中国人民大学出版社 2007 年版。
[30]黄玖立等:《中国地区实际周期的协同性》,2008,工作论文。

[31]黄赜琳:《改革开放三十年中国经济周期与宏观调控》,《财经研究》2008年第11期。
[32]郝寿义、安虎森:《区域经济学》,经济科学出版社1999年版。
[33]胡佛:《区域经济学导论》,商务印书馆1992年版。
[34]胡乃武、郑超愚:《中国通货膨胀的历史趋势与结构原因》,载刘树成等:《中国经济增长与经济周期》,中国经济出版社2008年版。
[35]贺灿飞:《中国制造业地理集中与集聚》,科学出版社2009年版。
[36]侯景新等:《区域经济分析方法》,商务印书馆2004年版。
[37]贾俊雪:《中国经济周期波动特征及原因研究》,中国人民大学博士论文2008。
[38]贾俊雪、郭庆旺:《中国经济周期波动特征变化与宏观经济稳定政策》,《经济理论与经济管理》2008年第7期。
[39]焦瑾璞、孙天琦、刘向耕:《货币政策执行效果的地区差异分析》,《金融研究》2006年第3期。
[40]经济合作与发展组织:《中国经济调研》,中国人民大学出版社2006年版。
[41]孔丹凤等:《中国货币政策省际效果的实证分析:1980—2004》,《金融研究》2007年第12期。
[42]厉以宁等:《中国经济增长与波动》,中国计划出版社1993年版。
[43]李永友:《我国经济波动与财政政策波动的关联性分析》,《财贸经济》2006年第4期。
[44]林毅夫、蔡昉、李周:《中国的奇迹:发展战略与经济改革》,上海三联书店、上海人民出版社1999年版。
[45]林毅夫:《经济发展与转型》,北京大学出版社2008年版。
[46]林兆木等:《经济周期与宏观调控》,中国计划出版社2008年版。
[47]刘金全、范剑青:《中国经济周期的非对称性和相关性研究》,《经济研究》2001年第5期。
[48]刘瑞明、白永秀:《晋升激励、宏观调控与经济周期:一个政治经济学框架》,《南开经济研究》2007年第5期。
[49]刘树成等:《中国工业短期波动的地区不平衡格局分析》,《经济研究》1991年第12期。
[50]刘树成、龚益:《论中国工业的月度波动及其地区不平衡格局的新变化》,

《经济研究》1997年第9期。
[51]刘霞辉、张平、张晓晶:《改革年代的经济增长与结构变迁》,上海人民出版社2008年版。
[52]卢盛荣:《货币政策地区效应》,《数量经济技术经济研究》2007年第3期。
[53]罗默:《高级宏观经济学》,商务印书馆2004年版。
[54]沈坤荣、马俊:《中国经济增长的'俱乐部收敛'特征及其成因研究》,《经济研究》2002年第1期。
[55]沈坤荣、孙文杰:《投资效率、资本形成与宏观经济波动》,《中国社会科学》2004年第6期。
[56]沈立人、戴园晨:《我国'诸侯经济'的形成及其弊端和根源》,《经济研究》1990年第3期。
[57]宋旺、钟正生:《我国货币政策区域效应的存在性及原因》,《经济研究》2006年第3期。
[58]宋玉华等:《世界经济周期理论与实证研究》,商务印书馆2007年版。
[59]孙久文、叶裕民:《区域经济学教程》,中国人民大学出版社2004年版。
[60]孙久文等:《主体功能区建设研究述评》,《中共中央党校学报》2007年第6期。
[61]孙天琦:《货币政策 统一性前提下部分内容的区域差别化研究》,《金融研究》2004年第4期。
[62]孙天琦:《我国各省与全国经济景气的同步性研究》,《经济研究》2004年第8期。
[63]谭旭东:《两次金融危机下中国宏观调控比较分析及其启示》,《经济学动态》2009年第5期。
[64]童笛、张文彬:《东亚经济周期同步性研究》,《世界经济研究》2009年第8期。
[65]瓦什,卡尔·E:《货币理论与政策》,中国人民大学出版2001年版。
[66]汪红驹:《中国货币政策有效性研究》,人民出版社2003年版。
[67]王洛林、魏后凯:《我国西部大开发的进展及效果评价》,《财贸经济》2003年第10期。
[68]王小鲁:《中国经济增长的可持续性与制度变革》,《经济研究》2000年第7期。

[69]魏后凯:《金融危机对我国地区经济的影响分析》,《西部金融》2009 年第 5 期。
[70]伍德里奇:《横截面与面板数据的经济计量分析》,中国人民大学出版社 2007 年版。
[71]肖金成:《完善区域政策促进区域协调发展的思考和建议》,《宏观经济研究》2008 年第 2 期。
[72]覃道爱:《货币政策效应的地区差别》,《金融时报》2004 年 7 月 20 日。
[73]覃成林:《中国地区经济增长的俱乐部趋同考察》,《经济学动态》2008 年第 3 期。
[74]徐现祥、舒元:《中国省区经济增长分布的演进(1978—1998)》,《经济学(季刊)》2004 年第 3 期。
[75]徐勇、赵永亮:《商业周期与区际经济一体化》,《财经研究》2007 年第 7 期。
[76]杨开忠:《区域经济学概念、分支与学派》,《经济学动态》2008 年第 1 期。
[77]杨奎斯特、萨金特:《递归宏观经济理论》,中国人民大学出版社 2005 年版。
[78]叶裕民等:《京津冀都市圈人口流动与跨区域统筹城乡发展》,《中国人口科学》2008 年第 2 期。
[79]易纲、张帆:《宏观经济学》,中国人民大学 2009 年版。
[80]于则:《我国货币政策的区域效应分析》,《管理世界》2006 年第 2 期。
[81]张耿、胡海鸥:《损失规避与经济波动的福利成本》,《经济学(季刊)》2007 第 4 期。
[82]张晶:《国外货币政策区域效应研究的新进展》,《上海金融》2006 年第 12 期。
[83]张可云:《区域经济政策》,商务印书馆 2005 年版。
[84]张可云、张文彬:《区域经济周期研究新进展》,《经济学动态》2009 年第 5 期。
[85]张秀生、张文彬:《中部地区的对外开放:现状与对策》,《武汉大学学报(哲社版)》2006 年第 4 期。
[86]张文彬、黄佳金:《1988—2003 年中国制造业地理集中的时空演变特点》,《经济评论》2007 年第 1 期。
[87]张文彬、童笛:《财政分权和地方财政支出的周期性行为:1979—2006》,

《兰州学刊》2009 年第 5 期。

[88]张文彬、童笛:《我国供给和需求冲击的区域差异效应研究》,《当代经济科学》2009 年第 4 期。

[89]张文彬、童笛:《中国省份产业经济周期的经验研究》,《数量经济技术经济研究》2011 年第 1 期。

[90]郑超愚:《中国宏观经济分析的理论框架》,中国人民大学出版社 1998 年版。

[91]周黎安:《晋升博弈中政府官员的激励和合作》,《经济研究》2004 年第 6 期。

[92]祝青:《地方政府行为——资本深化和经济波动的另一种解释》,《经济科学》2006 年第 4 期。

[93]Agénor Pierre-Richard, C. J. McDermott, and E. S. Prasad, "Macroeconomic Fluctuations in Developing Countries: Some Stylized Facts," *The World Bank Economic Review*, Vol. 14(2), 1998, pp. 251—285.

[94]Agénor, Pierre-Richard and Montiel, Peter J., *Development Macroeconomics*, Princeton University Press, 2008.

[95]Airov, J., "The Construction of Interregional Business Cycle Models," *Journal of Regional Science*, Vol. 5, 1963, pp. 1—20.

[96]Altavilla, C., "Do EMU Members Share the Same Business Cycle?," *Journal of Common Market Studies*, Vol. 42(5), 2004, pp. 869—896.

[97]Altonji, Joseph G. and Ham, John C., "Variation in Employment Growth in Canada: The Role of External, National, Regional, and Industrial Factors," *Journal of Labor Economics*, Vol. 8, 1990, pp. S198—S236.

[98]Anselin, L., *Spatial Econometrics: Methods and Models*, Kluwer Academic Publishers, Dordrecht, The Netherlands, 1988.

[99]Anselin, L., "Exploring Spatial Data with GeoDa™: A Workbook," Spatial Analysis Laboratory, Department of Agricultural and Consumer Economics, University of Illinois, Urbana-Champaign, IL. 2005.

[100]Arellano, M. and Bover, O., "Another Look at the Instrumental Variable Estimation of Error Component Models," *Journal of Econometrics*, Vol. 68(1), 1995, pp. 29—51.

[101] Backus, D. K. , Kehoe, P. J. and F. E. Kydland, "International Real Business Cycles," *Journal of Political Economy*, Vol. 84, 1992, pp. 84—103.

[102] Backus, D. K. , Kehoe, P. J. and F. E. Kydland, "International Business Cycles: Theory vs. Evidence," *Federal Reserve Bank of Minneapolis Quarterly Review*, Vol. 17, 1993, pp. 14—29.

[103] Banerji, A. , The Lead Profile and Other Non-Parametric Tools to Evaluate Survey Series as Leading Indicators, 24e CIRET Conference, 1999.

[104] Barlevy, G. , "The Cost of Business Cycles under Endogenous Growth," *American Economic Review*, Vol. 94(4), 2004, pp. 964—989.

[105] Barro, Robert J. , "Are Government Bonds Net Wealth?," *Journal of Political Economy*, VoL. 82(6), 1974, pp. 1095—1117.

[106] Barro, Robert J. , *Macroeconomics: A Modern Approach*, Thomson South-Western, 2008.

[107] Barry, Frank, and Michael B. Devereux, "Expansionary Fiscal Contraction: A Theoretical Exploration, " *Journal of Macroeconomics*, Vol. 25(1) 2003, pp. 1—23.

[108] Baxter, M. and R. G. King, "Measuring Business Cycles: Approximate Bandpass Filters for Economic Time Series," *Review of Economics and Statistics*, Vol. 81(4), 1999, pp. 575—593.

[109] Baxter, M. , and M. Kouparitsas, "Determinants of Business Cycle Comovement: A Robust Analysis," *Journal of Monetary Economics*, Vol. 52, 2005, pp. 113—157.

[110] Bayoumi, T. and B. Eichengreen, "Shocking Aspects of European Monetary Unification," in F. Torres and F. Giavazzi(eds.), *Growth and Adjustment in the European Monetary Union*, Cambridge: Cambridge University Press, 1993.

[111] Bayoumi, T. , and B. Eichengreen, "Restraining Yourself: Fiscal Rules and Stabilization," *International Monetary Fund Staff Papers*, Vol. 42, 1995, pp. 3—28.

[112]Beare, J. B. ,"A Monetarist Model of Regional Business Cycles," *Journal of Regional Science*, Vol. 16(1) , 1976, pp. 57—63.

[113]Bergman, U. M. ,"How Similar are European Business Cycles?," Mimeo, Lund University, 2004.

[114]Bernanke, B. ,"Credit in the Macroeconomy,"*Federal Reserve Bank of New York Quarterly Review*, Vol. 18, 1993, pp. 50—70.

[115]Blanchard, O. J. and D. Quah,"The Dynamic Effects of Aggregate Demand and Supply Disturbances," *American Economic Review*, Vol. 79, 1989, pp. 655—673.

[116]Blanchard, O. J. and L. F. Katz, Regional evolutions, *Brookings Papers on Economic Activity*, Vol. 1992, 1992, pp. 1—61.

[117]Bry, G. and C. Boschan, *Cyclical Analysis of Time Series: Selected Procedures and Computer Programs*, New York: NBER, 1971.

[118]Bystrom, H. , et. al. ,"Is China an Optimum Currency Area?,"*Journal of Asian Economics*, Vol. 16, 2005, pp. 612—634.

[119]Bulligan, G. ,"Synchronisation of Cycles: a Demand Side Perspective," in Olivier de Bandt, Heinz Herrmann and Giuseppe Parigi(eds.), *Convergence or Divergence in Europe? —Growth and Business Cycles in France, Germany and Italy*, Springer Berlin Heidelberg, 2006, pp. 187—207.

[120]Burns, A. F. and W. C. Mitchell, *Measuring Business Cycles*. NBER, New York, 1946.

[121]Cameron, A. C. and P. K. Trivedi,*Microeconometrics: Methods and Application*, Cambridge University Press, 2005.

[122]Carlino, G. A. and R. H. DeFina, The Differential Regional Effects of Monetary Policy, *Review of Economics and Statistics*, Vol. 80, 1998, pp. 572—587.

[123]Carlino, G. A and R. H. DeFina,"How Strong is Co-Movement in Employment over the Business Cycle? Evidence from State/Sector Data," *Journal of Urban Economics*, Vol. 55(2), 2004, pp. 298—315.

[124]Carlino, G. A. and K. Sill,"Regional Income Fluctuations: Common Trends and Common Cycles,"Review of Economics and Statistics, Vol.

83(4), 2001, pp. 446—456.

[125]Cecchetti, S. ,"Distinguishing Theories of the Monetary Transmission Mechanism," *Federal Reserve Bank of St. Louis Review*, Vol. 77, 1995, pp. 83—97.

[126]Cecchetti, S. , Mark, N. , and R. Sonora," Price Index Convergence among United States Cities," *International Economical Review*, Vol. 43, 2002, pp. 1081—1099.

[127]Chauvet, M. ,"An Econometric Characterization of Business Cycle Dynamics with Factor Structure and Regime Switches," *International Economic Review*, Vol. 39(4), 1998, pp. 969—996.

[128]Christiano, L. and T. J. Fitzgerald, "The Band-Pass Filter," *International Economic Review*, Vol. 44(2), 2003, pp. 435—465.

[129]Clark, T. E. and K. Shin,"The sources of fluctuations within and across countries", in Hess, G. D. and E. von Wincoop(eds.), *Intranational Macroeconomics*, Cambridge Univ. Press, 2000.

[130]Clark, Todd E. and Eric van Wincoop,"Borders and Business Cycles," *Journal of International Economics*, Vol. 55(1), 2001, pp. 59—85.

[131]Crone, Theodore M. and Alan Clayton-Matthews,"Consistent Economic Indexes for the 50 States," *The Review of Economics and Statistics*, Vol. 87(4), 2005, pp. 593—603.

[132]Croux, C. ,Forni, M. and L. Reichlin,"A Measure of Comovement for Economic Variables: Theory and Empirics," *The Review of Economics and Statistics*, Vol. 83(2), 2001, pp. 232—241.

[133]Crucini, M. J. and G. D. Hess,"International and Intranational Risk Sharing,"in Hess, G. D. and E. Van Wincoop(eds.), *Intranational Macroeconomics*, Cambridge University Press, 2000.

[134]De Haan, J. ,Inklaar, R. and R. Jong-A-Pin,"Will Business Cycles in the Euro Area Convergence? A Critical Survey of Empirical Research," *Journal of Economic Surveys*, Vol. 22, 2008, pp. 234—273.

[135]Diebold, F. X. ,and G. D. Rudebusch,"Measuring Business Cycles: A Modern Perspective," *Review of Economics and Statistics*, Vol. 78(1), 1996, pp. 67—77.

[136]Dolmas, J. ,"Risk Preferences and the Welfare Cost of Business Cycles,"*Review of Economic Dynamics*,Vol. 1(3) , 1998, pp. 646—676.

[137]Domazlicky, B. ,"Regional Business Cycles: A Survey,"*Regional Science Perspective*,Vol. 10, 1980, pp. 15—34.

[138]Dow, S. C. and C. J. Guez-Fuentes,"Regional Finance: A Survey,"*Regional Studies*,Vol. 31(9), 1997, pp. 903—920.

[139] Doz, C. and F. Lenglart, " Analyse Factorielle Dynamique : Test du Nombre de Facteurs, Estimation et Application *à* L'enquête de Conjoncture dans L'industrie," Annales d'Economie et de Statistique, n54, 1999.

[140]van Duijn, J. , *An Interregional Model of Economic Fluctuation*, Lexingtor,Mass. : Lesington Books, 1973.

[141] Epstein, L. G. and S. E. Zin, " Substitution, Risk Aversion, and the Temporal Behavior of Consumption Growth and Asset Returns: The Theoretical Framework," *Econometrica*, Vol. 57 (4), 1989, pp. 937—969.

[142] Epaulard, A. and A. Pommeret,"Recursive Utility, Growth, and the Welfare Cost of Volatility,"*Review of Economic Dynamics*,Vol. 6(2), 2003,pp. 672—684.

[143] Fatás, A. , " Intranational Labor Migration, Business Cycles and Growth, in Hess, Gregory D. and Eric van Wincoop(eds), *Intranational Macroeconomics*, Cambridge Univ. Press, 2000.

[144]Fatás, A. , and I. Mihov,"The Case for Restricting Fiscal Policy Discretion,"*Quarterly Journal of Economics*,Vol. 118, 2003, pp. 1419—1447.

[145]Forni, M. and L. Reichlin,"Federal Policies and Local Economies: Europe and the US," *European Economic Review*, Vol. 45, 2001, pp. 109—134.

[146]Francesco Zollino,"Cyclical Patterns in Main Components of Aggregate Demand", in Olivier de Bandt, Heinz Herrmann and Giuseppe Parigi (eds.), *Convergence or Divergence in Europe? —Growth and Business Cycles in France, Germany and Italy*, Springer Berlin Heidel-

berg, 2006, pp. 187—207.

[147]Garrison, Charles B., and Hui S. Chang, "The Effects of Monetary Forces in Regional Economic Activity," *Journal of Regional Science*, Vol. 19,1979, pp. 15—29.

[148]Gerlach-Kristen, P., "Business Cycle and Inflation Synchronization in Mainland China and Hong Kong," *International Review of Economics and Finance*, 2008, Forthcoming.

[149]Gerlach-Kristen, P. and W. Peng, "Output Gaps and Inflation in Mainland China," *China Economic Review*, Vol. 17, 2006, pp. 210—225.

[150]Gertler, M., and S. Gilchrist, "Monetary Policy, Business Cycles, and the Behavior of Small Manufacturing Firms," *Quarterly Journal of Economics*, Vol. 109, 1994, pp. 309—340.

[151]Giavazzi, F. and M. Pagano, "Can Severe Fiscal Contractions be Expansionary Tales from Two Small European Economies," in Blanchard, O. J. and S. Fischer(eds.), *NBER Macroeconomics Annual*, 1990.

[152]Giavazzi, Francesco, Tullio Jappelli, and Marco Pagano, "Searching for Non-Linear Effects of Fiscal Policy: Evidence from Industrial and Developing Countries," *European Economic Review*, Vol. 44(7), 2000, pp. 1259—89.

[153]Giavazzi, Francesco, Tullio Jappelli, Marco Pagano, and Marina Benedetti, "Searching for Non-Monotonic Effects of Fiscal Policy: New Evidence," Working Paper No. 2005-E-13, Bank of Japan, 2005.

[154]Giavazzi, Francesco, and Marco Pagano, "The Advantage of Tying One's Hands: EMS Discipline and Central Bank Credibility," *European Economic Review*, VoL. 32(5), 1988, pp. 1055—1082.

[155]Girardin, E., "Growth-ycle Features of East Asian Countries: Are They Similar?," *International Journal of Finance and Economics*, Vol. 10(2), 2005, pp. 143 —156.

[156]Gramlich, "Federalism and Federal Debit Reduction," *National Tax Journal*, Vol. 40(3), 1987, pp. 299—313.

[157]Greenwald, B. C., Levinson, A. and J. E. Stiglitz, "Capital market imperfections and regional economic development," in Giovannina, A. (ed), *Fi-*

nance and Development: Issues and Experience, Cambridge University Press, 1993.

[158]Greenwald, B. C., and J. E. Stiglitz, "Financial Market Imperfections and Business Cycles," *Quarterly Journal of Economics*, Vol. 58, 1993, pp. 77—114.

[159]Gregory, A. W., Head, A. C. and J. Raynauld, "Measuring World Business Cycles," *International Economic Review*, Vol. 38(3), 1997, pp. 677—701.

[160]Hall, V. B. and C. J. McDermott, "Regional business cycles inNew Zealand: Do they exist? What might drive them?", *Papers in Regional Science*, Vol. 86(2), 2007, pp. 167—191.

[161]Hamilton, J. D., *Time Series Analysis*, Princeton University Press, 1994.

[162]Hamilton, J. D., "A New Approach to the Economic Analysis of Nonstationary Time Series and the Business Cycle," *Econometrica*, Vol. 57 (2), 1989, pp. 357—384.

[163]Hamilton, J. D., "Comment on A Comparison of Two Business Cycle Dating Methods," http://dss.ucsd.edu/~jhamilto/pagan.pdf, 2002.

[164]Harding, Don, "The Definition, Dating and Duration of Cycle," Paper Presented to the Melbourne Institute Conference on Business Cycle: Policy and Analysis, 1997.

[165]Harding, Don and Adrian Pagan, "Dissecting the Cycle: A Methodological Investigation," *Journal of Monetary Economics*, Vol. 49 (2), 2002, pp. 365—381.

[166]Harding, Don and Adrian Pagan, "Synchronization of Cycles," *Journal of Econometrics*, VoL. 132(1), 2006, pp. 59—79.

[167]Hess, G. D. and K. Shin, "Intranational Business Cycles in the United States," *Journal of International Economics*, Vol. 44 (2), 1998, pp. 289—313.

[168]Hess, G. D. and E. van Wincoop, *Intranational Macroeconomics*, Cambridge University Press, 2000.

[169]Hogan, Vincent, "Expansionary Fiscal Contractions? Evidence from

Panel Data," *Scandinavian Journal of Economics*, Vol. 106(4), 2004, pp. 647—659.

[170]Hodrick, R. J. and E. C. Prescott, "Postwar US Business Cycles: An Empirical Investigation," *Journal of Money, Credit and Banking*, Vol. 28(4), 1997, pp. 1—16.

[171]Hoynes, H., "The Employment and Earnings of Less Skilled Workers over the Business Cycle," in Card, D. E. and R. M. Blank(eds.), *Finding Jobs: Workand Welfare Reform*, Russell Sage Foundation, New York 2002, pp. 23—71.

[172]Imai, Hiroyuki, "China's Endogenous Investment Cycle," *Journal of Comparative Economics*, Vol. 19, 1994, pp. 188—216.

[173]Imbs, J., "Trade, Finance, Specialization, and Synchronization," *The Review of Economics and Statistics*, Vol. 86(3), 2004, pp. 723—734.

[174]Jacobs, et. al., "The Welfare Costs of Macroeconomic Fluctuations under Incomplete Markets: Evidence from State-Level Consumption Data," *Cahier de recherche/Working Paper* 05—24, 2005.

[175]Kashyap, A. and J. Stein, "The Impact of Monetary Policy on Bank Balance Sheets," *Carnegie-Rochester Conference Series on Public Policy*, Vol, 42, 1995, pp. 151—195.

[176]Kenneth, F., and K. Rogoff, "Perspectives on PPP and Long-Run Exchange Rates," in Grossman, G., and K. Rogoff(eds.), *Handbook of International Economics*, Vol. 3. New York: North-Holland, 1995.

[177]Kim, Chang-Jin and C. R. Nelson, "The Time-Varying-Parameter Model for Modeling Changing Conditional Variance: The Case of the Lucas Hypothesis," *Journal of Business and Economic Statistics*, Vol. 7(4) 1989, pp. 433—440.

[178]Kim, C. J. and C. R. Nelson, *State-Space Models with Regime Switching: Classical and Gibbs-sampling Approaches with Applications*, Massachusetts: The MIT Press, 1999.

[179]Kose, M. A., Otrok, C., and C. H. Whiteman, "International Business Cycles: World, Region, and Country-Specific Factors," *The American Economic Review*, Vol. 93(4), 2003, pp. 1216—1239.

[180]Kose, A. M. , Otrok, C. and C. H. Whiteman, "Understanding the Evolution of World Business Cycles," *Journal of International Economics*, Vol. 75(1), 2008, pp. 110—130.

[181]Kouparitsas, M. , "North-South Business Cycles," Working Papers Series in Federal Reserve Bank of Chicago, 1998.

[182]Kouparitsas, M. , "Understanding US Regional Cyclical Comovement: How Important are Spillovers and Common Shocks?," *Federal Reserve Bank of Chicago Economic Perspectives*, Vol. 26, 2002, pp. 30—41.

[183] Krolzig, H. M. , *Markov-Switching Vector Autoregressions, Modelling, Statistical Inference and Application to Business Cycle Analysis*, Berlin: Springer, 1997.

[184]Krugman, P. , "Lessons of Massachusetts for EMU", in Giavazzi, F. and F. Torres(eds.), *The Transition to Economic and Monetary Union in Europe*, New York: Cambridge University Press, 1993.

[185]Krusell, P. and A. Smith, Revisiting the Welfare Effects of Eliminating Business Cycles, Working Paper, Rochester University, 2002.

[186]Lan, Y. , *Integration and Business Cycle Synchronization within China*, Dissertation in Southern Illinois University, 2007.

[187] Lane, Philip R. , "The Cyclical Behavior of Fiscal Policy: Evidence from the OECD," *Journal of Public Economics*, Vol. 87(12), 2003, pp. 2661—2675.

[188]Lau, L. J. , Qian, Y. , and G. Roland, "Reform Without Losers: An Interpretation of China's Dual-track Approach to Transition," *Journal of Political Economy* Vol. 108, 2000, pp. 120—143.

[189]Lee Young and Sung Taeyoon, "Fiscal Policy, Business Cycles and Economic Stabilisation: Evidence from Industrialised and Developing Countries," *Fiscal Studies*, Vol. 28(4) 2007, pp. 437—462.

[190]Lilien, David, "Sectoral Shifts and Cyclical Unemployment," *Journal of Political Economy*, VoL. 90(4), 1982, pp. 777—93.

[191]Lin, Y. , and Liu, Z. , "Fiscal Decentralization and Economic Growth in China," *Economic Development and Cultural Change*, Vol. 49, 2000, pp. 1—22.

[192]Long, J. B. and C. I. Plosser, "Sectoral Versus Aggregate Shocks in the Business Cycle," *American Economic Review*, Vol. 70(2), 1987, pp. 333—336.

[193]Love, I. and L. Zicchino, "Financial Development and Dynamic Investment Behavior: Evidence from Panel VAR," *The Quarterly Review of Economics and Finance*, Vol. 46(2), 2006, pp. 190—210.

[194]Lucas, R., "Expectations and the Neutrality of Money," *Journal of Economic Theory*, Vol. 4, 1972, pp. 103—124.

[195] Lucas, R., "Some International Evidence on Output-Inflation Tradeoffs," *American Economic Reviews*, Vol. 63(3), 1973, pp. 324—326.

[196] Lucas, R., *Models of Business Cycles*, Oxford: Basil Blackwell, 1987.

[197]Mastromarco, C. and W. Ulrich, "Regional business cycles in Italy," *Computational Statistics and Data Analysis*, Vol. 52, 2007, pp. 907—918.

[198]McLaughlin, G., "Industrial Diversification in American Cities," *Quarterly Journal of Economics*, Vol. 44, 1930, pp. 131—49.

[199]Mehra, R. and Edward C. Prescott, "The equity premium: A puzzle," *Journal of Monetary Economics*, Vol. 15(2), 1985, pp. 145—161.

[200]Metzler, L., "A Multiple-Region Theory of Income and Trade," *Econometrica*, Vol. 18, 1950, pp. 329—354.

[201]Mihov, Ilian and Sibert, Anne, "Credibility and Flexibility with Monetary Policy Committees," CEPR Discussion Papers 3278, C. E. P. R. Discussion Papers, 2002.

[202]Mundell, R., "A Theory of Optimum Currency Areas," *American Economic Review*, Vol. 51, 1961, pp. 657—665.

[203]Morgan, D., et. al., "Bank Integration and State Business Cycles," Working Paper, 2003.

[204]Naughton, Barry, "Macroeconomic Policy and Response in the Chinese Economy: The Impact of the Reform Process," *Journal of Comparative Economics*, Vol. 11(3), 1987, pp. 334—353.

[205]del Negro, M. ,"Asymmetric Shocks among U. S. States," *Journal of International Economics*, VoL. 56(2), 2002, pp. 483—513.

[206]Norman, D and T. Walker,"Co-Movement of Australian State Business Cycles," *Austrialian Economic Papers*, VoL. 46, 2007, pp. 360—374.

[207]O'Meara, J. , *The Evolution of Regional Macroeconomic Dynamics in the United States*, Ph. D Dissertations in University of Connecticut, 2002.

[208]Obstfeld, M. ,"Evaluating Risky Consumption Paths: The Role of Intertemporal Substitutability," *European Economic Review*, Vol. 38(7), 1994, pp. 1471—1486.

[209]Otrok, C and C. H. Whiteman,"Bayesian Leading Indicators: Measuring and Predicting Economic Conditions in Iowa," *International Economic Review*, Vol. 39(4), 1998, pp. 997—1014.

[210]Otrok, Christopher,"On Measuring the Welfare Cost of Business Cycles," *Journal of Monetary Economics*, Vol. 47(1), 2001, pp. 61—92.

[211]Owyang, M. ,et. al. ,"Business Cycle Phases in US States," *Review of Economics and Statistics*, Vol. 87(4), 2005, pp. 604—616.

[212]Owyang, M. ,et. al. ,"States and the Business Cycle," *Journal of Urban Economics*, Vol. 65(2), 2009, pp. 181—194.

[213]Owyang, M. T. and H. J. Wall, Regional VARs and the Channels of Monetary Policy, Working paper, 2006.

[214]Owyang, M. and H. J. Wall,"Structural Breaks and Regional Disparities in the Transmission of Monetary Policy,"Federal Reserve Bank of St. Louis Working Paper 2003—008C, 2005.

[215]Owyang, M. and S. Zubairy,"Who Benefits from Increased Government Spending? A State-Level Analysis,"Working Paper 2009—006A, 2009.

[216]Pappa, E. ,"New-Keynesian or RBC Transmission? The Effects of Fiscal Shocks in Labour Markets," CEPR Discussion PaperNo. 5313, 2005.

[217]Partridge, M. D,and D. S. Rickman,"Regional Cyclical Asymmetries in an Optimal Currency Area: An Analysis Using US State Data," *Oxford*

Economic Papers, VoL. 57, 2005, pp. 373—397.

[218]Perotti, Roberto, "Fiscal Policy When Things Are Going Badly," *Quarterly Journal of Economics*, Vol. 114(4), 1999, pp. 1399—1436.

[219]Poncet, Sandra, "Measuring Chinese Domestic and International Integration," *China Economic Review*, VoL. 14, 2003, pp. 1—21.

[220]Poncet, Sandra, "Are Chinese provinces forming an Optimal Currency Area?," Working paper, 2004.

[221]Ramey, Garey and Valerie A. Ramey, "Cross-Country Evidence on the Link between Volatility and Growth, " *American Economic Review*, VoL. 85(5), 1995, pp. 1138—1151.

[222]Rawski, Thomas, "Will Investment Behavior ConstrainChina's Growth," *China Economic Review*, VoL. 13(4), 2002, pp. 361—72.

[223]Sebnem Kalemli-Ozcan, Bent E. Sørensen and Oved Yosha, "Risk Sharing and Industrial Specialization: Regional and International Evidence," *American Economic Review*, Vol. 93(3), 2003, pp. 903—918.

[224]Schiller, T., "Regional Trends in Federal Government Spending," *Federal Reserve Bank of Philadelphia Business Review*, 1999, pp. 17—33.

[225]Shea, J., "Complementarities and Co-Movements," *Journal of Money, Credit and Banking*, Vol. 34, 2002, pp. 412—433.

[226]Silverman, B. W., *Density Estimation for Statistics and Data Analysis*, London: Chapman and Hall, 1986.

[227]Sims, Christopher A., "Macroeconomics and Reality," *Econornetrica*, VoL. 48, 1980, pp. 1—48.

[228]Sorensen B. E. and O. Yosha, "Is State Fiscal Policy Asymmetric Over the Business Cycle?," *Economic Review*, 2001, pp. 43—64.

[229]Sorensen, B. E., Wu, L. and O. Yosha, "Output Fluctuations and Fiscal Policy: U. S. State and Local Governments 1978—94," *European Economic Review*, Vol. 45(7), 2001, pp. 1271—1310.

[230]Stiglitz, J. E. and A. Weiss, "Credit Rationing in Markets with Imperfect Information," *American Economic Review*, Vol. 71, 1981, pp. 393—410.

[231]Stiglitz, J. and B. Greenwald, *Towards a New Paradigm for Monetary Economics*, Cambridge University Press, 2002.

[232]Stiglitz, J. E., *Stability with Growth: Macroeconomics, Liberalization and Development*, Oxford University Press, 2006.

[233]Stock, J. H. and M. W. Watson, "Understanding Changes in International Business Cycle Dynamics," *Journal of the European Economic Association*, Vol. 3(5), 2005, pp. 968—1006.

[234]Stock, J. H., and M. W. Watson, 1989, "New indexes of coincident and leading economic indicators", in Blanchard, O. and S. Fischer (eds.), *NBER macroeconomics annual*, MIT Press, 1989, pp. 351—394.

[235]Stock, J. H., and M. W. Watson, *A Probability Model of the Coincident Economic Iindicators in Leading Economic Indicators: New Approaches and Forecasting Records*, Cambridge University Press, 1991.

[236]Stock, J. H., and M. W. Watson, "A Procedure for Predicting Recessions with Leading Indicators: Econometric Issues and Recent Experience," in James H. Stock and Mark W. Watson (eds.), *Business Cycles, Indicators, and Forecasting*, Chicago: The University of Chicago Press, 1993, pp. 95—156.

[237]Storesletten, K., et. al., "The Welfare Cost of Business Cycles Revisited: Finite Lives and Cyclical Variation in Idiosyncratic Risk," *European Economic Review*, Vol. 45(7), 2001, pp. 1311—1139.

[238]Stock, James H. and Mark W. Watson, "Business Cycle Fluctuation in US Macroeconomic Time Series," in J. B. Taylor and M. Woodford (eds.), *Handbook of Macroeconomics*, Elsevier Science, 1999, pp. 4—64.

[239]Tallarini, T., "Risk Sensitive Business Cycles," *Journal of Monetary Economics*, Vol. 45(3), 2002, pp. 507—532.

[240]Takaya, Sadayoshi, "Do EMU Countries Have the Same Business Cycles?," EUSA-AP-Japan, 2005.

[241]Tang, K., "Economic Intergration of the Chinese Provinces: A Business Cycle Approach," Working Papers, 1998.

[242] Tao, Yifeng, "Rationalization of Political Business Cycle in China," Working Paper, 2004.

[243] Tochkov, K., "Fiscal Reforms, Output Fluctuations and the Cyclical Behavior of Net Transfers in China: Evidence from Province-Level Panel Data," Working Paper, 2004.

[244] Tochkov, K., "Interregional Transfers and the Smoothing of Provincial Expenditure in China," *China Economic Review*, Vol. 18(1), 2007, pp. 54—65.

[245] Vahid, F. and R. F. Engle, "Common Trends and Common Cycle," *Journal of Applied Economics*, VoL. 8(4), 1993, pp. 341—360.

[246] Vining, R., "Regional Variation in Cyclical Fluctuations Viewed as a Frequency Distribution," *Econometrica*, Vol. 13, 1945, pp. 182—213.

[247] Vining, R., "Location of Industry and Regional Patterns of Business Cycle Behavior," *Econometrica*, Vol. 13, 1946, pp. 182—213.

[248] Vining, R., "The Region as a Concept in Business Cycle Analysis, *Econometrica*", Vol. 14, 1946, pp. 201—218.

[249] Vining, R., "The Region as an Economic Entity and Certain Variations to Be Observed in the Study of Systems of Regions," *American Economic Review*, Vol. 39, 1949, pp. 89—104.

[250] Wagner, Gary A. and Erick M. Elder, "Fiscal Policy and Cyclical Fluctuations: An Investigation of U. S. State Budget Stabilization Funds," Working Paper, 2002.

[251] Wang, et. al., "Measuring Chinese Business Cycles with Dynamic Factor Models," *Journal of Asian Economics*, Vol. 20(1), 2009, pp. 89—97.

[252] Woo, J., "The Behavior of Fiscal Policy: Cyclicality and Discretionary Fiscal Decisions," Working Paper, 2005.

[253] Wall, J. H., "Regional Business Cycle Phases in Japan," *Federal Reserve Bank of St. Louis Review*, Vol. 89(1), 2007, pp. 61—76.

[254] Young, A., "The Razor's Edge: Distortions and Incremental Reform in the People's Republic of China," *Quarterly Journal of Economics*, Vol. 115, 2000, pp. 1091—1135.

[255] Zhang, T., and Zou, H., "Fiscal Decentralization, Public Spending,

and Economic Growth in China," *Journal of Public Economics* 67, 1998, pp. 221—240.

[256]Zhang, Z. and Sato, K. ,"Whither A Currency Union in Greater China?,"*Open Economic Review*, Vol. 19, 2008, pp. 355—370.

后　记

本书由我的博士论文修改而成，也是对我9年经济学学习过程的一个交代。尽管幼时的梦想是成为一名律师，尽管高考时的第一志愿是法学，但是却阴差阳错地进入经济学系，我还依稀地记得自己当年的困惑：经济学是不是教人做生意的？既然那些老师能教别人，那么他们做生意是否无往不胜呢？那为什么还要教书呢？就是带着这样的困惑，我开始了经济学的学习，本科、硕士、博士一路下来，一晃却已9年有余。

萨缪尔森和诺德豪斯的《经济学》终结了我那可笑的困惑；范里安的《微观经济学：现代观点》向我展示了经济模型的精巧；罗默的《高级宏观经济学》让我认识了宏观经济学的流派纷呈；伍德里奇的《计量经济学导论》告诉我数据处理的精妙；政治经济学、经济史的学习也使得我感受到中国经济制度变迁的全貌……历史或者偶然的因素以及学习过程形成的路径依赖，让我彻底告别了幼时的梦想，人生道路向另一个方向集聚。当初的阴差阳错，又焉知非福呢？

本书是我在博士论文的基础上修改而成。首先要感谢我的导师张可云教授，论文的选题得益于张老师的点拨，论文的构思、文献综述、结构安排、方法选择也及时全面地得到了老师的悉心指点。感谢胡乃武教授、魏后凯教授、肖金成教授、侯景新教授、孙久文教授、谷树忠教授的修改意见。还要感谢武汉大学伍新木教授、张秀生教授、曾国安教授对我多年来的关心和指导。

感谢程志强博士和徐卫博士对我生活上犹如亲人般的关怀照顾，让只身在外的我感受到家的温暖。感谢好友李培博士、叶振宇博士、汤学兵博士、赵锦勇博士、刘冲博士、赵秋喜博士、洪世键博士、张学刚博士、梅文智博士、傅帅雄博士、张理芃硕士等同门在各方面的照顾，与他们的讨论使我受益匪浅。感谢2005级区域与城市经济研究所硕士班的兄弟姐妹们，他们让我拥有了愉快的硕士生活。

感谢我的女友童笛，分享我成功的喜悦，也宽慰我失意时的懊恼，让枯燥的博士学习生活充满幸福的音符。她在生活上细致入微的照顾使得我能够全身心地投入到博士论文的写作中，同时她出色的数据整理工作亦使我避免陷入繁杂的数据整理中。

感谢我的父母，两鬓白发已难以掩盖，但为了支持我的学业和理想，为了我更好地成家、更好地立业，仍在那个我已离开十余年的沿海小镇奔波打拼。接近而立之年的我却依然坐享父母的无私给予，而父亲却总是用一个平实的比喻来证明这种逻辑的合理性："只有手来挠脚，没有脚来挠手"。每每想到这里，总有阵阵愧意涌上心头，而日后报答之言在此刻亦是那么苍白……

博士毕业后，我有幸投入到厉以宁教授门下继续从事经济学的学习和研究。厉老师对中国宏观经济调控的独到见解，比如"结构分析比总量分析更重要"等，对于本书的进一步完善起到积极作用。厉老师与何师母在生活上对我无微不至的关怀，亦令学生感动。

本书的出版表明博士生涯的结束，却也昭示着新的征程的开始。我要通过自己的努力再攀高峰，以不辜负师情、亲情、爱情和友情。

张文彬

2011年1月1日夜